2022年湖北省社科基金后期资助项目

U0499486

经济不确定性
对财政政策绩效的影响

邹甘娜 ◎ 著

中国财经出版传媒集团
经济科学出版社
Economic Science Press
·北 京·

图书在版编目（CIP）数据

经济不确定性对财政政策绩效的影响/邹甘娜著
. －－北京：经济科学出版社，2023.9
ISBN 978 - 7 - 5218 - 5231 - 8

Ⅰ.①经… Ⅱ.①邹… Ⅲ.①财政政策 - 研究 - 中国
Ⅳ.①F812.0

中国国家版本馆 CIP 数据核字（2023）第 190736 号

责任编辑：孙丽丽 撒晓宇
责任校对：李 建
责任印制：范 艳

经济不确定性对财政政策绩效的影响

邹甘娜 著

经济科学出版社出版、发行 新华书店经销
社址：北京市海淀区阜成路甲 28 号 邮编：100142
总编部电话：010 - 88191217 发行部电话：010 - 88191522
网址：www. esp. com. cn
电子邮箱：esp@ esp. com. cn
天猫网店：经济科学出版社旗舰店
网址：http://jjkxcbs. tmall. com
北京季蜂印刷有限公司印装
710 × 1000 16 开 14.5 印张 210000 字
2023 年 9 月第 1 版 2023 年 9 月第 1 次印刷
ISBN 978 - 7 - 5218 - 5231 - 8 定价：65.00 元
（图书出现印装问题，本社负责调换。电话：010 - 88191545）
（版权所有 侵权必究 打击盗版 举报热线：010 - 88191661
QQ：2242791300 营销中心电话：010 - 88191537
电子邮箱：dbts@ esp. com. cn）

前　言

　　近年来，全球政治经济格局正在发生深刻的变革。随着经济全球化的加深，全球经济形势的不稳定性、不确定性因素在不断积聚。自从2008年全球金融危机以来，全球经济几乎深陷停滞格局。近年来，中美贸易摩擦的全方位升级叠加2020年新冠疫情的全球蔓延，中国经济面临的不确定性凸显。经济不确定性的上升无疑会破坏经济发展的宏观环境、降低当前经济活动水平，也会影响宏观经济政策调控经济的绩效，最终不利于社会经济的持续稳定高质量发展。2022年开始中国进入"十四五"规划的第二年，在这样一个重要历史关口，如何有效利用积极财政政策应对经济不确定性、实现经济高质量发展至关重要。因此，研究经济不确定性对财政政策绩效的影响具有重要的理论意义和现实意义，关系到积极财政政策的提质增效。本书在充分梳理和借鉴国内外研究的基础上，从估算中国经济不确定性水平出发，采用一般均衡模型考察不同区制的经济不确定性下中国财政政策的有效性，并分析经济不确定性影响财政政策有效性的机理，采用中国的现实经济数据进行实证检验，在此基础上进一步提出了完善我国财政政策以强化其有效性的建议，以便应对和消除经济不确定性的上升对经济运行造成的负面影响。本书具体沿着理论分析—中国经济不确定性指数构建—中国财政政策有效性模拟估算—政策建议的技术路线展开研究。

　　第一，本书较为全面系统地阐述了经济不确定性与财政政策有效性的基本原理，界定了经济不确定性的基本内涵、特点、类型及其经济效应等理论问题。同时阐述了财政政策有效性的基本原理，包含财政政策的内涵及类型、财政政策有效性的内涵、观察指标及其影响因素。还阐述了经济不确定性下财政政策有效调控宏观经济的理论基础，包括凯恩斯宏观经济学、新古典宏观经济学、实物期权理论、金融摩擦理论和预防性储蓄理论。第二，本书阐述了经济不确定性的测度方法和中国经济不确定性指数的构建。具体参照胡拉多等（Jurado et al.，2015）的方法通过蒙特卡洛模拟与 Factor – Augmented Vector Autoregression（FA-VAR）测算中国经济不确定性指数，并分析了中国经济不确定性指数的走势特征，将中国 2007~2020 年上半年的经济不确定性按其水平的不同分为高低两个区制。第三，本书模拟估算了经济不确定性下中国财政政策的有效性，通过构建一般均衡模型，具体参考克里斯蒂诺等（Christiano et al.，2005）的模型设置，加入财政政策变量（政府投资性支出、政府消费性支出、财政赤字支出、人力资本支出、科技性支出、增值税、企业所得税、消费税、个人所得税等），并将经济不确定性作为外生变量来考察经济不确定性下财政政策对产出、消费、投资及净出口的影响，模拟各类型财政工具的财政乘数。经济不确定性确实对财政政策的有效性存在影响，财政乘数会因为经济不确定性水平的不同而不同，高不确定性时期的财政乘数效应明显大于低不确定性时期。低不确定性时期，财政刺激的总量效应有限。高不确定性水平下，不同财政工具的乘数效应存在异质性。由于多种原因，财政政策发挥作用存在一定的时滞性。总体上，财政投资、财政赤字和政府消费性支出的乘数效应的峰值要比税收措施（比如增值税和企业所得税减税）的乘数效应峰值来得早，因为税收政策包括增值税和企业所得税减税的作用需要通过市场反应才能生效。这意味着财政政策可以有效实施逆周期调控。第四，本书采用分样本回归模型，利用样本期内中国的相关经济数据对于经济不确定性下财政政策的有效性做了实证检验。结论显示，总体上，经济不确定性较高时期的财政政策调控效果比较显著。鉴于经济不确定性影响财政政策有效性的机理机制是消费投资及净出口，本书还检验了各类财政工具在高低不同水平的不确定性下对于社会消费、社会投资和净出口的影响。结果与前面估算的财政政策的乘数效应大体一致，进一步说明了经济不确定性对于财政政策的绩效存在显著的影响。第五，本书采用经济政策不确定性作为环境变量，利用分样本回归模型，对经济不确定性影响财政政策的有效性进行了稳健性检验，进一步验证了前面的结论具有稳健性。第六，本书从降低经济不确定性的水平、消除经济不确定性带给经济运行的负面影响出发，就如何进一步完善财政政策的设计和实施、增强财政政策的有效性提出了相应的政策建议。

目　录

第一章

导　论

第一节　选题背景及研究意义

一、选题背景

近年来，国际政治经济形势面临百年未有之大变局，全球经济格局正在发生深刻的变革。伴随着经济全球化的推进，全球经济形势的不稳定性、不确定性因素在积聚。自 21 世纪初以来，2012 年欧洲主权债务危机、2016 年英国脱欧、2018 年美国贸易摩擦冲突不断升温、2020 年初暴发的新冠疫情及其全球蔓延，都标志着全球经济不确定性不稳定性在加剧。全球经济几乎深陷长期性停滞格局，全球范围内民粹主义、保护主义急剧升温，世界经济持续低迷、复苏缓慢。

财政政策在熨平经济波动与调控实体经济方面扮演了重要角色，发挥了重大作用。从 20 世纪 30 年代大萧条期间诞生的"凯恩斯主义"到 21 世纪初全球金融危机后对"凯恩斯主义"的回归，财政政策都发挥了举足轻重的作用。2008 年金融危机后，欧美日等各国政府均采用财政刺激叠加宽松货币的政策组合促进经济复苏。各国政府都采取了一系列财政激励措施，美国、日本和欧盟都推出了大规模的经济刺激政策。

中国制订了"四万亿"的投资计划,并沿用了1998年的积极财政政策,通过大规模投资基础设施建设以扩大内需、推动经济增长。大规模的财政刺激计划会对经济总量产生重大影响。各国采用财政政策应对2008年国际金融危机后出现了不同的结果。以中国为代表的新兴市场经济国家率先实现了反弹,经济很快恢复增长。事实表明财政政策需要在特定条件下才会产生显著效应。这就引发了学界对财政政策有效性的关注与热议。于是,对财政政策的效果研究成为学界广泛讨论的重要议题,也成为IMF等国际政策机构的关注重点。

中国自2001年加入WTO后逐渐融入全球贸易体系,成为全球贸易体系的一个重要组成部分。2016年"811汇改"后,中国经济对外开放程度大幅提高。作为世界第二大经济体,中国历经了30多年的高速增长后,增速下行压力开始加大。特别是新常态以来,我国经济下行压力不断增加,政府开始创新宏观调控思路,提出了许多宏观调控的新思路和新举措,提倡区间调控和定向调控。这里的区间调控旨在强调经济增长区间的"上下限"要求,以便稳定市场预期和社会预期、增强稳增长目标的弹性;定向调控旨在针对经济运行中的特定问题、特定领域以及特定环节精准发力。可见,无论区间调控还是定向调控,其主要目标都在于强调宏观调控的针对性和有效性,着重调控结果的精准到位。中国政府针对制造业等特定行业和中小企业实施了定向减税、定向补贴的系列优惠政策措施,以支持其发展,这就是强调财政政策调控的有效性的表现。

近年来,中美贸易摩擦全方位升级叠加新冠疫情的全球蔓延,中国经济面临的不确定性凸显,特别是2020年以来中美关系日趋紧张,中国经济运行的外部环境日趋复杂、风险不断积累。当今世界面临百年未有之大变局。疫情的全球蔓延下,国际政治经济等格局都在发生变化。未来我们将面临更多不确定性的外部环境,必须做好应对风险挑战的准备。在这种背景下,中国的经济必然会受到外部环境的影响。目前,中国经济增长内生性动力依然不足,结构转型和发展方式转变的阵痛叠加资本市场风险因素的累积等，都会加大中国经济运行的不确定性。经济不确定性的上升无疑会破坏经济发展的宏观环境、不利于调动微观主体进行投资和消费的积极性，会抑制经济主体的经济决策，降低当前经济活动水平，也会影响宏观经济政策的绩效，最终不利于社会经济的持续稳定高质量发展。2021 年又是"十四五"规划开局之年，在此背景下，如何通过积极财政政策实施有效调控显得特别重要，特别是从当前的宏观经济环境出发，从经济不确定性出发，观察经济不确定性对财政政策调控经济绩效的影响，尤其必要。本书在充分梳理和借鉴国内外研究的基础上，从测算中国经济不确定性出发，采用一般均衡模型来研究不同程度的经济不确定性下中国财政政策的有效性，并分析经济不确定性影响财政政策有效性的机理，采用中国的现实经济数据进行实证检验，在此基础上进一步提出完善我国的财政政策以便应对和消除经济不确定性的上升对经济运行造成的负面影响的政策建议。

二、研究意义

（一）理论意义

第一，本书丰富了财政政策调控效果的研究。改革开放以来，中国经济实现了经济高速增长的同时，也经历了显著的结构变迁和制度变迁。随着中国经济对外开放和对内深化改革的力度加大，中国宏观经济运行及宏观经济政策面临来自国内外越来越大的经济不确定性的影响。目前为止，学界虽然已有大量文献讨论财政政策的调控效果、研究财政乘数效应的大小（Anzuini et al.，2020）及其影响因素，包括经济开放程度、汇率体制、货币政策配合程度、国民收入分配格局等，但鲜有文献明确探讨宏观经济环境对财政政策有效性的影响。本书从经济不确定性角度出发，考察不同区制的经济不确定性下中国财政政策调控的有效性，为研究财政政策的调控功能提供了新视角，具体通过构建中国经济不确定性指数，建立含有经济不确定性和财政政策工具指标的理论模型，并使用中国经济的现实数据来校准模拟经济不确定性如何影响财政政策有效性，深入研究不同水平的经济不确定性下中国财政政策的乘数效应，揭示了经济不确定性对于财政政策有效性的影响，可以为政府进一步完善财政政策、改善财政政策的调控效果提供更加具体的有针对性的经验证据，还有助于改善我国财政政策实践的操作效率，从而提高财政政策调控的针对性和精准性。因此，本书的研究有助于丰富财政政策调控效果的研究，对于完善财政政策的研究甚至整个宏观经济政策调控体系都有重要的理论意义和方法论意义。

第二，本书拓展了经济不确定性的研究。20 世纪 70 年代以来，西方学界就一直在关注经济不确定性，而且主要聚焦于经济不确定性的识别与度量、经济不确定性对微观经济活动及宏观经济变量的影响。国内现有的研究则集中于经济政策不确定性及其经济效应，而对于经济不确定性与经济政策有效性之间关系的关注非常有限，迄今也只有极少量文献讨论经济不确定性与经济政策有效性之间的关系，其中更多的又是讨论经济不确定性对货币政策有效性的影响，明确讨论经济不确定性对财政政策有效性的影响的文献是少之又少。关于中国经济不确定性对中国财政政策有效性影响的研究几乎还是空白。因此，本书将经济不确定性作为宏观环境变量与财政政策的调控绩效关联起来，可以进一步拓展经济不确定性的研究范围，从而弥补现有研究的不足，填补这一空白，特别是对于经济不确定性对经济政策绩效影响的研究是进一步的拓展和延伸。

（二）实践意义

本书的研究可为政府部门制定科学合理有效的财政政策措施提供决策参考。研究宏观经济不确定性对财政政策绩效的影响对于完善财税政策的设计和执行、立法和执法环节均有重要的现实指导意义。

在中美财政共振的背景下，重新审视与研究财政政策的有效性具有重要的现实意义。近几年来，全球经济处于停滞，全球范围内民粹主义、保护主义抬头，中国面临的外部环境的复杂与严峻程度前所未有。

在这种情况下，中国外需面临较大的不确定性的同时，贸易投资方面也面临保护主义的挑战。特别是 2020 年以来，新冠疫情暴发，中美经济关系日趋紧张，中国面临的经济不确定性显著上升。中国政府比以前任何时期都需要结合具体的宏观经济环境来重塑开放模式、调整宏观经济政策、实施更有针对性的财政措施，并且需要评估财政政策的有效性。因此，本书从经济不确定性的角度研究中国财政政策的有效性具有重大的实践意义。

第二节 文 献 综 述

一、国内外研究现状

西方学者关于经济不确定性的研究起初是从关注预期的不确定性开始，最早可以追溯到 20 世纪上半期。美国著名经济学家弗兰克·H. 奈特早在 1921 年在其著作《风险、不确定性与利润》中从概率的角度定义了不确定性，指出有三种概率，一是先验概率，二是统计概率，三是估计概率。奈特指出这里的第三种概率就是经济学理论常常忽视的不确定性，这种不确定性是利润理论的基础，可以用来解释实际竞争与理论竞争之间的差异，企业利润的真正来源就是对不确定性中的机遇的把握。[①] 凯恩斯在其 1926 年发表的论文《放任主义的终结》一文中指出："我们这个时代最显著的经济病症，有许多是起源于冒险、不确定与愚昧无知这几个因素。"凯恩斯第一个将信息不完全、预期不确定引入经济分析，突出强调了它们在经济活动中的作用。凯恩斯将预期的不确定性作为其理论体系的一个逻辑起点，并在此基础上形成了他的货币理论、经济波动理论以及政府财政投资理论。20 世纪 30 年代的大萧条、

---

① 弗兰克·H. 奈特：《风险、不确定性与利润》，商务印书馆 2010 年版。

70 年代的石油危机导致了西方经济大衰退，引发了学界对于经济不确定性的较多关注。进入 21 世纪以来，"9·11"事件、2008 年金融危机的爆发，在西方经济复苏缓慢的背景下，学者们对于经济不确定性及其经济影响的兴趣日益浓厚，对于经济不确定性的研究不断增加。总体上，学界针对经济不确定性的研究主要集中于下面几个方面：一是经济不确定性的识别及其度量；二是经济不确定性对于宏观经济的影响；三是经济不确定性对微观经济行为的影响；四是经济不确定性对于经济政策包括财政政策有效性的影响。下面按照这几个方面分别进行归纳和梳理。

（一）经济不确定性及其度量的研究

现有研究衡量经济不确定性指标的方法可以归纳为两种类型，第一种是主要采用经济变量的波动率和离散度以及有关不确定性的词汇在媒体上的出现频率作为代理指标。其中，宏观经济变量的波动性指标有：产出和通货膨胀的无条件方差、汇率波动性（Driver and Moreton，1991；Hunjra et al.，2016）、利率、全要素生产率的条件方差（Episcopos，1995；Price，1995）；微观经济变量的波动性指标，如企业实际工资、原材料价格、产出价格的波动性（Huizinga，1993；Ghosal and Lougani，1996；Bloom et al.，2016）、未来产品需求的波动性（Campel et al.，2001）、制造业生产的销售增长率离差（Bloom，2014）、谷歌趋势指标（Shields and Tran，2019）。最为流行的代理变量是金融市场的波动性指标比如股市波动性（Bloom，2009；Arčabić and Cover，2016）。金融市场波动率的优势在于可以用多种方法和高频率进行计算，局限性在于它并不只受经济不确定性的影响，也可能受其他因素（比如风险规避情绪）的影响。金融市场的波动性也会随着时间而变化（Jurado et al.，2015）。金融市场波动性一般是由金融恐慌指数（VIX）的波动率指数衡量，金融恐慌指数很大一部分是由具有时变特征的风险厌恶相关的因素引起的，不是由经济不确定性引起的（Bekaert et al.，2012）。这就意味着，金融市场的波动性指标无法精准反映经济不确定性的水平。专业预测人员和普通经济主体的预测离散度的水平和波动可能会受到不确定性以外的其他因素的影响，比如预测技术的差异、信息集合的差异、预测人员自身对于经济的看法多样化等，预测离散度作为不确定性代理变量具有强烈的逆周期性（Bloom et al.，2018），不确定性更多的是衰退的结果而不是原因（Bachmann et al.，2013）。由于预期分散度的日益增加意味着不确定性在上升，因此，对于前瞻性问题的积极回答和消极回答的离散度可以用作不确定性的代理变量（Bachmann et al.，2013；Ghosal and Ye，2015；Liu and Sheng，2019）。基于欧盟消费者调查和企业调查的不确定性代理指标具有逆周期性，与实际经济活动明显负相关，对于未来实际经济活动具有解释力（See Black et al.，2016）。预测误差也可以用作经济不确定性的代理变量（Jurado et al.，2015；Rossi and Sekhposyan，2015）。预测误差的优点在于可以覆盖经济所有部门的大量经济变量。不过，采用分析人员的预测衡量不确定性也有明显的缺点：第一，主观预期只适用于少数序列。第二，目前不清楚来自调查的反应能否准确捕捉整个经济的条件预期。第三，调查预测的分歧可能更多反映了意见的分歧，而不是不确定性本身的不同（Diether et al.，2002；Mankiw et al.，2003）。近几年开发了有关经济政策不确定性的词汇在报纸媒体的出现频率（Baker et al.，2016）用作经济不确定性的代理变量（Baker et al.，2016），称为经济政策不确定性（Economic Policy Uncertainty，EPU）指数，其后有学者以此为基础开发了有关国家的政策不确定性指数（朱军等，2020）。EPU 指数的特点在于可从经济环境、体制层面等方面捕捉政策不确定性的特征，具有三个明显的优势：一是能被其他国家广泛使用；二是能获得高频数据；三是能按关键词进行分类，并构建特别类型的指数。EPU 指数方法也存在一定的局限性，比如原始数据并非来自直接的经济变量，具有一定的滞后性，而且也没有区分国内国外政策的不确定性，选择的报纸也不能代表这些国家的媒体范围，EPU 指数自身也是不稳定的，在比较稳定的经济增长时期也会上升。

衡量经济不确定性指标的第二种方法是通过建立模型识别不确定性（Berger et al.，2017），或构建一个能够捕捉大量不确定性代理指标的信息内容的综合（合成）指数（Jurado et al.，2015），其后有学者以此为基础构建了德国的经济不确定性指数（Grimme and Stöckli，2018）、欧元区的合成指数（See Black et al.，2016）。胡拉多等（Jurado et al.，2015）构建的指数有两个特点：一是区分了一系列不确定性变量的不确定性及其条件波动，这是在许多经济指标方面可以观察到的不确定性；二是引入了度量宏观经济不确定性的新的时间序列指标，度量了多个序列不确定性的共同变化，具有综合性，尽可能摆脱了理论模型的限制以及对少数经济指标的依赖。胡拉多等（2015）的估计表明不确定性与实际经济活动之间在数量上存在重要的动态关系。

显然，总体上，上述两种方法构建的经济不确定性衡量指标各有所长，第一种思路选定的代理指标众多，虽然比较直观，但都只能反映某一个领域或（层面）的不确定性，无法综合反映所有经济活动领域共同存在的不确定性。第二种思路构建的综合指数虽然不够直观，却能够集中反映所有经济领域共同存在的不确定性，在衡量经济不确定性水平方面具有比较优势。

（二）经济不确定性对于宏观经济的影响研究

不确定性冲击是近十年以来宏观经济学领域的主要议题之一。学界一般都通过建立模型来模拟经济不确定性对宏观经济的影响，其研究主要集中于经济不确定性对于宏观经济变量，比如产出和就业的影响。从研究视角来看，主要有从金融市场不完善（金融摩擦）、信息不对称、实物期权、风险偏好、经济不确定性的来源、行业或企业的政治联系等几个角度或者同时结合其中的几个视角来探讨经济不确定性对于宏观经济绩效的影响机理或机制。

大多数学者通过建立模型来模拟经济不确定性对于宏观经济变量的影响。比如布鲁姆（Bloom，2009）提供了一个结构性框架，建立了一个时变二阶矩的模型，利用公司层面的数据和参数化模型来模拟宏观不确定性冲击，指出由于较高的不确定性引起企业暂时停止投资和雇佣，于是发生了总产出和就业方面的迅速下降；中期来看，源于冲击的波动增加会引致产出、就业和生产率脱离目标；二阶矩的冲击产生了短期的急剧衰退和复苏。布鲁姆（2012）将不确定性冲击视为驱动商业周期的新冲击，说明了宏观经济不确定性是逆周期的，在衰退时期特别是在2007~2009年的大萧条时期上升快，同时将异质性企业纳入动态随机一般均衡模型，量化了不确定性对于经济的影响，发现不确定性冲击可以解释大约3%的GDP的下降和反弹。贝克等（Baker et al.，2018）研究发现，美国经济政策不确定性的增加抑制了企业的投资和居民的消费，对危机后的经济复苏产生了负面影响。德兰（Tran，2019）采用大数据集，结合经验和理论证据分析了不确定性及其宏观经济效应，具体基于实时谷歌趋势数据，提出了美国和澳大利亚的不确定性指标，在经济上和统计上证明了谷歌趋势不确定性（GTU）冲击对美国失业动态的重要贡献，而谷歌趋势不确定性（GTU）冲击对于澳大利亚失业动态的贡献要温和许多。通过一个以州级层面经济活动和不确定性代理指标为特征的非聚合模型来估计不确定性冲击的影响，指出全国性不确定性冲击的影响是内生，在解释州级失业动态时不如洲际层面的不确定性冲击那样强烈。同时还采用VAR模型检讨各种商品不确定性冲击的影响，指出各种商品不确定性冲击会降低产出、消费、投资和净出口。还通过估计DSGE模型的核心参数解释了澳大利亚经济，指出种种不确定性冲击引起了产出、消费和投资的下降。

有学者基于金融市场的不完善来观察不确定性冲击对于宏观经济变量包括总产出和投资消费的影响。吉尔克里斯等（Gilchrist et al.，2010）建立了一般均衡模型，从理论和经验上分析了不确定性的波动如何与金融市场的不完善相互结合共同决定经济产出，说明了不确定性冲击与金融摩擦的结合会引发经济活动的波动，还指出在发行风险债券和股份资助投资项目时，个体企业面临的不确定性会随时间的变化而变化，同时还面临着资本市场不完善的约束。加里瑞-斯沃洛和塞斯佩德斯（Carrière-Swallow and Céspedes，2013）通过经验模型考察并发现了不同国家对于不确定性冲击的反应存在较大的异质性。与美国和其他发达国家比较，在面临外生的不确定性冲击下，新兴经济体遭受的投资和私人消费的下降要严重许多，复苏的时间也更长。投资和消费动态与金融市场的深度相关，一旦控制了信贷约束的潜在作用，新兴经济体的投资和消费动态就类似发达国家了。吉尔克里斯特等（Gilchrist et al.，2014）建立了一个数量一般均衡模型，描述了面临不确定性、不可逆性、非凸性资本调节成本和金融摩擦的异质性企业，成功复制了有关不确定性和金融摩擦的宏观经济意义的典型事实，指出了金融扭曲是不确定性影响宏观经济绩效的一个主要机制。卡尔达拉等（Caldara et al.，2016）采用带有 SVAR 框架的函数方法来检讨金融环境与经济不确定性之间的相互作用，追踪这两种冲击对于经济的影响。结论显示：（1）金融冲击是 20 世纪 80 年代中期以来周期性波动的重要根源，对于经济绩效具有重大的负作用。（2）不确定性冲击也是宏观经济扰动的一个重要根源。（3）在伴随财政状况收紧的情况下，不确定性冲击有着特别的负面经济效应，大萧条可能是不确定性冲击与金融冲击之间相互作用的表征。

也有学者基于信息不对称的视角，通过观察消费价格变化来讨论经济不确定性对宏观经济的影响。巴赫曼和莫斯卡里尼（Bachmann and Moscarini，2011）将具有不完全信息的需求引入一个标准的垄断竞争模型，重点观察消费价格变化，指出每个企业都不确定其面临的需求弹性，却都会通过观察其销售量的变化逐渐了解其面临的需求弹性，强调充分信息对于选择最优的提价幅度以及决定是否退出市场的重要性，指出较大的价格波动性会大大增加退出市场的概率，甚至引发衰退。

也有学者基于经济不确定性的来源解释其对宏观经济变量的影响。布鲁姆（2009）认为，各种类型的外生冲击，比如战争、金融恐慌以及石油价格波动，直接增加了不确定性，衰退期间不确定性也有一部分属于内生性增加。就大萧条而言，2008 年不确定性的大幅增长可以解释 GDP 下降的 1/3。吉尔等（Gil et al.，2017）说明了过去一年里西班牙不确定性加剧的宏观经济波动效应的一个重要部分根源于西班牙经济体的外部。蒋和乐（Jiang and Yue，2018）考察了多种来源的经济不确定性，研究了不确定性对于宏观经济的影响。具体利用不确定性水平由银行内生确定的典型模型，从理论上调查了有关资产回报的不确定性及其在金融脆弱性中的影响，重点讨论了央行货币政策态势的不确定性。

还有学者基于行业或企业的政治联系来观察政策不确定性对于不同行业就业的影响。王（Wang，2013）指出，政策不确定性的增加对于与政府部门有不同联系的不同行业具有不同影响，这种异质性有助于识别政策不确定性冲击的效应。具体地，王（2013）利用行业数据探讨了政策不确定性对于复苏期间就业动态的影响，强调政策不确定性对于不同行业就业影响的异质性，最终归因于联邦政府支出带来的部分产品需求的变化，指出政策不确定性确实阻碍了那些比较依赖联邦政府支出行业的就业增长。

还有学者结合实物期权、信息不对称和风险偏好几个视角讨论不确定性对于就业的影响。高萨尔和叶（Ghosal and Ye，2015）根据专业预测人员的调查、基于预测 GDP 增长和通胀的模型以及标准普尔 500 股票价格指数和燃料价格的回归模型，构建了不确定性的代理指标，讨论了不确定性对就业动态的影响。结合实物期权和信息不对称所产生的财务约束机理以及风险偏好理论，指出较大的不确定性可能会对企业的就业决策产生负面影响，对就业的增长具有负面影响，在文献中首次提出了不确定性对于就业增长的影响会随着企业规模的变化而变化。杰·西·布莱克等（J. See Black et al.，2016）考察了不确定性对于欧元区经济活动的影响，认为短期内不确定性的增加对经济活动带来了不利影响。由于沉没成本或固定调节成本的存在，逆转投资或就业决策常常是不可能的。不确定性加剧期间，经理们一般会更加规避风险，会回避新的投资项目决策或雇佣决策，因而不确定性不仅会降低投资、消费或就业水平，还会降低经济对商业景气变化的敏感度。

还有学者从金融摩擦和信息不对称的角度分析了不确定性冲击对于住房市场和宏观经济的影响。斯特罗贝尔（Strobel，2017）分析了不确定性冲击对于宏观经济和住房部门的影响，具体检讨了测量不确定性和建模的不同方法，具体使用一个信息不对称、有附属契约和泰勒规则的模型，考察生产不确定性、金融中介、受信贷约束的家庭等因素是如何影响住房价格和总体经济活动的，指出存在金融摩擦的背景下不确定性冲击对于住房市场和商业周期有着实质性的作用，明确主张政府可以通过平滑住房价格和住房投资来降低住房和宏观经济变量的变化，实现经济稳定。

21世纪以来，国内学者才开始关注经济不确定性的冲击及其对宏观经济的影响。杨海生等（2014）研究发现，中国的经济政策也具有不稳定性，通过财政渠道和信贷途径抑制了经济增长。欧阳志刚等（2019）研究发现，中国经济政策的不确定性通过投资和创新两个渠道负面影响了经济增长。庄子罐等（2016）在克里斯蒂亚诺等（Christiano et al.，2005）、斯梅茨和沃特（Smets and Wouters，2003）的模型基础上，使用中国的 GDP、消费、投资、利率、货币供应量、价格指数以及就业等宏观季度数据，应用贝叶斯方法估计一个货币 DSGE 模型，以分析我国货币政策规则的选择问题，指出参数的不确定性只是在量上影响货币政策冲击的效果，并没有改变货币政策调控效果的方向。许志伟和王文甫（2018）从理论和实证的角度研究了经济政策不确定性对于宏观经济的影响，采用 Max - Share 方法的结构向量自回归识别技术，发现经济政策不确定性的增加会导致产出和物价水平明显下降，表现为负向需求冲击，并采用新凯恩斯动态一般均衡模型进行验证，指出经济政策不确定性显著增加了产出和价格波动，还指出公众预期会强化经济政策不确定性对经济波动的影响。苏治等（2019）从理论上厘清了经济不确定性影响货币政策有效性的机制，将股市波动率和经济政策不确定性指数作为经济不确定性的衡量指标，构造产出和价格水平因子来衡量货币政策的调控效果，考察了高低两种水平的经济不确定性下货币政策调控的有效性，发现经济不确定性只是在量上削弱了货币政策的调控的有效性，并没有改变货币政策的调控方向。

（三）经济不确定性对于微观经济的影响研究

经济不确定性是影响经济周期的重要因素，必然会影响到微观经济主体的经济活动包括资源配置和收入分配，影响到企业的经济决策和经济行为，具体包括企业的投资、雇佣、研发、现金持有、资本积累和资本结构调整等。纵览学界关于经济不确定性对于微观经济活动影响的研究，大致可以分为两大类，一类是理论研究，二类是实证研究。研究视角有风险偏好、信息不对称、实物期权、金融摩擦、预期、预防性储蓄等。虽然研究结论还存在一定的分歧，但大多数研究一致认为经济不确定性会抑制微观主体的经济决策和经济水平，对于微观经济活动会产生负面影响，会减少企业的投资、降低当前的投资水平。只有极少数文献认为经济不确定性与企业投资之间的关系因为受到诸多因素的影响而存在不确定性。

西方学者很早就开始关注经济不确定性与微观经济活动之间的关系。早在 20 世纪 70 年代，有学者就通过建立模型考察经济不确定性对于资源配置和收入分配的影响。罗森佰格和史密斯（Rothenberg and Smith，1971）在简单的一般竞争均衡模型框架下探讨了不确定性对于福利、资源配置和收入分配的影响，具体设计了在生产过程存在不确定性时的两个产品—两个要素传统模型，观察了两个技术假设下不确定性的效应，发现资本倾向于逃离不确定性最大的产业，短期的灵活性也是决定不确定性效应的一个重要因素，如果不确定性通过一个收益递减的要素形式出现，那么整个经济福利肯定会下降；如果不确定性以一个随机参数乘以生产函数的形式出现，那么整个经济福利也许会增加。

早期很多学者都是基于风险规避的传统视角来考察经济不确定性对于微观主体的经济决策和经济活动的影响。比如，桑德默（Sandmo，1971）、哈特曼（Hartman，1972；1973；1976）提出的产品价格或投入价格不确定性下的企业决策经典模型中，规避风险的假设会导致企业选择降低产出并改变投入组合。高萨尔（Ghosal，1991；1995）对这些模型进行了经验检讨，发现较高的不确定性确实会改变投入组合、导致资本—劳动比率下降。这种基于规避风险的传统模型的结论成为后来进一步研究的基础,并获得了当代文献的认同,都认为较高的不确定性会负面影响企业投入和生产。同样基于风险偏好,特沃斯基和卡尼曼(Tversky and Kahneman,1979)提出了前景理论并用于分析风险与收益权衡下的决策,指出个人在面临潜在收益与潜在损失时,其行为方式可能会大不相同,当损失带来的伤害会小于收益带来的好处时可能会高度重视小概率的极端事件比如购买彩票和保险。还指出经济主体没有一个统一的风险偏好,但是都会依赖收益的水平而实施风险规避行为的最大化策略。德拉斯和费尔南德斯(Dellas and Fernandes,2006)采用标准的静态的包含两个部门、两个要素的一般均衡模型研究不确定性对于资源配置的影响,指出生产与消费的替代弹性在决定不确定性是吸引还是排斥资源方面具有关键的作用,风险规避至关重要。

随后20世纪80年代开始,伯南克(Bernanke,1980)基于投资具有不可逆性以及获得最新信息需要时间的假设,从实物期权的视角讨论了真实投资的最优时机,认为只有当延期投资的成本超过等待信息的预期价值时才应该进行当期投资。不确定性因为增加了等待新信息的价值而降低了当前的投资率,进而导致了商业周期内总体投资的不稳定性,提出了一个最优化行为与短期投资波动相容的投资理论,投资具有不可逆性会让经济主体为了等候新信息而推迟投资,不确定性对于当前投资具有抑制效应。平迪克(Pindyck,1982)和阿贝尔(Abel,1983)基于实物期权的视角,研究了市场不确定性对企业投资决策的影响,认为在不确定性的干扰下,企业的投资决策类似于一份看涨期权,市场不确定性的上升会增加期权的价值,进而会引发投资主体的观望。麦克唐纳和西格尔(McDonald and Siegel,1986)采用实物期权模型对于不确定性下的企业投资行为提供了深入见解,引发了一大批文献检讨不确定性对于决策变量包括投资、进出、研发、技术选择、生产决策等的影响,指出不确定性与沉没成本的存在意味着等待的选择价值并有可能抑制投资。艾维纳许·迪克西特(Avinash Dixit,1989)、迪克西特和罗伯特·S. 平迪克（R. K. Dixit and Robert S. Pindyck，1994）假定成本不变但市场需求发生了波动，需求方会出现偿付的不确定性，即便小量的不确定性也足以产生大量延迟，并抑制投资。罗伯特·S. 平迪克（Robert S. Pindyck，1994）考虑了成本不确定性的两个来源：一是投入成本的不确定性，二是技术的不确定性，企业的最优资本存量是技术不确定性和投入成本不确定性的函数，最优资本存量会随着投入成本的不确定性而下降，但会随着技术不确定性而增加，最终得出结论认为：投资会随着不确定性的增加而下降，投资对于不确定性高度敏感。哈塞特和梅特卡夫（Hassett and Metcalf，1999）基于实物期权理论讨论了税收政策的不确定性对投资的影响，把税收的不确定性视为随机的税收政策，发现税收政策的随机变化会延迟投资、降低当前投资的水平。布鲁姆等（Bloom et al.，2007）说明了部分不可逆项目下高不确定性会减少投资对于需求冲击的反应，指出不确定性增加了实物期权价值，使得企业在投资决策时十分谨慎。布鲁姆（2007）采用一个结构性框架对不确定性冲击的影响进行分析，指出较高的不确定性使企业暂时停止了投资和雇佣，进而会冻结各企业的配置，生产率的提高也会下降。布鲁姆（2012）认为经济不确定性是商业周期的重要影响因素，对于微观主体的经济行为具有重要影响。布鲁姆（2013）指出，有证据显示不确定性正在损害短期的投资和雇佣，不过也有证据显示不确定性也许刺激了长期的创新。恰尔尼茨基和图尔（Czarnitzki and Toole，2013）采用实物期权方法扩大了标准的研发投资模型，基于企业层面的经验分析来评估市场不确定性的影响及其与策略竞争和企业规模之间的相互作用，指出随着市场回报的不确定性增加，研发投资会减少。在策略竞争激烈的市场上，公司特定的不确定性对于研发投资的影响比较小。如果融资可得性保持稳定，不确定性对大型企业的研发投资的影响会减弱。

到了 20 世纪 90 年代，有学者又开始从信息不对称、金融市场不完善的视角探讨经济不确定性对于微观主体经济决策和经济行为的影响。格林沃尔德和斯蒂格利茨（Greenwald and Stiglitz，1992）证明了较高的不确定性加剧了借贷双方的信息不对称、收紧了财务约束、降低了资本支出。德尔·加蒂等（Delli Gatti et al.，2003）扩展了格林沃尔德和斯蒂格利茨（1992）的框架并建立一个模型，指出企业的财务状况会影响资本投资和进出。不确定性的上升会扩大信息不对称，增加破产的可能性，加剧融资约束，影响企业决策。坎贝尔和科克伦（Campbell and Cochrane，1999）表明宏观经济不确定性会导致货币的反周期变化，进而加剧了波动性、增加了风险溢价。格特勒和吉尔克里斯特（Gertler and Gilchrist，1994）指出信贷市场不完善对于大小型企业会产生不同影响，企业规模与外部融资成本和信息摩擦程度的关系密切，一般说来，年轻小型的企业具备的抵押能力有限、风险较大，比较成熟的大型企业抵押能力较强。信息不对称和信贷约束对小企业的负面影响更大。明顿和施兰德（Minton and Schrand，1999）采用现金流量的波动性衡量不确定性，发现现金流量和融资成本的增加与投资水平的降低有关。博伊尔和格斯里（Boyle and Guthrie，2003）分析了企业的动态投资决策会受其内生财务约束的影响，指出未来资金不足的风险会降低企业时机选择的价值，因而会鼓励加速投资，资本市场摩擦会扭曲投资行为，对于高流动性的企业而言，投资对于现金流的敏感度是最高的，不确定性对于投资的影响是不确定的。艾斯多弗（Eisdorfer，2008）采用经验证据证明了财务困难的公司通过测试不确定性进行风险转移，指出不确定性会降低公司的投资价值。金和孔（Kim and Kung，2013）构造了跨行业的资产配置衡量指标，观察重大政治经济活动等引发的外生不确定性的增加对于公司资产配置的影响，发现随着不确定性的增加，拥有较少资产配置企业的投资减少额小于那些拥有较多资产配置的企业，真实资产市场摩擦是影响公司投资决策的一个重要因素。吉尔克里斯特等（Gilchrist et al.，2014）指出，宏微观层面的证据显示，特定不确定性对于投资具有很大影响，一般是通过信用利差的变化发生影响的，信用利差冲击通过影响有效的信贷供给而对投资产生强烈的影响。卡尔拉达等（Caldara et al.，2016）针对金融冲击和不确定性冲击作为经济波动的重要潜在驱动器，指出对这两种冲击进行经验识别是困难的，经济不确定性的增加与信贷息差的扩大紧密相关，信贷息差的扩大表明财政状况在收紧，在财政状况收紧的情况下，不确定性冲击有着特别的负面经济效应。

其实，到了20世纪末至21世纪初，学者们意识到仅仅从理论的角度分析经济不确定性对于微观主体的经济决策和经济活动的影响显得苍白乏力，还需要进一步采用实证方法检验经济不确定性与企业投资之间的关系。随后出现了一大批相关的实证研究文献。高萨尔（Ghosal，1995）通过实证分析发现较大的不确定性改变了投入结构，并导致较低的资本劳动比率，可能会广泛影响公司投入和生产。卡巴列罗和平迪克（Caballero and Pindyck，1996）研究了行业和特殊不确定性对不可逆投资的影响，并检验了不确定性增加会形成投资触发点的命题，发现不确定性和触发点之间存在正相关关系。莱希和怀特（Leahy and Whited，1996）利用来自美国制造业公司的数据，发现不确定性对投资具有负面影响。朵敕和帕里吉（Guiso and Parigi，1999）以意大利制造业企业为样本，采用了企业家基于企业产品未来需求的主观概率分布信息调查了不确定性对于投资决策的影响，指出不确定性弱化了投资对需求的反应，进而减缓资本积累，不确定性对于投资的影响也存在很大的异质性，对于那些无法轻易逆转投资决策和具有较大市场权力企业的影响更强。坦普尔等（Temple et al.，2001）明确指出现有文献关于不确定性与投资之间关系的理论还缺乏预测性，需要进一步的经验研究支持，具体采用英国生产调查局联合CBI产业趋势调查获得的产业层面数据，应用动态面板来区分宏观与微观层面的不确定性，发现宏观来源与微观来源的不确定性对投资产生了大量负面影响。高萨尔和龙乾尼（Ghosal and Loungani，2000）研究了利润不确定性对于大小企业投资的影响及其异质性，发现投资与不确定性之间的关系符号为负，在以小企业为主的行业的负面效应较大。笠原（Kasahara，2003）采用智利制造业工厂层面的数据对于黏土投资模型的实证意义进行了检验，结果显示，在大型投资时期，进口材料与国内材料之间的替代弹性较高意味着要素密度选择的不可逆性在解释汇率波动性对投资的影响方面可能发挥着重要的作用，指出相对要素价格的不确定性对于投资会产生较大负面影响，要素密度选择的不可逆性在解释投资动态方面具有重要的作用。邦德和伦巴第（Bond and Lombardi，2004）采用了意大利公司数据检验了不确定性及（部分）固定资本投资的不可逆性引起的真实选择效应，承认企业层面的投资支出本来就是以不同类型资本品的形式出现的多个投资决策的集合，强调不确定性对于短期投资的影响，投资对于需求冲击存在凸性反应，在高水平的不确定性时期，面对需求冲击，投资调整比较缓慢。罗森伯格（Rosenberg，2004）将投资的概念扩展到包括人力资本投资，将企业分为劳动密集型和资本密集型，发现不确定性与两种不可逆投资之间存在负相关关系。布兰（Bulan，2005）将总的公司不确定性分解为市场、行业和特定公司的不确定性，验证了投资和不确定性之间存在负相关关系，指出行业不确定性的增加对公司投资有明显的负面影响。李（Lee，2005）采用韩国制造业部门企业层面的数据调查了投资与不确定性之间的经验关系，结论显示，不确定性只是在危机后与投资呈现负相关关系。不确定性对于那些偿付利息能力比率（指数）较低、债务—资产率较高并且规模较小的企业投资的负面效应更大。安多信（Antoshin，2006）第一次尝试识别投资的影响因素，以单一的经验框架进行分析；具体通过使用石油公司数据的动态面板及其隐含的波动性作为不确定性的度量指标，检讨了不确定性对于投资的效应，发现无论是经济层面的不确定性，还是具体企业层面的不确定性以及财务约束都会逆向影响投资，而行业层面不确定性的影响是不确定的，取决于产出价格水平。基于投资—产出价格波动性关系的非线性试验还发现产出价格、企业规模及其风险管理能力会弱化投资与不确定性的关系。另一方面，市场不完善、财务约束、企业的低成熟度及其风险规避会加强不确定性的负面效应。还指出企业对于宏观经济条件的变化是有反应的。邦德等（Bond et al.，2008）建立了一个结构性框架估计企业层面的投资行为和资本积累，允许不确定性通过所谓的 Hartman Abel – Caballero

效应、不同形式的资本调整成本和折现率的风险溢价三种途径影响资本积累，考虑到了企业规模及增长方面的异质性，使用模拟矩量法对参数进行估计，并与英国制造业的经验数据进行匹配，指出长期看来较高的不确定性主要通过折现率效应减少了企业规模、降低了资本密度。邦德等（2011）使用英国制造业上市公司的面板得出结论指出，较高的不确定性对于长期的资本库存水平有较大的负面影响。吉瓦茨和马克马龙（Giavazzi and McMahon，2012）根据德国的微观数据发现，德国经济政策不确定性上升导致了家庭部门储蓄规模的明显增加（Beckmann and Czudaj，2021）。比安科等（Bianco et al.，2013）的实证分析表明，美国经济政策不确定性的增加形成了企业投资明显的观望效应，促使企业增持现金、减少投资。斯坦和斯通（Stein and Stone，2013）利用企业在能源、货币价格和波动性方面的差异敞口开发了一个包含 n 个工具变量的策略，采用股票期权隐含股票价格的预期波动性来获得基于企业商业状况不确定性的前瞻性指标，检讨不确定性对于资本投资、雇佣、研发以及广告的影响，发现不确定性抑制了资本投资、雇佣及广告，却鼓励了研发支出。总体上，对于 2008～2010 年发生的资本投资和雇佣的下降，不确定性大概能够解释 1/3。斯莱德（Slade，2013）利用美国新铜矿开业（建设滞后严重的大型、不可逆性项目）日期的历史数据对投资与不确定性的关系进行了实证分析，对决策时间及其引发的价格阈值都进行了评估，发现这个市场上较大的不确定性鼓励了投资，降低了价格阈值。晗拉等（Hunjra et al.，2016）通过 2000～2013 年的巴基斯坦纺织部门的数据调查了不确定性与企业投资之间的关系，通过随机效应模型检验，指出企业层面和市场层面的不确定性与企业投资之间具有重要的正向关系，但是经济层面的不确定性与企业层面的投资呈负相关。巴塔查里亚等（Bhattacharya et al.，2017）研究认为，经济政策不确定性降低了企业研发的积极性，抑制了企业的研发投资。曲瓦等（Chuah et al.，2018）采用马来西亚 1971～2010 年的数据检查了不确定性对于不可逆性总投资的影响，指出宏观经济不确定性对于前瞻性的投资决策过程是很重要的，需求的不确定性对于投资具有更强的影响。

21世纪是不确定性研究走向成熟的时期，很多学者们将理论研究与实证分析结合进行。在这一阶段，基于金融摩擦视角的研究开始多起来。鲍姆等（Baum et al.，2008）通过分析银行总的贷款—资产比率在近25年内的分布来调查宏观经济不确定性的变化对商业银行可贷资金配置的影响，指出银行必须获得充分信息才能将贷款提供给客户，经济条件的不确定性（及贷款违约的可能性）对其贷款策略具有显著的影响，较高的不确定性会妨碍管理者准确预测贷款回报的能力，证明了宏观经济不确定性对于配置过程存在重大扭曲，银行贷款—资产比率方面的分布会因此发生6%～10%的变化。吉尔克里斯特等（Gilchrist et al.，2009）通过使用总体时间序列和企业层面面板建立了一个一般均衡模型，指出不确定性与投资之间的关系会受到信用市场摩擦的重要影响，成功解释了企业风险溢价的跨部门及其时间序列性质以及不确定性与投资之间的联动性（Bhowmik et al.，2023）。特别关注了债券风险溢价对于不确定性与投资之间关系的两个重要影响：一是就企业面临信用市场摩擦而言，债券风险溢价的增加意味着资本的成本增加，进而投资会下降，不确定性对于缺乏不可逆性或风险规避的投资动态具有重要的影响。二是如果信用市场摩擦构成不确定性影响投资的重要机制，那么债券的风险溢价应该可以减弱不确定性对投资的直接影响。吉尔克里斯特等（2010）基于高风险债务定价的标准框架指出，偿付不确定性的增加以牺牲债券持有者的利益为代价让股票持有者受益，不确定性增加会导致信用供给减少、妨碍资本的有效配置、导致全要素生产率的内生性下降并加剧经济衰退。

21世纪以来，有些学者同时基于实物期权、金融摩擦和预防性储蓄几个视角实证分析了经济不确定性对于微观经济活动的影响机理和机制。比如，杰·西·布莱克等（J. See Black et al.，2016）基于模型提供了有关不确定性对于欧元区经济活动影响的证据，指出欧元区的不确定性在大萧条和主权危机期间大幅增加了，高不确定性抑制了欧元区的经济活动包括欧元区的投资，短期内不确定性的增加对经济活动带来了不利影响，指出不确定性的冲击负面作用于经济活动的渠道包括实物期权渠道、风险溢价和融资成本渠道（金融摩擦渠道）以及预防性储蓄渠道；还提出了识别不确定性对于经济活动影响的三种方法，一是时间序列模型，二是结构一般均衡模型，三是依靠一系列事件（比如自然灾害、政变和恐怖袭击）等识别不确定性的冲击。还有学者基于预期的视角，采用实证分析的方法考察不确定性对于投资和消费的影响。鲍尔塔等（Balta et al.，2013）指出应该采用企业和消费者调查（BCS）数据来衡量产业和消费者的不确定性，这样可以反映企业和消费者对于经济和金融的预期差异。对于预期存在差异的经济主体越多，经济不确定性就越高。不确定性对于投资和消费具有重大的负面影响，自从金融危机以来，不确定性在妨碍欧元区的经济活动。井上熏等（Kaoru et al.，2017）采用日本制造业工厂的面板数据分析发现，不确定性会导致静态的资本误配，对于那些产品市场竞争并不激烈的行业，效应较弱；竞争增加了投资的概率和最优资本水平的可变性，同时也恶化了资本误配；指出不确定性推迟了投资、扰乱了建设成本或建设时间，预期不确定性将会影响投资进而导致静态资本误配，其资本误配程度取决于产品市场的竞争程度。

国内学者对于经济不确定性影响微观经济的研究起步很晚，只是近几年来才逐渐时兴起来，而且大多是采用中国的数据来检验经济不确定性对于微观经济活动的影响。比如，顾夏铭等（2018）利用贝克等（Baker et al.，2016）构建的中国经济政策不确定性指数和中国上市公司的创新数据来进行实证研究，指出经济政策不确定性正向影响上市公司的研发投入和专利申请量，得出了不同于以往主张经济政策不确定性会抑制企业投资的结论。王义中、宋敏（2014）采用中国上市公司的资金需求数据考察了经济不确定性影响公司投资的作用机制，指出经济不确定性主要是通过外部需求、流动性资金需求和长期资金需求渠道影响公司投资行为。这种影响在不同经济周期、不同行业性质和不同融资约束的公司影响不同。高不确定性会降低三个渠道对公司投资的正向促进作用。王等（Wang et al.，2017）利用中国上市公司的数据，研究了政策不确定性和市场不确定性对于公司研发投资的影响，实证发现，政策不确定性和市场不确定性都会负面影响公司的研发投资，其中，政策不确定性对于那些具有政治关联企业的研发投资具有重要的影响，对那些不具备政治关联的企业没有影响，而市场不确定性只会对于那些不具有政治关联的企业产生明显影响。谭小芬和张文婧（2017）研究发现，中国经济政策不确定性的增加抑制了企业投资。张光利等（2017）研究发现，经济政策不确定性的上升增强了企业现金持有的意愿。谷丽静（2018）采用中国 A 股上市公司 2007～2015 年的财务数据，综合运用技术创新理论、宏观经济不确定性理论、实物期权理论和融资约束理论分析宏观经济不确定性对于企业技术创新的影响及作用机制，发现宏观经济不确定性的增加会通过增加企业的经营风险和融资约束显著降低企业的研发投入，对处于衰退期、融资能力弱、管理层对未来预期持悲观态度的企业的影响较大。蒋（Jiang，2018）考察了多种来源的经济不确定性，从经验的角度研究了生产率不确定性对企业投资的影响，发现特殊的不确定性对于具有客户群的投资具有重大的负面影响，具有较小客户群的企业对于不确定性更敏感。经验分析显示，不确定性对实际经济活动发生冲击的另一个传导机制在于特殊的不确定性与产品市场摩擦之间的相互作用。张成思、刘贯春（2018）基于经济政策不确定性和融资约束异质性的视角，将经济政策不确定性引入三期动态投融资模型，分析了经济政策不确定性对于面临不同融资约束企业的差异化影响，并使用 2007～2017 年非金融类上市公司的季度数据进行实证研究，发现无论融资约束的强弱，经济政策不确定性都会导致固定资产投资下降，杠杆率下降的幅度和现金持有向上调整幅度在较低融资约束的企业要明显弱于高融资约束的企业。王朝阳等（2018）从融资供求的视角构建了一个经济政策不确定性经过企业的不确定性规避和金融中介的不确定性规避如何影响企业资本结构调整的逻辑框架，采用 1998～2013

年中国工业企业数据库的制造业数据为样本进行实证检验，发现经济政策不确定性阻碍了企业的资本结构动态调整。亚琨等（2018）从企业金融资产配置的动机出发，研究企业金融资产配置对创新投资的影响，文等（Wen et al.，2022）考察了经济政策不确定性对于企业金融资产配置与企业创新投资关系的调节作用，发现经济政策不确定性加重了企业金融资产配置对于创新投资的挤出效应，并且对于非高新技术企业以及市场竞争程度较低的企业的影响更加显著。于文超、梁平汉（2019）以2012年全国私营企业调查数据为样本，分析了地方政策不确定性和贸易环境不确定性对于民营企业经营活力的影响机制及应对策略，发现地方政策不确定性对于企业经营活力具有显著的负向影响，而贸易环境的不确定性对企业经营活力没有显著影响。闫华红、陈亚（2019）基于经济政策不确定性指数，以2009～2017年A股房地产上市公司的数据为样本，实证检验经济政策不确定性对于资本成本的影响，指出经济政策不确定性与我国房地产上市公司的资本成本之间呈正相关关系，而且对于非国有企业的资本成本影响更加显著。欧阳志刚等（2019）基于TVP-FAVAR模型的实证研究发现，中国经济政策不确定性的增加抑制了银行信贷总量，在新常态下尤其显著。经济政策不确定性的上升对于银行信贷的需求和供给会产生"萎缩效应"。徐光伟等（2020）利用中国上市公司2007～2016年的季度数据，验证了经济政策不确定性对于企业实体投资和虚拟投资行为的影响，发现经济政策不确定性与企业实体投资和虚拟投资活动之间呈现显著的负相关关系。

（四）财政政策的有效性研究

西方学者关于经济不确定性的研究大多聚焦于其对宏观经济变量和微观经济行为的影响，相对而言，对经济不确定性对经济政策有效性的影响的关注非常有限，只有少量文献涉及经济不确定性与经济政策有效性的关系，其中多数又是讨论经济不确定性对货币政策有效性的影响的，明确讨论经济不确定性对财政政策有效性的影响的文献是少之又少。总体上，现有研究也尚未形成一致的结论，有学者认为经济不确定性的存在削弱了经济政策包括货币政策的有效性，也有学者认为经济衰退时期财政政策比较有效。

最早涉及经济不确定性与经济政策有效性关系的文献出现在 20 世纪 60 年代，布雷纳德（Brainard，1967）指出，关心总量政策的经济学家们较多讨论了各种结构性变革对于经济政策有效性的意义，这些讨论对于"有效性"缺乏明确的概念，认为确定性世界的政策理论的意义在于，结构性变革仅仅改变了政策反应强度、不会改变政策有效性；同时，政策制定者往往拥有的政策工具多于政策目标，可以自由抛弃多余的政策工具而保持相同的绩效。因而强调当政策反应存在不确定性时的最优政策与确定性世界的最优政策之间存在很大区别。进入 21 世纪后，关注经济不确定性影响经济政策有效性的文献开始慢慢出现。布鲁姆等（2012）指出不确定性会改变政府政策的相对影响，不确定性在产业层面是强逆周期的，在低速增长期，这种行业层面差异与不确定性密切相关。布莱克等（J. Black et al.，2016）指出不确定性也许还会影响经济政策的有效性，最优政策组合的构成会随着经济不确定性而出现变化。投资对商业条件比如利率水平变化的弹性会下降，在不确定性加剧时期会要求利率的大幅度下降才能获得与正常时期对投资的相同效应，不确定性加剧时期要求一个不同的政策组合，需要包含一些旨在降低不确定性水平的措施，以便使其他政策措施更加有效。

这个时期也开始出现明确讨论经济不确定性对于财政政策有效性的影响的文献。阿卡比克和科弗（Arcabic and Cover，2016）采用了标普 100 波动指标（VXO）和相对于十年期国债的 Baa 公司债券收益（Baa10ym）来测量不确定性，分析了不同的财政政策冲击在各个不确定性区制下的有效性。采用的基准模型是由总政府支出、税收、不确定性和 GDP 构成，并做了三个扩展：一是区分了政府消费、投资与国防支出，二是采用两个不确定性指标即 VXO 与 Baa10ym 来检验其稳健性，三是计算了 GDP 总量包括消费和投资的脉冲响应。综上得出结论：第一，在高不确定性时期，相对于货币政策，财政政策冲击对经济的效应更强；第二，在中低不确定性时期，政府支出冲击倾向于挤出私人部门的投资支出，但在高不确定性时期，政府支出冲击又会挤入私人部门的投资支出；第三，大规模冲击对 GDP 的美元效应不同于小规模冲击；第四，扩张性的税收冲击不如紧缩性的税收冲击强；第五，政府投资支出冲击远远强于政府消费和国防支出冲击。戈麦斯（Goemans，2020）采用历史性季度数据考察了美国政府支出乘数在不确定性加剧时期或萧条时期是否高于正常时期，估算出在不确定性时期，累积一年乘数为 2，高失业时期乘数为 1，正常时期为 0.5 ~ 0.7。当发现在经济萧条时期与不确定性时期一样都存在正面就业效应时，有两个传导渠道可以解释不确定性时期财政乘数较大的现象：一是较大的价格弹性会导致短期通货膨胀（降低真实的利率），二是风险溢价递减。贝格（Berg，2014）分析了德国在 1970 ~ 2013 年政府支出冲击对产出的影响，利用 TVP – VAR 模型说明了财政乘数在此期间呈现"U"型，在样本初期和末期围绕 2 波动。指出在商业不确定性高的时候财政政策更加有效但在金融市场压力期间的有效性次之，同时发现财政可持续性是影响财政乘数的一个关键因素。贝格（2016）讨论了 1970 ~ 2014 年德国的企业不确定性是如何影响财政政策的有效性，具体采用取自 IFO 商业环境调查的企业层面数据测量企业不确定性，并与结构向量自回归的参数相互结合来构成国家的支出乘数，观察发现当不确定性高的时候，财政政策最有效，就长期来看，在不同层次的不确定性水平之间的乘数差异较大；他还指出商业信心在国家支出冲击传导为产出过程中的显著作用。既然货币政策在反复无常的变化中不太有效，财政政策在不确定性时期就成为刺激经济更为有效的政策工具。耶·克兰先生和古普塔（G. C. Aye M. Clane and R. Gupta，2019）研究了财政货币政策在高低水平不同的不确定性时期对于不平等的影响，具体采用美国有关收入、劳动报酬、消费和总支出分配不平等以及经济不确定性的不同指标的季度时间序列数据、基于基本脉冲响应函数进行了分析，结论表明，紧缩性的财政货币政策增加了不平等，当存在较高水平不确定性的时候，财政货币政策的有效性弱化了。曲瓦等（Chuah et al.，2018）采用马来西亚 1971～2010 年的数据检查了不确定性对于不可逆性总投资的影响，指出宏观经济不确定性对于前瞻性的投资决策过程是很重要的，资本使用成本的弹性小于一个单位表明政府通过税收激励影响投资的范围非常有限。

还有很多文献并没有明确提及经济不确定性，而是基于经济危机时期或后期观察财政政策的有效性，而且倾向于采用比较的方法，把财政政策与货币政策并列，评估财政政策的相对效能，得到的结论无非是财政政策与货币政策各自的相对效能谁更强。比如斯奈德和布鲁斯（Snyder and Bruce，2004）针对扩张性的财政货币政策能否刺激美国经济的问题，采用了一个误差矫正向量自回归模型，检验了两种政府稳定政策的相对效应，重点在于决定货币政策和财政政策措施在刺激消费、投资和产出方面的相对效能。结果表明，货币政策比财政政策更有效。科塞蒂和穆勒（Corsetti and Müller，2008）认为 2007 年爆发的危机中信贷约束的出现成为采用财政刺激的一个理由，因为信贷市场失调必然导致货币政策传导的弱化，因而政府需要起草财政刺激计划应对危机，明确指出财政政策的有效性依赖于融资与货币政策的组合。克里斯蒂亚诺等（Christiano et al.，2009）讨论了当名义利率受零利率下限约束时政府支出乘数较大的现象，指出当名义利率为零的时候，政府支出越多、乘数的值越大。具体采用动态随机一般均衡模型模拟了乘数的规模，证实了模型中的乘数在零利率下限约束时要大于 1，与 2008 年金融危机期间的宏观经济总量的表现相吻合。伍德福德（Woodford，2010）利用新凯恩斯模型分析了决定政府购买支出产出乘数的关键因素，指出了虽然乘数大小主要取决于货币政策的反应，但粘性价格或工资允许乘数比新古典模型里的乘数大，当货币政策受到零利率下限约束时乘数可能大于 1。科勒－托胡佛和瑞斯（Köhler－Töglhofer and Reiss，2009）提供了相机抉择的财政政策在危机时期有效性的理论证据和经验证据。2009 年澳大利亚政府采取的措施包括一揽子通胀措施、两套经济刺激措施和个人所得税改革带来了 GDP 增长，并额外增加了 12 000 个就业机会，这些措施的效应估计会持续到 2010 年。同时澳大利亚的政府债务比率也大幅增加，危机结束后政府需要减少赤字、降低债务比率。佩雷拉和洛佩斯（Pereira and Lopes，2010）开发出了名义利率零下限的非线性模型，预测当利率达到零下限时，在危机时期产生的不确定性可能会使预防性储蓄增加，边际消费倾向和乘数效应可能会大幅降低。另一方面，经济衰退期间的去杠杆效应很可能使得受信贷约束影响的消费者和企业的比例增加，从而可能会扩大乘数效应。艾格森（Eggertsson，2011）使用校准美国经济后的标准新凯恩斯模型估计了两种不同情形包括零利率和正利率水平下的财政乘数，发现除工资税外，乘数在"流动性陷阱"的情形下更大。克里斯蒂亚诺（Christiano，2011）研究了金融危机以及经济衰退对产出的影响，再加上扩张性的货币政策导致政策利率下限为零，使用经过校准以匹配战后美国数据的模型发现政府的乘数大于 2 时，理论上可以实现零利率下限。伍德福德（2011）也证实当货币政策受到零下限约束时，乘数会大大增加。然而，雷米（Ramey，2011b）使用 1939～1949 年的数据研究时未发现低利率水平时乘数变大的情况。罗杰和威尔德（Roger and Veld，2011）使用动态随机一般均衡（DSGE）模型对欧元区和欧盟（EU）进行了校准并发现信贷约束对家庭的影响，指出当名义利率处于零下限时，在当前危机中的财政乘数要明显高于正常时期的财政乘数。车尼瓦（Tcherneva，2011）基于近期的经济危机重新考虑了财政政策的有效性，考察了当前经济学专业倡导的财政政策方法和布什、奥巴马政府采用的特定政策措施，对于劳动市场进行考察后，重新考虑了可供选择的财政政策有效性，主张以劳动需求差距而不是产出差距为直接目标的政策在稳定就业、收入、投资及平衡表方面更为有效。坎佐涅里等（Canzoneri et al.，2012）发现当存在流动性约束时，财政政策对跨期消费均产生了不对称效应，经济衰退期间，财政政策在刺激消费方面更有效。穆勒（Müller，2013）基于大多数工业化国家在 2010 年以后转向财政紧缩以消除对公债可持续性的担忧，针对财政乘数在金融危机时期特别是在货币政策受到零利率下限约束时比较大的近期研究结论指出，公债危机会降低财政乘数而产生抵消效应。阿雷斯提斯和索耶（Arestis and Sawyer，2014）针对宏观经济政策在理论和实践层面的近期发展似乎提升了货币政策而降低了财政政策信用的现象，专门探讨了财政政策的作用，主张重塑财政政策，考察了挤出的可能性和李嘉图等价定理，指出在特定的条件下，财政政策还是宏观经济政策的强有力工具。柯克纳和温伯根（Kirchnera and Wijnbergen，2016）通过一个包含金融摩擦的标准宏观经济学模型，把资产选择和主权债务引入银行的资产组合，发现当银行大量投资主权债务时，财政刺激的有效性就会受到损害，因为通过这种渠道进行赤字融资的财政扩张会挤出私人需求，当利率面临零利率下限时，这个渠道会大大减少财政政策的效果。

还有一些文献基于汇率体制的视角来观察财政政策的有效性，把财政政策的有效性与经济开放程度（主要是贸易开放的程度）关联起来，把资本流动性与财政政策的有效性关联起来，得到的结论基本上都是主张财政政策的有效性在开放体制下有所下降，而固定汇率体制似乎有助于增强财政政策的有效性。比如皮尔资奥（Pierdzioch，2004）采用动态一般均衡"两国最优新型开放经济体宏观经济学"模型分析了国际资本流动对于财政政策有效性的影响，针对传统观点，其认为高资本流动性会降低财政政策的有效性，并提供了一个高水平的资本流动性也会增加财政政策有效性的例子。卡拉斯（Karras，2011）采用62个发达和发展中经济体1951~2007年的年度数据进行了经验分析，发现财政政策的有效性确实因为经济体的贸易开放而下降了，并且这个效应在数量上比较大，贸易开放增加到GDP的10%，长期财政刺激乘数就会下降5%~6%。卡拉斯（2011）从汇率体制的视角，指出相对于自由汇率体制来说，财政政策确实在固定汇率体制下更加有效，且差异较大，维持一个固定汇率大约会提高长期财政乘数的1/3。

还有一些文献关注财政措施有效性的影响因素，包括私人部门的反

应、企业的效率差异以及经济面临冲击时的初始条件。比如蒙塔尼亚
（Montagna，2000）基于不完善竞争的宏观经济模型，检讨了在垄断竞
争情况下企业之间的效率差距是如何影响财政政策的有效性。梅略等
（Mello et al.，2004）基于 21 个 OECD 国家 1971~2002 年的样本数据，
检讨了财政措施的有效性取决于同时发生的私人储蓄的预期变化所抵消
的程度及其决定因素，公私储蓄在总体上产生的抵消效应在 1/3~1/2，
两者适用于公共消费和收入转移，财富效应对于储蓄是一个重要补充，
强化了直接的储蓄抵消效应，债务占 GDP 之比也影响着抵消的规模。
马古德（Magud，2008）建立了一个包含信息摩擦和不确定性的投资模
型来捕捉商业周期的不对称动态，指出当面临负面冲击的时候，经济体
的反应在规模和复苏期限方面都不同于正面冲击，财政政策在平衡商业
周期波动方面的效应取决于冲击之际的初始条件，基于政府财政脆弱性
的程度，就产出而言，扩张性的财政政策也许是扩张性的，也许是紧缩
性的。柯塞蒂等（Corsetti et al.，2010）认为，财政刺激的影响不仅取
决于短期的财政收支政策，而且取决于对未来抵消性措施的预期。在债
务稳定政策之下增加政府支出的效应可能会随着时间的推移而发生变
化。美国的时间序列证据在经验上支持了这种内生性支出回撤的相关
性。戈登和克伦（Gordon and Krenn，2010）通过美国的数据发现生产
能力的闲置大幅提高了政府支出乘数。伍德福德（2011）使用垄断竞
争模型表明，实际或名义刚性会增加乘数，价格刚性也会增加乘数，因
为企业不仅通过提高价格，也会通过增加产出来拉动总需求。利珀等
（Leeper et al.，2011）表明价格刚性的存在会放大乘数，工资粘性也具
有相似的影响。伊列斯基等（Ilzetzki et al.，2012）分析了财政刺激措
施宏观经济效应的影响因素，包括国家的经济发展水平、汇率体制、贸
易开放度以及公债等因素，主要基于 44 个国家政府支出的季度数据，
发现政府消费增加的产出效应在发达国家要大于发展中国家，财政乘数
在预定汇率体制下相对较大，在自由汇率体制下为零，开放经济条件下
的财政乘数要小于封闭经济，高债务国家的财政乘数为负。巴斯基和西

姆斯（Bachmann and Sims，2012）通过对比美国经济周期不同阶段信心变量的作用差异来估计其对支出乘数的影响，发现了信心变量使支出乘数在衰退期大于扩张期，因为在正常时期政府支出冲击传导到产出的过程中信心变量无关紧要，而在衰退时期信心变量至关重要。经验证据显示，相对于正常时期，萧条时期政府支出冲击会带来政府投资的持续增长。巴斯基和西姆斯（2012）在对比经济衰退与正常时期的财政刺激时，指出居民和企业的"信心"尤为重要。正常时期增加的政府支出乘数无法对民众"信心"产生显著影响，而衰退时期私人"信心"会随政府支出的增加而显著增加。

还有文献讨论新兴经济体对于不确定性冲击的反应存在异质性，提出了财政货币政策可以缓解不确定性冲击的影响。比如加里瑞－斯沃洛和赛斯佩德斯（Carrière－Swallow and Cespedes，2011）研究了不确定性冲击对于新兴经济体的影响，发现不同国家对于不确定性冲击的反应存在较大的异质性，用于缓解企业和家庭面临的信贷约束的财政货币政策措施可以减少新兴经济体中不确定性冲击的影响。

还有一些学者发现财政政策是逆周期的。塔加拉基斯（Tagkalakis，2008）发现了财政乘数的逆周期性质。奥尔巴赫和戈罗德尼琴科（Auerbach and Gorodnichenko，2012）也评估了财政政策跨周期阶段的有效性，将平滑 VAR（STVAR）过程应用于研究大部分 OECD 国家，涵盖了从 1985～2010 年各个周期阶段的政府支出，发现政府支出乘数是逆周期的。三年内的平均政府支出乘数约为 2.3。在经济衰退时期支出乘数较大，约为 3.5，而扩张时期的乘数要弱得多，在某些情况下甚至是负数。米哈拉（Michaillat，2012）根据美国数据校准的模型模拟表明，当失业率从 5% 上升到 8% 时，政府消费乘数增加了一倍。政府消费支出包括政府雇员的报酬支出乘数的逆周期效应更加明显。坎佐涅里等（Canzoneri et al.，2012）采用了加入金融中介的 Curdia－Woodford 模型，表明财政乘数具有逆周期性特征，在经济衰退期间，财政乘数超过了 2，而在扩张期则降为 1。

还有不少学者忽略经济不确定性，单纯研究财政政策内部不同类型财政措施的相对有效性。沙阿（Shah，2006）采用巴基斯坦制造业数据的加速模型，尝试对企业的生产和投资决策的激励效应进行定量分析，发现这些激励措施对于政府收入的影响及税收的弹性比较低，指出虽然多数工业化国家认为有必要通过税法激励研发活动，但经验证据表明，在发展中国家，这些激励措施的有效性是有限的，投资的财政激励措施也是不划算的，成本效益比较低，公共政策的重点也许应该是建立和维持低税制。就短期的投资刺激而言，投资税收抵免比降低公司税税率要更有效。克里斯蒂亚诺等（Christiano et al.，2011）认为研发的税收激励存在不同的环节，方便用于不同的政策目标，可以定向用于特定类型的研发活动，可以因企业规模、地区和部门的不同而不同，还可以有差别地用于不同的研发支出；他指出研发税收激励可以通过结转或现金退款作用于在某个财年不存在应付税收的企业，还可以采用其他税收，比如荷兰的工资预扣税进行激励，具体研发税收激励的设计可以采用津贴或抵免的形式。杰哈等（Jhaa et al.，2014）检讨了10个新兴亚洲经济体的历史数据来评估逆周期的财政政策是否支持了该地区未来的增长，通过限制财政与非财政变量同时发生的关系来识别冲击，指出相对于政府支出而言，减税对产出具有更强的逆周期效应，只要不伤及财政的可持续性，就可以实施逆周期的税收调控。

关于经济不确定性对财政政策有效性影响的研究，国内学者鲜有涉足。迄今为止，国内学者将不确定性与财政政策的效果联系起来进行研究的只有两篇文献。章上峰等（2020）基于凯恩斯动态随机一般均衡模型分析了不同财政货币政策组合下技术不确定性的宏观经济效应，从经济不确定性冲击的效应及持续时间看，价格型的货币政策和遵循支出规则的财政政策组合最优。胡久凯、王艺明（2020）采用符号约束SVAR模型对不同的政策不确定性背景下的财政政策冲击进行研究，发现不同政策不确定性背景下财政政策对于宏观经济变量的影响具有非对称性，政策不确定性增加时期的财政政策会加剧经济波动。

国内学者大多是忽略经济不确定性因素、单纯从实证的角度利用中国的数据检验了中国财政政策的有效性，得到的结论大多认为财政政策在短期内促进经济增长的效果比较明显。王立勇（2010）采用 HP 滤波方法估计了中国潜在的产出缺口和通胀缺口，从目标实现的角度定量分析了财政政策在促进经济增长和稳定物价方面的有效性，指出 1996 年后中国财政政策在促进经济稳定增长方面的绩效有显著改善，在稳定物价方面的绩效不容乐观。罗云峰（2010）基于固定汇率体制和资本流动较为充分的假设，建立了一个拓展后的两国 M – F 模型，观察中国财政政策的有效性。贾俊雪、郭庆旺（2011）通过一个两部门内生增长迭代模型考察不同财政规则下财政政策变化对长期经济增长和政府债务规模的影响，指出在不同财政规则下，财政政策变化对长期经济增长和政府债务规模有着不同的影响，允许发行公债为公共物质资本投资融资的原始赤字规则更有利于长期经济增长和改善财政状况。张佐敏（2013）采用动态随机一般均衡（DSGE）框架观察了政府购买、融资规则与自动稳定规则之间的相互影响，指出盯住税率与弱自动稳定规则组合最有利于政府购买实现刺激目标，盯住税率与强自动稳定规则组合最有利于实现稳定产出目标，盯住债务与弱自动稳定规则组合最有利于实现稳定就业和稳定价格目标。马勇、陈雨露（2014）基于 20 世纪 80 年代以来 40 次重要的系统性银行危机，对于金融危机后的财政货币政策进行了实证评估，指出财政政策主要作用于危机后期短期的经济增长，适度扩张的货币财政政策能够产生较优的经济效果。黄雯（2015）利用时间序列模型分析了我国财政政策的工具变量与目标变量之间的关系，指出税收、财政支出与经济增长、物价稳定和进出口之间存在长期的均衡关系，财政政策对于物价和经济增长能够产生显著的作用。段炳德（2016）针对理性预期学派对财政政策的宏观经济理论缺乏微观基础的批评，分析指出财政政策在利率为零、面临需求冲击、有货币政策配合等特定条件下效果比较好。李楠楠（2017）采用 2008 ~ 2014 年的省际面板数据，对财政货币政策的有效性进行实证分析，指出财政货币政策对于经济增长都有促进作用，财政政策的影响效果更持久，但对于物价的影响并不显著。吕冰洋（2017）采用历史方法回顾了新中国成立以来财政政策的更迭，并分析了不同历史阶段财政政策的有效性。指出计划经济时期，财政政策主要通过强制储蓄和财政拨款扩大投资；财政包干时期以放权让利的形式提高居民收入和降低消费成本；两次金融危机时期，主要是政府投资扩张；新常态以来主要以降低企业成本和提高资源配置效率。丛树海、张源欣（2018）利用带有时变参数的 TVP - SVAR 框架分析我国预算收支与经济波动的关系，指出我国预算收支变化与经济周期趋同，财政政策的实施结果具有顺周期性。贾景鹏（2018）采用向量自回归模型，利用中国的数据验证中国财政政策的有效性，指出投资对利率的敏感程度和边际税率是影响财政政策有效性的重要因素。郑金宇（2019）采用 1995～2015 年的省级面板数据，从结构性赤字的视角，讨论了地方财政政策对产出波动的非线性平稳作用。同时，国内学者们基于不同的财政工具对中国经济增长的效应及其原因进行了大量的实证分析。比如，严成樑、龚六堂（2009）考察了财政政策对经济增长的影响，发现财政支出结构与税收结构会通过影响家庭的劳动休闲选择、储蓄消费选择以及生产性公共支出占比来影响经济增长。严成樑、王弟海和龚六堂（2010）在一个资本积累与创新相互作用的模型中，考察了税收和财政支出结构对经济增长的影响及其作用机制。严成樑、龚六堂（2012）在一个内生增长模型中同时引入生产性支出和消费性支出，考察财政支出规模和财政支出结构对经济增长和社会福利的影响，指出经济增长极大化的财政政策不同于社会福利极大化的财政政策。胡永刚、郭长林（2013）分析了财政政策对居民消费的影响，指出财政支出会通过财富效应影响居民消费，还能够通过居民预期改变其消费行为。财政政策的预期效应取决于其对产出和通货膨胀的反应程度。郭长林、胡永刚和李艳鹤（2013）将财政支出对产出的反馈和税收对政府债务的反馈引入 DSGE 模型，从理论和经验两个角度研究了借新债还旧债、增加税收和缩减支出这三类偿债方式影响居民消费的效果，指出不同的偿债方式主要通过财富效应、替代效应以及政策反馈效应来影响居民消费。吕冰洋、毛捷（2014）指出高投资和低消费的并行是中国经济运行的典型现象，从理论和实证两个角度研究了形成高投资、低消费的财政基础，指出从降低投资消费比的角度出发，应弱化中央扩张性财政政策和地方政府推动经济增长时对政府投资的依赖，财政支出结构应更多地向民生倾斜，税制结构应提高直接税比重。郭长林（2016）将金融摩擦嵌入一个多部门 DSGE 框架，指出金融市场扭曲是积极财政政策导致居民消费下降的重要原因，而定向信贷可以有效矫正金融市场扭曲，缓解其对居民消费的负面影响。吕冰洋、毛捷（2013）针对中国经济增长过度依赖政府投资的现象，指出金融抑制的存在导致了中国经济增长依赖投资。余靖雯（2013）考察了生产性支出与民间投资之间的关系，分析结果显示：生产性开支的存量比流量更能促进民间投资。储德银、邵娇（2018）指出财政纵向失衡可以直接降低经济增长，还会通过作用于地方政府公共支出结构间接抑制经济增长。

还有国内学者专门研究税收的经济增长效应，比如李戎、张凯强和吕冰洋（2018）借鉴李和戈登（Lee and Gordon，2005），利用中国的县级地区数据，对税率与经济增长的关系进行探讨，结果表明，分别降低县级地区的企业所得税和增值税实际有效税率1%，该地区的经济增长率将分别提高 0.24% 和 0.45%。严成樑、龚六堂（2012）采用中国 1978~2009 年的经济作为样本，通过一个资本积累与创新相互作用的内生增长模型，估算了中国税收政策的经济增长效应与社会福利损失，指出不同税种具有不同的经济增长效应和社会福利损失（Anzuini and Rossi，2021）。王弟海、龚六堂和邹恒甫（2010）研究了健康的产生、物质资本积累与经济增长之间的动态关系，指出健康生产函数的具体形式直接影响着经济的动态行为，还讨论了收入税和消费税对经济增长的影响。贾俊雪（2012）考察了中国税收收入规模变化的规则性、政策态势及其对政府债务可持续性和宏观经济稳定的影响，强调税收收入规模变化的规则性有助于增强政策有效性，更好地促进宏观经济稳定。吕冰洋、谢耀智（2012）基于 20 世纪 90 年代后期到 21 世纪初期我国同时存在的间接税高速增长和宏观经济供需失衡的现象，研究了这两种经济现象的内在联系，指出征收生产型增值税会同时抑制投资和消费，营业税的增长因为存在双重征税而严重强化了供需失衡，消费平均税率的提高也强化了供需失衡。

二、研究述评

综观现有文献，经济不确定性是宏观经济学领域近十多年来的一个重要话题。西方学者对于经济不确定性的研究主要聚焦于经济不确定性的识别与度量、经济不确定性对于微观经济活动和宏观经济变量的影响，少量文献涉及经济不确定性对经济政策有效性的影响。

第一，学界关于经济不确定性的识别与度量做了很多探索，大致形成了一致的方法。根据现有文献的探索，经济不确定性的识别与度量基本形成了两种思路，一是采取代理指标来衡量经济不确定性，主要采用各种经济变量的波动性指标，包括宏观经济变量和微观经济变量的波动性指标，比如产出、通胀的方差、要素价格的方差、产品需求的方差、利润回报和现金流的波动性、股市波动性等，其中用得较多的又主要是金融市场的波动性指标；还有采用预期的分歧或离散度作为代理指标来衡量经济不确定性；还有采用与不确定性相关的词汇在媒体上出现的频率作为代理变量来衡量经济政策不确定性等。二是采用模型构建综合指数来衡量经济不确定性。显然，代理变量作为经济不确定性的度量方法沿用已久，各种代理变量比较直观，字面上即可反映不确定性水平的高低，但也存在一个致命的不足在于，有些代理变量的波动性本身并非由不确定性引起，而是由其他因素所致，因而就无法精准度量经济不确定性的水平。比如金融市场的波动性幅度往往大大超过经济不确定性本身的水平，就是因为金融市场的波动性常常是由情绪等因素引致。利用模型建构综合指数来度量经济不确定性是近五年来学界的创新性尝试，虽然属于新生事物，也不够直观，但却能够综合反映所有经济领域共同存在的波动性、不稳定性或不确定性，因而可以在本质上客观度量经济不确定性的水平，具有科学性、合理性，可以克服各种代理变量的不足，自从出现以来受到学界的认可和推崇。

第二，学界对于经济不确定性影响经济活动的机理机制及其经济效应形成了较为成熟的看法。现有文献研究最多的是讨论经济不确定性对微观经济活动和宏观经济绩效的影响，其研究思路可以分为理论研究和实证研究两种。早在 20 世纪 70 年代，西方学者开始进行单纯的理论研究，从理论的视角通过建构模型包括回归模型、一般竞争均衡模型、标准的新凯恩斯模型以及 SVAR 等方法分析经济不确定性影响微观经济决策和微观经济活动的机理或途径，认为经济不确定性影响微观经济主体的经济决策和经济活动的渠道大致可区分为风险偏好或风险规避、实物期权、信息不对称、金融摩擦、预防性储蓄等，得出了大致相同的结论，认为经济不确定性会推迟经济主体的经济决策、抑制经济活动、减少当期的投资和消费，降低当前投资水平，对微观经济活动产生负面影响。随后又从实证的角度，采用很多国家包括美国、英国、意大利、韩国、德国、巴基斯坦等国的公司数据进行检验，验证经济不确定性对于这些国家经济活动的影响，产生了一大批实证分析的文献，得出的结论基本上验证了前面理论分析的观点。微观经济活动是宏观经济的基础，经济不确定性作为影响经济周期的重要因素，自然会通过影响微观经济主体的经济活动来影响宏观经济绩效、影响宏观经济变量包括产出、就业和物价水平等。大多数学者通过建立模型来模拟经济不确定性对于宏观经济变量的影响，发现经济不确定性的冲击会抑制投资和消费，进而引发产出、物价和就业水平的下降，引发经济波动，对危机后的经济复苏产生了负面影响，会延缓经济复苏进程。

国内学者对经济不确定性的研究起步非常晚，大致开始于 21 世纪，而且主要是采用中国的数据检验经济不确定性的影响大小，主要是关注经济政策不确定性及其对经济效应的影响。

第三，学界对经济不确定性与经济政策有效性之间的关系的关注非常有限，鲜有文献专门研究经济不确定性对财政政策有效性的影响。迄今只有少量文献讨论经济不确定性与经济政策有效性之间的关系，其中更多的又是讨论经济不确定性对货币政策有效性的影响，明确讨论经济不确定性对财政政策有效性的影响的文献是少之又少。很多文献并没有明确提及经济不确定性，而是基于经济危机时期或经济危机前后时期考察财政政策的有效性，而且一般都是倾向于采用比较的思维，把财政政策与货币政策进行比较思考，评估财政政策的相对效能。还有很多文献根本假设不存在经济不确定性，在确定性的情况下考察财政政策的有效性，而且其结论并未达成一致，存在两种结论，一是基于实际经济周期模型的财政刺激无效论，二是基于标准新凯恩斯模型的财政刺激有效论。还有文献从经济开放的视角观察财政政策有效性及其影响因素，或分门别类考察不同类型的财政工具的调控效果，或讨论影响财政政策绩效的各种因素。

第四，总体上，针对经济不确定性与经济政策包括财政政策有效性关系的研究并未形成一致的结论，主流观点认为经济不确定性的存在削弱了经济政策主要是削弱了货币政策的有效性，同时认为经济衰退时期财政政策比较有效，相对于货币政策而言，财政政策是萧条时期拉动经济复苏的有效工具。

第五，关于经济不确定性对中国财政政策有效性影响的研究几乎还属于空白。国内学者大多是忽略经济不确定性因素，利用中国的数据从实证的角度检验了中国财政政策的有效性，观察中国财政政策的经济增长效应及其原因，得到的结论大多认为财政政策在短期内促进经济增长的效果比较明显。总体上，现有文献没有明确研究不同水平的经济不确定性下财政政策的作用效果差异，有没有实现政策的预期目标，在多大程度上实现了政策的预期目标，其影响机理机制如何？

事实上，很多因素会影响财政政策调控经济的效果，诸如宏观经济环境、经济不确定性、经济发展水平、市场化程度、经济体制、文化因素等。其中，经济不确定性作为一个重要的宏观经济环境因素，会从政策设计环节、政策执行环节以及市场反应等方面对于财政政策的调控绩效施加影响。

目前，信息技术的飞速发展、国际经济交往日益频繁、世界各个经济体的开放度大幅提高、国际经济环境日益复杂，全球经济下行风险加剧，经济不确定性不断攀升，发展中国家特别是中国面临的经济风险也与日俱增。新常态以来，中国经济发展面临增长动能转换、增速换挡、发展方式转型的趋势，党的十九届五中全会指出，现阶段中国经济的可持续高质量发展依赖国内国外双循环互相促进的新发展格局战略。在这种背景下，非常有必要全面系统深入考察经济不确定性下财政政策调控经济的有效性。

第三节　研究思路、研究方法及创新

一、研究思路

研究对象决定研究内容。本书的研究对象是经济不确定性对中国财政政策有效性的影响，因此，研究内容就必须是经济不确定性和中国财政政策的有效性两个方面。首先，本书从理论上阐述了经济不确定性的内涵、根源、经济影响及其机理机制，并借助西方学者的模型，利用中国的宏观经济数据构建了中国经济不确定性指数，分析了中国经济不确定性指数的特征。其次，本书从理论上阐述了财政政策的基本原理，包括财政政策有效性的内涵及其观察指标，包括财政支出乘数、税收乘数和平衡预算乘数，还阐述了经济不确定性下财政政策有效调控宏观经济的理论基础，分析了经济不确定性影响财政政策有效性的机理机制。通过利用中国的宏观经济数据，采用模型估算了中国财政政策的乘数效应，并进行了实证检验。最后，提出了进一步消除经济不确定性的负面影响、提高财政政策有效性的政策建议。

本书的研究思路主要是按照理论分析—实证分析—对策建议的思路安排逻辑结构，具体技术路线见图1-1。

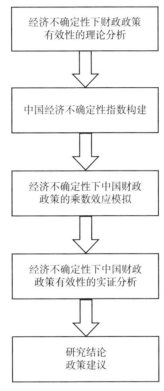

图1-1 技术路线

二、研究方法

本书综合采用了逻辑分析法和历史分析法相结合、规范分析与实证分析相结合、定性分析与定量分析相结合的方法。首先采用历史分析法回顾了学界对于经济不确定性以及财政政策有效性的研究，并采用逻辑分析法归纳了现有的研究取得的成效及存在的不足，指出目前为止学界的注意力主要聚焦于经济不确定性的度量与识别和经济不确定性对微观经济活动和宏观经济变量的影响及传导机制，对于经济不确定性对经济政策实施效果影响的关注不够，对于中国经济不确定性对中国财政政策有效性的影响的研究几乎还是空白，进而明确了本书研究主题的必要性，构成研究的起点。

本书采用计量经济学的方法，利用中国宏观经济数据，借助计量模型建立了中国经济不确定性指数，指出中国经济不确定性指数具有时变性和逆周期性的特征，与实际经济增长之间呈现重大的负相关性。同时采用一般均衡模型估算了不同水平的经济不确定性下中国财政政策的乘数大小，并使用分样本回归模型进行实证检验，得出了财政政策的乘数效应在不确定性上升时期明显大于低不确定性时期，经济不确定性水平对于财政政策的有效性存在重大影响的结论。最后采用规范分析法，基于研究结论以及中国目前面临的国内外社会经济形势，提出了如何降低并消除经济不确定性的负面影响、增强中国财政政策有效性的政策建议。

三、可能的创新

（一）拓宽了财政政策有效性的研究视角

迄今为止，学界对于财政政策的有效性已有大量研究，主要侧重于财政政策调控宏观经济的效果及其影响因素，比如有学者从开放经济、汇率体制、货币政策作用空间的角度探讨财政政策的有效性。事实上，除了开放程度、汇率体制、货币政策的作用空间以外，还有很多因素都会影响财政政策调控宏观经济的效果，诸如宏观经济环境、经济不确定性、经济发展水平、市场化程度、经济体制、收入分配格局、国家治理能力、文化因素等。其中，经济不确定性作为一个重要的宏观经济环境因素，会从政策设计环节、政策执行环节以及私人部门的反应等方面对于财政政策的运行绩效施加影响。然而，迄今学界很少把经济不确定性与财政政策的绩效联系起来，很多文献并没有明确提及经济不确定性，而是基于经济危机时期或经济危机前后时期考察财政政策的有效性，而且大多是倾向于采用比较的思维，把财政政策与货币政策进行比较思考，评估财政政策的相对效能。还有很多文献根本忽略经济不确定性，或者假定不存在经济不确定性，而是以确定性为前提，单纯考察财政政策的有效性及其影响因素，迄今只有极其少量的文献开始关注经济不确定性与财政政策的有效性，根本还没有文献专门明确研究中国经济不确定性下中国财政政策的作用效果。因此，可以说，本书首次从经济不确定性的视角分析不同区制的经济不确定性下中国财政政策调控的有效性，开辟了财政政策有效性研究的新视角。

（二）构建了涵盖 2020 年新冠疫情的中国经济不确定性指数

经济不确定性作为宏观经济环境的一个变量指标，无疑会影响到经济周期，影响微观经济活动和宏观经济运行以及经济政策的运行绩效。要观察经济不确定性对财政政策调控经济效果的影响，首先必须解决经济不确定性的度量和识别问题。由于经济不确定性是一个难以观察的变量，其度量和识别十分困难。迄今为止，经验文献已经开发了两种度量方法，一是采用经济变量的波动率作为代理变量，二是通过模型构建综合指数。鉴于这两种方法各自的优缺点和适用条件及其要求，本书采用综合指数法构建中国经济不确定性指数，具体参照胡拉多等（Jurado et al.，2015）的方法，从 Wind、国泰安、中经网、国家统计局、美联储圣路易斯、世界银行等数据库搜集了从 2005 年 1 月到 2020 年 5 月的中国 GDP 和工业增加值等方面的经济指标，并采用混频的方法对部分数据进行处理，在计算不确定性之前，需要分解这些变量序列包含的可预测成分和不可预测成分，然后去掉其中的可预测成分，提取其中的不可预测成分，构成这些经济变量的共同因子，并在此基础上通过使用 Factor – Augmented Vector Autoregression（FAVAR）和蒙特卡洛模拟（MCMC）方法，估算出中国经济不确定性指数。结果分析表明，中国经济不确定性指数很好地拟合了观察期内中国经济内外部的各大宏观经济不确定性事件，其阶段性态势基本符合我国经济内外部环境的变化，而且呈现高低不同的时变性特征和显著的逆周期性特征，与实际 GDP 增长之间呈现出重大的负相关关系，与实际 GDP 增长的相关系数是 -0.6874，对于中国的实际经济活动增长具有较强的预测力和解释力。

（三）使用一般均衡模型估算不同水平的经济不确定性下中国财政政策的乘数效应

通过构建一般均衡模型，具体参考克里斯蒂诺等（Christiano et al.，2005）的模型设置，加入财政政策变量（消费税、个人所得税、企业所得税、增值税、政府投资性支出、赤字支出、政府消费性支出、人力资本支出和科技性支出），并将经济不确定性作为外生变量来考察经济不确定性下财政政策对经济活动（消费、投资、就业、净出口及产出）的影响（Aye G. C.，2021），具体利用 2007 年 1 月至 2020 年 5 月中国经济的月度数据，并加入在此时间段的经济不确定性指标，采用一般均衡模型的方法，在考虑不同不确定性水平的情况下模拟估算政府财政乘数，具体使用百分位计数法来区分高低不确定性水平下各项财政工具乘数的大小。参考利珀、特鲁姆和沃克（Leeper，Traum and Walker，2011）的设置，估算财政政策的现值乘数，贴现财政政策所带来的未来 1~5 年的宏观经济效应，以便捕捉财政政策出台后在 1~5 年内的全部动态效应。另外，在已有文献基础上（模型中）添加了科技性支出与人力资本支出作为边际贡献。

第二章

经济不确定性与财政政策
有效性的基本理论分析

第一节　经济不确定性的基本理论分析

一、经济不确定性的内涵

凯恩斯（1936）指出，不确定性是现代社会经济的根本属性之一。经济主体基于自身掌握的有限信息及其处理能力对未来形成主观预期并进行相应的经济决策。不确定性是指人们由于认知水平和认知能力的有限而无法准确观察和预测事物未来变化的情形。采用概率论的思维，不确定性就是指人们无法事先准确预测或计算事物未来变化的可能性。事物是客观变化的，人类的认识是有限的，因此，人类总是无法预知事物未来的状态，不确定性总是客观存在的。经济不确定性就是指经济主体无法准确预知某种经济决策的结果，也无法确定决策结果未来出现的概率。可见，经济不确定性的基本根源就是人类认知的有限性或者有限的理性。

早在 1921 年美国经济学家弗兰克·H. 奈特就指出，风险是可以量度的概率，不确定性则是不可量度的概率。风险与不确定性之间存在重要的区别。奈特把概率区分为三种，一是先验概率，二是统计概率，三是估计概率。先验概率是"可以根据一般性原则计算出来的可能性"，统计概率只能由实证确定。第三种类型的概率就是不确定性，具体指"不易进行量度、因而也无法消除的"可能性。[①]"正是这种真正的不确定性赋予了整个经济组织形式的'企业'形式，说明了企业家特有的收入。"因而不确定性是利润的来源。奈特还指出"消除不确定性的基本方法是合并和专业化，此外还有两种方法，一是对未来的控制，二是增强预测能力"。[②]这样应对不确定性的问题就变成了增加知识和信息、加强管理和经济控制的一般性问题了，就把不确定性与信息联系起来了。减少不确定性需要充分的信息，而信息是稀缺资源，获取充分信息是需要支付代价的。因而信息总是不充分、不完全的。正是信息的不充分和不完全，才导致了经济不确定性的普遍存在。斯蒂格勒就指出，在信息不完全的条件下，不确定性始终存在。从这个意义上说，信息不对称就构成了经济不确定性存在的一个根本性的缘由。

二、经济不确定性的特点

经济不确定性具有普遍性和时变性。事物具有永恒变化的属性决定了经济不确定性存在的普遍性和时变性。弗兰克·H. 奈特指出，不确定性几乎存在于所有领域[③]，任何领域都存在不确定性，经济领域也不例外。经济不确定性是无时不在、无时不有的。经济不确定性是随着时间的变化而变化的。经济生活中最基本的不确定性就是预测未来以及为了适应未来而在现在进行调整时出现的失误。

经济不确定性具有不可观测性。经济不确定性是无法直接观测到的变量，是缺乏客观存在的真实变量，只能通过相关的代理变量来测度和

---

① 弗兰克·H. 奈特：《风险不确定性与利润》，商务印书馆 2010 年版，第 19 页、第 215 ～ 223 页。

② 弗兰克·H. 奈特：《风险不确定性与利润》，商务印书馆 2010 年版，第 230 页。

③ 弗兰克·H. 奈特：《风险不确定性与利润》，商务印书馆 2010 年版，第 347 页。

观察。因而代理变量的选择至关重要。代理变量的选择是否科学、客观直接决定着人们对于经济不确定性及其宏观经济影响的认识，进而影响到政策制定者应对经济不确定性的政策设计。

经济不确定性具有明显的逆周期特征。经济不确定性与经济周期之间的关系非常复杂。经济不确定性会通过一系列传导机制引发宏观经济变量发生波动，政府政策的变动又会进一步改变经济主体对未来的预期，进而加剧经济不确定性。经济不确定性是逆周期的，在经济萧条时期，经济不确定性的水平上升很快，特别是在 2007～2009 年的金融危机时期上升特别快。在经济繁荣时期，经济不确定性水平较低。经济不确定性具有外溢性。在开放经济条件下，国际经贸往来频繁，各个经济体之间经济关系密切又复杂。经济不确定性与经济波动之间的因果关联也突破了国界，一国的经济不确定性不仅会影响本国的宏观经济变量，还会波及其他经济体、影响其他国家的宏观经济，增加了全球经济政策合作的必要与难度。

三、经济不确定性的来源及分类

人类的经济活动本身就是大自然和人类社会的一部分，因而必然与大自然和人类社会之间存在千丝万缕的联系。大自然与人类社会的任何变化都有可能直接或间接地影响人类的经济活动。经济不确定性作为人类经济活动的一个固有属性，本身就是大自然和人类社会各种变化冲击形成的结果。因此，按照经济不确定性背后的驱动因素，可以归为自然环境和社会环境引发的经济不确定性。按其驱动因素与经济系统的关系，可以区分为内生不确定性和外生不确定性。内生不确定性是指经济不确定性根源于经济体内部，比如市场主体博弈导致的不确定性，外生不确定性是指经济不确定性根源于经济体的外部，比如自然灾害、大气变化、自然资源禀赋的变化（自然资源供给的增加或减少、石油冲击）、瘟疫（流行病）、战争（军事冲突）、政府更替、政治冲突（政治局势的变化）、宏观经济政策变化、全球格局的变化（国际政治经济关系的变化）、国际贸易摩擦、政治经济制度变革（政治经济体制的转型）、人口的大幅增长、人类欲望的变化、知识和技术的进步、组织与管理方法的革新等，这些因素都会对经济体构成外生冲击，从而引发经济不确定性。

经济不确定性的来源复杂，因素众多，表现形式多样化。经济不确定性还可以区分为宏观层面的不确定性和微观层面的不确定性。宏观经济政策包括财政货币政策是影响经济不确定性的一个重要因素，财政政策与货币政策的变化作为一种外生冲击必然会改变实体经济的均衡状态，引发实体经济的变化。同时，宏观经济政策自身也会随着实体经济运行的需要而不断调整和变化，因而自身也具有不确定性。可见，经济不确定性是一个大概念，包含了实体经济不确定性和经济政策的不确定性。实体经济不确定性主要来自市场、企业、产业和行业层面；经济政策的不确定性主要来源于政策的决策环节和执行环节。

四、经济不确定性对经济的影响及机理分析

经济不确定性可以定义为经济活动中不可观测的"黑箱子"（Jurado et al.，2015）。从经济主体来看，不确定性表示为一个不可预测的扰动项的条件波动或者称为不可观测的随机变量。理论研究表明，在经济不确定性条件下，由于逆向选择的存在，经济主体会推迟投资、消费和就业决策，直到不确定性消失。经济不确定性影响着经济周期波动，自然会影响微观经济主体的消费、投资等经济决策和经济行为，进一步影响到产出和就业等宏观经济变量。一般说来，经济不确定性在短期内会抑制微观经济主体的经济决策和经济活动，对微观经济主体的经济活动产生负面影响，特别是对于企业的投资具有不利影响，会减少企业的投资、降低当前的投资水平。

就微观经济效应而言，从传统的风险规避视角看，经济主体在面临潜在收益与潜在损失时，会进行权衡、实施风险追求或风险规避行为的最大化策略，较高的不确定性会广泛负面影响企业投入和生产、诱使企业改变投入组合、导致资本—劳动比率下降、企业一般会主动选择降低产出（Sandmo，1971；Hartman，1972；1973；1976；Tversky and Kahneman，1979）。从实物期权的视角看，不确定性因为增加了等待新信息的价值而降低了当前的投资率（Bernanke，1980；Ren et al.，2020），尤其是当投资具有不可逆性的时候，经济不确定性会让经济主体为了等候新信息而推迟投资。不确定性与沉没成本的存在意味着等待的选择价值并有可能抑制投资和进入，当需求方出现偿付的不确定性时，甚至是少量的不确定性也足以产生大量延迟或抑制投资（McDonald and Siegel，1986；Dixit，1989；Dixit and Pindyck，1994）。当劳动要素、物资和其他投入的要素价格以及针对特定行业的管制性干预比如安全和环境等方面出现大幅变动时，就会引发投入成本的不确定性，同时完成一个项目也可能出现技术的不确定性，企业的最优资本存量是技术不确定性和投入成本不确定性的函数，最优资本存量会随着投入成本的不确定性而下降，与需求不确定性一样，投资会随着不确定性增加而下降，投资对于不确定性高度敏感（Pindyck，1993）。不确定性确实增加了实物期权价值，使得企业在投资或不投资的时候变得十分谨慎，高不确定性减少了投资对于需求冲击的反应（Bloom et al.，2007）。在高不确定性时期，比如1973年石油危机和2001年"9·11"事件时期，对于任何给定的政策刺激企业响应都非常弱。经济不确定性是商业周期的重要影响因素，对于微观主体的经济行为具有重要影响（Bloom，2007；2012；2013）。从融资约束的角度看，企业的财务状况会影响资本投资和进出。较高的不确定性加剧了借贷双方的信息不对称、强化了财务约束、增加了破产的可能性、倾向于降低资本支出（Greenwald and Stiglitz，1992；Gatti et al.，2003）。较高的宏观经济不确定性可能会导致货币的反周期变化，进而加剧了波动性，增加了风险溢价（Campbell and Cochrane，1999）。融资成本的增加必然会降低投资水平。企业的动态投资决策会受其内生的财务约束的影响，资本市场摩擦会扭曲投资行为，对于高流动性的企业而言，投资对于现金流的敏感度是最大的（Boyle and Guthrie，2003）。经济不确定性的增加与信贷息差的扩大紧密相关，信用利差冲击通过影响有效的信贷供给而对投资产生强烈的影响（Gilchrist et al.，2014）。实证研究也表明，不确定性弱化了投资对需求的反应，进而减缓资本积累，对投资具有负面影响（Guiso and Parigi，1999；Leahy and Whited，1996）。在高水平的不确定性时期，面对需求冲击，投资调整比较缓慢；投资对于需求冲击存在凸性反应（Bond and Lombardi，2004）。可见，投资与经济不确定性之间存在负相关关系，行业不确定性的增加对公司投资有明显的负面影响（Bulan，2005）。无论是经济层面的不确定性，还是具体企业层面的不确定性以及财务约束都会逆向影响投资（Antoshin，2006）。长期看来，较高的不确定性主要通过贴现率效应减少了企业规模、降低了资本密度，对于长期的资本库存水平会产生较大的负面影响（Bond et al.，2011）。总之，短期内不确定性的上升对经济活动带来了不利影响；不确定性的冲击负面作用于经济活动的渠道有很多，包括风险偏好或规避渠道、实物期权渠道、融资成本渠道和预防性储蓄渠道等。

就宏观经济效应看，经济不确定性冲击作为经济波动的重要潜在驱动器，在总产出和就业方面带来了一个迅速下降和反弹，产生了短期的急剧衰退和复苏。由于较高的不确定性引起了企业暂时停止投资和雇佣，于是发生了总产出和就业方面的迅速下降；中期来看，源于冲击的波动增加会引致产出、就业和生产率脱离目标（Bloom，2007）。不确定性冲击可以视为驱动商业周期的新冲击源，可以解释 2007～2008 年萧条时期大约 3% 的 GDP 的下降和反弹（Bloom et al.，2012）。种种不确定性冲击会引起预防反应，引起产出、消费和投资的下降，包括各种商品不确定性冲击都会降低产出、消费、投资和净出口（Tran，2019）。金融扭曲是不确定性冲击影响宏观经济表现的主要因素之一。不确定性冲击与金融摩擦的结合会引发经济活动的波动，二者相互作用，共同决定经济产出（Gilchrist et al.，2010）。伴随财政状况收紧的情况下，不确定性冲击有着特别的负面经济效应。大萧条可能是不确定性冲击与金融冲击之间毒性相互作用的结果与表征。一般情况下，投资和消费动态是与金融市场的深度相关联的，不同国家会因为金融市场的发达程度不同而对于不确定性冲击的反应存在较大的异质性。在面临外生性不确定性冲击下，与发达国家相比，新兴经济体遭受的投资和私人消费的下降要严重许多，复苏的时间也更长。如果控制了信贷约束的潜在作用，新兴经济体的投资和消费动态就类似于发达国家了（Carrière - Swallow and Céspedes，2011）。事实上，美国经济政策不确定性的增加抑制了企业的投资和居民的消费，对危机后的经济复苏产生了负面影响，延缓了经济复苏的进程（Baker et al.，2012）。总之，基于实物期权、财务约束以及风险偏好相关的理论，较大的不确定性可能会负面影响企业的就业决策，对于就业的增长具有负面效应（Ghosal and Ye，2015）。由于沉没成本的存在，逆转投资或就业决策几乎是不可能的。不确定性加剧期间，经济主体一般会倾向于规避风险，回避新的投资项目决策或雇佣决策，最终不仅会降低投资、消费或就业水平，还可能会降低经济对商业景气变化的敏感度（J. See Black et al.，2016）。

第二节　财政政策有效性的基本理论分析

一、财政政策的内涵及分类

财政政策是政府为实现既定的宏观经济目标而制定的有关调整财政收支规模和收支结构的指导原则及相应措施。财政政策是政府实行宏观调控的主要政策工具之一，在调节社会总供求和收入分配、实现充分就业、物价稳定、经济增长和国际收支平衡方面具有独到的作用和功能。财政政策调控宏观经济主要是通过调控总供给与总需求来实施的。按照财政政策调节经济周期的作用来划分，可以分为自动稳定器的财政政策和相机抉择的财政政策。自动稳定器的财政政策是指事先设定好的内置于经济系统、可以根据经济运行情况自动稳定经济的财政政策作用机制，包括累进税率的所得税制度和失业救济支出制度。相机抉择的财政政策是指政府根据宏观经济运行具体形势的需要和社会总供求的变化而制定的逆周期调节的财政政策。在经济过热的时期，社会总需求一般大于总供给，存在通货膨胀缺口，应该实施紧缩性的财政政策，紧缩财政收支活动，具体包括削减财政支出和增加税收，减少国债发行，以便控制总需求、消除通货膨胀缺口，以免经济过热。在经济衰退时期，社会总需求不足，总供给过剩，生产能力闲置，出现通货紧缩缺口，应该选择扩张性的财政政策，扩张财政分配活动，增加支出、削减税收、增加财政赤字和国债发行，以便增加总需求、消除通货紧缩缺口，启用社会闲置资源，抑制通货紧缩，以防经济衰退。在社会总供求大体平衡的正常经济发展时期，应实行中性财政政策，保持财政收支大体平衡，尽量不要干扰市场运行。

财政政策有不同的政策工具。从财政的构成来看，有财政支出工具和收入工具。其中，财政支出是政府为了实行其职能发生的财政资金分配活动，表现为政府行为的成本。财政支出按其经济性质，可以分为购买性支出和转移性支出。购买性支出是指政府为了实行其职能、按照有偿原则、以普通购买者的身份在市场上购买商品和劳务的支出。购买性支出又分为维持性支出、经济性支出和社会性支出。维持性支出是用于维持政府机构运作的支出；经济性支出是政府投资基础设施、支持农业发展等方面的经济建设性支出；社会性支出是政府支持教育、科学、文化和医疗卫生事业的支出。购买性支出主要影响的是资源配置。转移性支出是政府单方面无偿地支付给其他经济主体的资金行为，政府支付资金的同时并没有获得相应的商品和劳务，包括社会保障支出、财政补贴支出和债务利息支出。转移性支出影响的主要是收入分配。按照传统的口径，财政支出分为投资性支出和消费性支出，其中，投资性支出就是指政府投资工农商交等各部门的基础设施建设支出，属于经济性支出；消费性支出是指维持政府机构运转、支持文化、教育、科学、卫生、社保事业发展的支出，包括维持性支出和社会性支出。财政收入是政府为了实行其职能，凭借公共权力取得的可供其支配的财力。市场经济条件下，税收是政府的主要收入来源。税收是政府为了实行其职能、依托公共权力、以法律的形式向私人部门强制无偿征收的收入形式。税收会影响资源配置和收入分配。按照课税对象的性质，税收可以分为商品税、所得税、财产税、资源税和行为税。

二、财政政策有效性的内涵及其观察指标

财政政策是政府进行宏观经济调控的重要政策工具。财政政策的有效性就是指成功运用财政政策工具实施其预定的宏观经济目标的可能性及实现程度。宏观经济政策的目标众多，包括充分就业、物价稳定、经济增长和国际收支平衡。这四个目标既相互独立又相互联系，有时候甚至相互冲突，比如充分就业与物价稳定之间、充分就业与经济增长之间、充分就业与国际收支平衡之间、物价稳定与经济增长之间都有冲突的一面。实行经济增长的扩张性财政政策也有利于实现充分就业，但是技术进步带来经济高增长的同时，资本对劳动的替代无疑会降低对劳动的需求，不利于较低文化层次的工人就业。宏观经济目标彼此相互冲突的属性决定了宏观经济调控的难度，也引发了学界对于财政政策有效性的关注与评估。

学界评估财政政策有效性的主要观察指标就是乘数效应。本书评估财政政策有效性的主要观察指标也是财政乘数，而且仅仅基于财政政策的经济增长目标的视角进行乘数评估。所谓投资乘数，是指反映投资的变化与总产出的变化之间关系的指标，或者说是国民收入的变化与投资支出变化的比率。一般情况下，增加投资会导致国民产出成倍增长，减少投资会导致国民产出成倍降低。乘数是边际储蓄倾向的倒数，乘数的大小与边际储蓄倾向呈反向变化，与边际消费倾向呈同向变化。边际消费倾向越大、乘数越大，国民收入也就增加越多。边际消费倾向越小或边际储蓄倾向越大、乘数越小，国民收入增加越少。投资乘数发挥作用

需要一定的前提条件：一是消费函数和储蓄函数是既定的，二是经济体存在一定的闲置资源，具备可以扩大再生产的劳动力资源和生产设备。在某些情况下，即便经济体存在大量闲置资源，但是有几种关键资源特别稀缺，也会限制乘数效应。

在更为一般的意义上，可以界定乘数为总需求的变化所引发的国民收入增加的倍数。由于总需求是由消费、投资、政府支出和净出口构成，因而直接或间接影响总需求的所有因素包括增加政府支出、增加税收和净出口等措施大多会产生类似的乘数效应。按照财政政策的不同措施，可以分为政府购买支出乘数、税收乘数和平衡预算乘数。

（一）政府购买支出乘数

政府购买支出乘数是指国民收入的变化量与政府购买支出的变化量的比率。政府购买支出乘数衡量了财政购买支出政策对经济活动的影响，用来表示总产出如何随着政府购买支出的变化而上升或下降。当政府购买支出增加时，融资活动将会回流，会增加居民消费/储蓄。当政府购买支出减少时，消费者的可支配收入也会下降。显然，政府购买支出可以通过形成直接的消费需求和投资需求来直接增加总需求，拉动经济成倍增长。政府购买支出的增加对国民收入的影响是扩张性的。当然，由于政府购买支出一般都是采用税收融资，而税收会降低私人部门税后的可支配收入、降低私人的消费水平和投资水平，故而存在税收的情况下，政府购买支出的乘数可能会小于不存在税收情况下的政府购买支出乘数。也就是说，政府增加支出的同时不提高税收的情况下，刺激经济的力度更大、效果更好。不存在税收的情况下，政府购买支出乘数可以用公式表示为：$1/1-MPC$。这里 MPC 为边际消费倾向。存在税收的情况下，政府购买支出乘数用公式表示为：$1/1-(1-t)MPC$，这里 t 为税率。

换句话说，政府支出变化所带来的国民收入（或者总需求）变化的倍数称为政府支出乘数，由 SM（spending multiplier）表示。因此，政府支出乘数是国民收入变化量（ΔY）与政府支出变化量（ΔG）之比，$SM = \Delta Y/\Delta G$。可以说，政府支出增加带来了国民收入的成倍增长。国民收入增长多少取决于边际消费倾向或边际储蓄倾向的高低。因为政府支出刺激措施会增加总需求包括投资需求和消费需求，从而带来更高的劳动力需求，形成更多的就业机会，导致工人的工资增加，继而又会刺激消费，尤其是贫困家庭的消费会因其边际消费倾向较高而增加较多，继而导致新一轮的总需求和总产出的增加。总之，政府支出对国民收入的扩张效应源于公共支出的增加带来总需求的增长，继而触发了消费的增长，而且边际消费倾向越大，国民收入的增加就越大。

（二）税收乘数

税收乘数是指国民收入的变化量与税收变化量的比率，或者说是每一个单位的税收增加量所引起的国民收入的增加量。可以用公式表示为：$-MPC/(1-MPC)$。税收乘数可以是考察税收绝对量的变化对国民收入的影响，也可以是考察税率变化对国民收入的影响。当考察税率的变化对国民收入的影响时，税收乘数可以用公式表示为：$-MPC/[1-MPC(1-t)]$，这里 t 为税率。当政府提高税收时，消费者和企业都会蒙受损失，投资率也会下降，这会进一步抑制经济活动。税收的最大化与 GDP 的最大化是不相容的。许多经济学家相信"高税收不利于经济增长"，并经常使用税收乘数来分析这种负相关性。相反，政府减税乘数就表示国民收入因减税而增长的倍数。企业主可以使用税收乘数来确定如果政府降低税收，消费者将花费多少。在这种情况下，消费者将拥有更高的可支配收入，拥有更强的消费能力并能够购买更昂贵的商品。减税带来的消费者可支配收入增加，进而消费需求也会相应增加，商品生产也随之增加，这会促进经济增长，企业也会产生更高的利润。

税收乘数用于衡量由政府税收的变化所触发的总产出变化。税收改变了可支配收入，从而导致了消费支出和储蓄的变化，而且只有消费支出会影响总支出，简单的税收乘数仅仅是指个体消费的变化所带来的国民产出的变化；更复杂的税收乘数是指税收的变化对总支出的不同构成部分包括消费、投资和政府购买的影响所带来的国民产出的变化。税收都会降低支出乘数的价值。简单的税收乘数是将消费作为唯一的支出时总产出的变化与政府宏观税负的变化之比。由此可得消费的税收乘数关系：$tax^{multiplier} = -MPC$，（$MPC = MPS$）。这里，MPC 为边际消费倾向，MPS 是边际储蓄倾向，这里假设 MPC 等于 MPS。税收乘数与支出乘数相互区别的关键特征是税收如何影响总支出。一般情况下，税收不会直接影响总支出（政府购买或投资支出才会直接影响总支出），而是通过可支配收入和消费间接影响总支出，与简单的支出乘数相比存在两个重要差异。首先，税收变化导致了家庭部门可支配收入的相反变化。税收增加会减少可支配收入，税收减少会增加可支配收入。这就是单一消费税收乘数为负的原因。而居民可以通过改变消费和储蓄来应对税收变化所带来的可支配收入变化。消费和储蓄之间的分界是基于消费和储蓄的边际倾向，简单的税收乘数假设消费是唯一的支出形式。然而，在现实生活中，消费并不是唯一的支出形式，还有投资、政府购买、税收和净出口等其他支出形式。

（三）平衡预算乘数

平衡预算乘数是指财政收支平衡变化所引发的国民收入的变化，或是财政收入与财政支出同时等量增加或等量减少所引起的国民收入的变化量。平衡预算乘数为1，政府同时等量增加财政收支所引起的国民收入的增加量是政府支出的增加额。

平衡预算意味着政府支出与税收的变化完全相等。如果政府支出和税收收入增加相同的数额，国民收入或产出会增加还是保持不变呢？古典经济学家认为，从产出或收入水平不变的角度来看，预算平衡是中立的。但是，凯恩斯及其追随者认为，平衡预算对国民收入的影响不会为零或中立。换句话说，平衡预算对国民收入存在扩张效应。预算平衡的扩张效应称为平衡预算乘数或单位乘数。政府支出的增加与税收的增加同时等量发生，会导致国民收入净增加相同的数量。作为衡量政府采购支出和税收等量变化所引起的总产量变化的一种度量，平衡预算乘数等于1，意味着税收变化的乘数效应抵消了除政府购买变化触发的初始产量变化以外的所有收益，政府购买变化对总产量的"积极"影响在很大程度上但并非完全被税收变化的"消极"影响所抵消。总产量的变化等于政府购买的初始变化。平衡预算乘数是支出乘数和税收乘数的总和。平衡预算乘数在分析涉及政府购买和税收的财政政策变化时很有用。平衡预算乘数反映了在支出和税收之间等量变化时国民总产出会如何变化。平衡预算乘数的值为1时也表明，总产出的变化是由政府购买的初始资金引起的。由于政府购买触发累积要素的付款，收入和消费变化会导致总产量随后的变化，将被税收变化的相反影响所抵消。但是，如果纳税人的边际消费倾向与接受政府支出者的边际消费倾向不同，预算平衡乘数的值将小于1，但大于零（现实中预算平衡乘数一般不等于1）。平衡预算的财政扩张是通过等量改变支出和税收水平来增加总需求的一种尝试，同时使总体财政预算情况保持不变。从本质上讲，如果均衡增加支出和税收，则增加的政府支出具有更大的积极意义，对经济增长的正面影响要大于增加税收的负面影响。平衡预算财政扩张的关键因素是乘数效应的原理。通过乘数效应，政府在基本建设项目上的更多支出可能会导致实际 GDP 最终增长更多。因此，理论上，可以通过提高税收来为资本投资筹集资金，在不增加预算赤字的情况下促进经济增长。如果在短时间内（例如三年）提高所得税，人们的消费支出往往会减少，但是，政府可以将筹集的资金用于资本投资，例如修建学校、道路或机场。政府支出将增加并抵消消费者支出的下降。如果没有乘数效应，那么政府支出的增加将只是等量抵消消费者支出的下降，经济增长和预算将保持不变。但是，如果政府投资的乘数效应大于1，那么经济增长幅度就会增加。例如，政府增加对公路和铁路的支出将会直接增加需求，但也可能对其他经济主体产生影响。建筑公司将雇用失业工人，这些以前的失业工人现在会增加支出，从而导致经济总支出进一步增加。此外，它们也可能是由投资带给供给方的影响。政府的资本支出项目可能有助于增强消费者和企业的信心，进而可能会增加支出并增加总需求。

当经济处于衰退中并产生了产能过剩，资本投资支出可以帮助启动建筑业并减少失业。如果失业率较高，预期的资本投资会产生积极的乘数效应。如果经济已经处于全能生产状态，那么当税收和政府支出增加，乘数效应就会降低，因为经济中的闲置产能和失业率会降低。这时政府通过增加支出不会拉动投资，反而会挤出私人投资。如果某个经济体的通胀预期非常低且利率为零，这种增加政府支出的政策可能会改变其实际利率。较高的资本投资可能会加剧通货膨胀。但是，如果利率保持不变，实际利率将下降，从而会鼓励更多的贷款、投资和支出。实际上需要削减所得税，以提高对劳动和投资的激励。公共支出可以理解为是对失业的一种补救措施，而且必须是赤字支出，而不是用等量的税收来平衡支出。当然，采用等量税收平衡支出以便解决失业问题的一个必要条件是：等量公共支出的税款可能导致收入的重新分配，从而导致更高水平的国民消费与私人投资。但是，这种再分配的效果主要取决于各收入组之间的边际消费倾向是否存在实质性差异。如果个人的消费倾向函数是关于收入的线性函数，则边际消费倾向对于所有收入水平都是不变的，因而资助支出的等量税收将不会产生再分配效应（除非再分配对私人投资产生了影响），因而由等额税收平衡的公共支出将不会对社会的总收入和就业产生影响（除了间接影响投资倾向之外）。然而在失业和资源过剩的情况下，即使公共支出完全由税收收入来资助，也肯定会产生增加就业的效果。

平衡预算的政府支出必须涉及政府购买商品和服务，而不是转移支付。因为转移支付一般只能重新分配收入，不会增加有效需求。同时，支出接受者的消费倾向必须与纳税人的消费倾向相同。否则，即使转移支付将钱从非支出者手中转移给支出者，也会影响国民收入。政府在商品和服务上的平衡预算支出将通过改变私人需求以及增加政府需求来影响国民收入。政府的预算计划不得影响私人投资的水平，特别是不能影响私人部门对投资获利能力的预期。如果私人部门担心政府竞争加剧，或者担心税收对他们的激励措施产生不利影响，那么私人部门减少的投资就可以抵消政府平衡预算支出计划的部分甚至全部扩张性影响。因此，平衡预算引发的国民收入的增加或少于政府支出的数额。同样，如果私人部门对平衡预算计划增加有效需求能力的信心增强，可能会进一步提高平衡预算刺激经济的有效性。

财政乘数是评估财政政策有效性的最常用方法，财政乘数衡量了财政政策对经济活动的影响。乘数效应意味着，如果政府改变政府支出水平或税收水平，或者同时改变财政收支水平，通过乘数效应的作用，就可以大幅影响国民产出水平，从而对经济水平产生极强的影响。可见，财政乘数可以在确保宏观经济稳定增长方面发挥关键作用，经济增长在某种程度上取决于财政政策。当然，乘数效应的大小会受到很多因素的影响。"财政乘数"不是一个简单的数字，它的大小关键取决于政府的融资方式（债务、扭曲性的税收）、财政政策的可持续性、家庭和企业对未来政策变化的预期以及政府是否会直接安排针对低收入家庭的转移支出计划。一般情况下，债务融资资助的赤字支出刺激经济的效果比税收融资资助的支出更好，因为债务融资一般不会减少当代人的消费，在拥有较多国外借款的机会时，财政支出挤出国内私人投资的概率低。

三、财政政策有效性的影响因素分析

政府干预并非无代价的，也并非总是有效的。财政政策的有效性会受到很多因素的影响。

首先，理论上，影响决策环节和执行环节的相关因素都会影响到财政政策的效果。决策主体的充分信息及其经济预期会影响到政策决策的科学合理性，政策生效的起始及时滞性也可能影响到政策的有效性。一般而言，决策者是否具备充分准确的信息、对经济形势的观察和判断是否准确、对经济运行规律和经济变量之间的关系是否了解等都会影响到政策的合理决策。同时，市场主体的反应、预期和配合也会影响政策效果。虽然新古典经济学家认为，市场主体的理性预期可能会抵消部分政策效果，比如赤字支出的扩张效应有可能会被私人储蓄的增加而部分抵

消。但是，市场主体的理性预期毕竟是有限的，因而政策干预还是有效的。另一方面，市场主体的预期也是以过去的政策经验为基础的，如果政府过去的政策一直比较稳定、具有规律可循，就有助于形成比较稳定的市场预期。在市场形成稳定预期的情况下，市场主体就有可能配合政府的政策，就可能收到较好的政策效果。当然，如果政府能够及时识别市场主体的反应，然后及时改变政策，也有助于改善政策效果。比如，如果政府减税被市场主体理解为一次性的临时减税，那么减税增加的可支配收入很有可能被消费者储蓄起来而不是增加消费，这样减税政策就无法刺激消费需求；如果政府减税被市场主体理解为永久性的减税，那么，减税增加的收入就可能带来消费的增加，这样减税的政策效果就可以有效刺激消费需求。

其次，不同财政政策工具的有效性存在异质性。一些政策工具的效果相对于其他政策工具更有确定性。比如，增加投资税收优惠可以降低投资的代价，进而刺激投资，而不存在私人的抵消行为；减税能否带来消费的增加则具有不确定性。不同的财政工具类型对于扩张总需求的效果是不同的，总需求等于消费、投资、净出口与政府支出之和，在经济衰退或繁荣时期，政府可以采用不同的财政工具来影响其中的任何一项或多项，来扩张或紧缩总需求，相对而言，政府投资性支出特别是基础设施投资支出扩张总需求的效果就比其他支出更明显。政府支出的扩张效应最终还是取决于政府支出的流向和资金用途，如果用于举办公共项目，就会刺激经济增长，会改善后代人的福利，如果用于增加社保支出，仅仅会增加当前消费。经济冲击的类型不同，需要匹配不同类型的财政工具，比如，针对需求冲击就应该采取政府投资支出来扩张总需求，也可以通过减税刺激消费和投资，但其扩张总需求的效应肯定不如前者。针对供给冲击，则需要采取作用于供给侧的政策工具，比如，减税降费可以降低企业的成本，刺激供给；此时采用扩张需求的财政措施的效果就不会好，比如针对20世纪70年代的石油危机实行了扩张需求的财政措施的结果就引发了滞胀。

　　最后，财政政策的有效性还会受到一系列外在因素的影响，包括经济因素和非经济因素，比如经济发展水平、宏观经济不确定性的水平（所处经济周期）、经济所受到的冲击类型、汇率制度、对外开放程度、货币政策的作用空间、国民收入分配格局、国民的边际消费倾向和边际储蓄倾向、国家治理能力、国家政局稳定、政治周期等。大部分实证研究表明，萧条时期财政支出的扩张影响要比繁荣时期显著，封闭经济下的财政扩张效果好于开放经济，固定汇率体制下的财政扩张效果好于浮动汇率体制，国家治理能力强的发达国家财政扩张效果好于国家治理能力差的欠发达国家。对外开放程度越高，国际资本市场越开放，外资供给弹性越大，政府获得国外借款的机会越多，政府投资产生挤出效应的概率就越低。货币政策的配合也很重要。当货币政策的作用空间有限、利率陷入流动性陷阱时，财政的扩张效应明显，财政支出的增加不会带来名义利率的增加，因而不会挤出民间投资。反之，当财政支出的增加带来通货膨胀的压力时，货币当局如果实行紧缩性的货币政策，提高利率的结果就会抵消财政支出的扩张效应。国民收入的分配格局是否公平关系到社会总体的消费倾向水平。如果社会收入分配不公、基尼系数很高，低收入群体的消费需求无法释放；反之，如果基尼系数较低，收入分配格局公平，针对低收入群体的财政补贴支出就有可能大大激发中低收入群体的消费需求，进而提高总消费需求。国民的边际消费倾向和储蓄倾向取决于国民的消费文化和心理习惯以及社会保障制度的建立健全。如果社保保障制度不够健全，国民需要为未来的养老、失业或疾病储蓄，那么消费倾向自然会很低。2007年国际金融危机爆发以来，世界各国都采用了大规模的经济刺激措施，以中国为代表的新兴市场经济国家的经济复苏很快，而美国的经济复苏很慢，欧洲则由金融危机进一步转化为财政危机、主权债务危机，希腊、西班牙和葡萄牙接连发生的主权债务危机彰显了这些国家财政的不可持续性。这就表明，财政政策需要在特定的条件下才能成功实行预期目标，离开了特定的条件和环境，财政政策也不一定能够有效拉动经济。

第三节 经济不确定性下财政政策有效调控经济的理论基础

一、凯恩斯宏观经济学

凯恩斯第一个将预期不确定与信息不完全引入经济学分析中，突出强调了它们在经济活动中的作用。早在 1926 年发表的《放任主义的终结》一文中指出，"我们这个时代最显著的经济病症，有许多是起源于冒险、不确定与愚昧无知这几个因素"。凯恩斯认为，正是因为人们对未来的预期具有不确定性，才会产生心理上的流动偏好；利息不是人们节欲、延迟消费的报酬，而是人们放弃流动偏好的报酬。在一个未来具有不确定性的世界，以货币形式持有财富既可以避免风险又可以获得收益，因而保持货币成为经济主体的合理行为。这样，货币就不仅具有价值尺度和交易媒介的功能，还具有价值储藏的作用。恰恰是未来的不确定性使得持有货币成为必要，使得暂时让渡货币需要收取报酬，利率就是决定这个报酬大小的依据，利率的大小取决于货币的供求。预期的不确定性引起持有货币的行为，进而会影响到利率、影响到投资，因为投资取决于资本的预期边际收益，取决于投资者对未来市场前景的心理预期，而预期具有不确定性，因而厂商投资不是以理性决策为基础，而是以推测、惯例和模仿为基础，结果势必导致投资无法与一定收入水平下的储蓄相均衡，造成社会总投资不足和投资水平的波动。可见，凯恩斯正是将预期的不确定性作为其宏观经济理论的逻辑起点和基石。凯恩斯把不确定性因素引入货币理论，强调货币对于实体经济的重要影响，为货币体系的存在找到了一个合理的逻辑解释，货币是应对未来不确定性的手段，从根本上摧毁了萨伊定律。可见，在凯恩斯主义看来，货币不是中立的，与不确定性之间有着重要的联系，对于真实的产量、价格和就业有着重要的影响。

在凯恩斯看来，不确定性不同于风险，不确定性是无法计算其概率的，不确定性是未知的概率分布。不确定性来源于人们认识世界的有限能力和有限理性。凯恩斯在 1936 年出版的《就业、利息与货币通论》一书中，从预期的不确定性出发，提出了有效需求原理，形成了流动偏好理论、消费倾向理论和资本边际效率理论。投资需求依赖于资本的边际投资效率，在市场经济条件下，资本的投资边际效率长期内呈现下降的趋势。由于不确定性的存在，经济主体会产生预期，经济主体面对不确定性的心理会影响其经济决策和经济市场行为和经济决策包括投资决策。因此，在不确定性主导的环境中，风险较高的投资环境会导致个人流动性偏好增加，储蓄也会增加，私人投资存在的盲目性与投机性必然会引起总投资不足。"完美投资是不存在的，因此无法确定其概率分布，因此决策既不能被模型化也不能被理性主导所约束"（Crotty，1993）。加之社会财富和所得分配不均、社会边际消费倾向下降、引起社会消费需求不足，两个方面导致社会的总有效需求不足、从而导致失业率增加、妨碍现有社会生产潜力的充分发挥。换句话说，在不确定性的背景下，经济危机是不可避免的，这是由财富的存储作用引起的。

可见，凯恩斯相信，经济危机的研究需要以不确定性作为假设前提。凯恩斯认为，市场机制的自发运行会引起宏观经济出现缺口，这一缺口必须由政府出面负责填平。凯恩斯坚信政府在消费需求和投资需求两个方面大有可为。政府应该采取双管齐下的办法应对有效需求不足，一是由政府直接投资，政府投资量的增加会带来国民收入的成倍增长，这就是他的乘数理论；二是采取税收政策特别是提高直接税的比重来调节收入和财富分配，可以提高消费倾向，从而增加社会消费需求。因为个人储蓄动机会受到未来预期收益的影响，影响储蓄的政策工具就包括利率和财政政策，其中，所得税、资本利润税和遗产税都与储蓄有关。

由此，凯恩斯基于预期的不确定性、针对 20 世纪的大萧条，提出了他的政府干预论，主要是以财政政策为主要手段、以货币政策为次要手段，在经济萧条时期，应该采取膨胀性的财政政策，扩大政府支出、发现公债、弥补赤字。通过刺激社会有效需求，来消除宏观经济缺口，增加就业，拉动经济复苏。

二、新古典宏观经济学

20 世纪 70 年代在货币主义和理性预期学派的基础上形成的宏观经济学，与凯恩斯宏观经济学相对立。相信微观经济主体是足够理性的、可以掌握完全的信息，对未来会形成理性预期，价格可以灵活调整，确保市场持续出清。政府采取的任何政策包括财政政策和金融政策都会因为经济人的理性预期而失效，因而政策干预是无效的，反对过多的政府干预。政府的政策目标是减少和防止通货膨胀，主张放弃短期的政策规则变动、实行长期不变的政策规则。著名的巴罗—李嘉图等价定理可以说是新古典宏观经济学的重要基础。巴罗在 1974 年的《政府债券是净财富吗?》一文中指出，公众是理性的，无论政府采取债务融资还是税收融资都不会影响经济中的消费、投资、产出和利率水平。因为当政府发行债券时，公众预期到未来的税收会因为偿还债务而增加、不得不增加储蓄，而且增加的储蓄额正好等于债务发行额。这样，政府发行的债券就无法增加当期总需求、对于经济运行不会产生影响，因而财政政策就是无效的。

新古典宏观经济学不同于凯恩斯宏观经济学，在批判凯恩斯主义经济周期理论的基础上，提出了实际经济周期理论（RBC），强调技术冲击、供给冲击和实际因素而非货币冲击、需求冲击和非名义因素在经济周期波动中的作用，货币是中性的，在经济运行过程中并无实际意义。微观经济主体追求自身的效用最大化和利益最大化的结果，可以自动实现宏观经济均衡，而且均衡是常态。经济波动乃是理性经济人面对外来冲击可以实行从一个均衡状态达到另一个均衡状态的调节过程。总产量和就业的波动是由实际生产技术的随机变化引发的，是理性经济人面对技术冲击进行理性选择的结果。

三、实物期权理论

实物期权即非金融期权，是应用现代金融领域的金融期权理论分析实物投资决策的方法。与金融期权相对应，实物期权是借用金融期权的思维来分析企业投资时机的选择与把握的一个概念，其核心特征在于将投资机会视为企业拥有的期权，将投资行为视为行使这些期权的过程，因其标的物为实物资产，故称为实物期权。企业的投资机会作为一种期权在不确定性的背景下是有价值的。当企业面临不确定性时，企业会变得非常谨慎而选择等待观望、延迟投资，此时相当于企业持有一份看涨期权，不确定性会通过影响期权价值的高低而影响投资。一般情况下，不确定性越大，期权的价值也越大，推迟投资的收益也越高（Pindyck，1989；1993；Bernanke，1983；Dixit and Pindyck，1994）。鉴于不确定性下预期现金流的波动性较大，递延投资更有价值；企业将等待而不是现在进行投资。因此，不确定性与企业投资具有负相关关系。一般而言，不确定性可以通过两种方式影响公司投资。一方面，等待的价值促使企业推迟投资以获得更多信息或等待不确定性消失。另一方面，不确定性可以通过影响风险项目的最佳规模来降低投资水平。迪克西特和平迪克（Dixit and Pindyck，1994）指出，如果成本保持不变，市场会产生需求波动，此时投资收益的不确定性来自需求方。需求不确定性的存在意味着，即使很小的不确定性也足以产生相当大的迟滞并抑制企业投资和进入。平迪克（Pindyck，1993）考虑了成本不确定性的两个来源：一是投入成本的不确定性，二是技术不确定性，指出公司的最佳资本存量是技术不确定性和投入成本不确定性的函数，尽管最优资本存量随着投入成本的增加而减少，但却随着技术不确定性而增加。总体上，最优资本对投入成本不确定性要更加敏感，通常情况下，投入成本的不确定性成为最佳资本存量的主要影响因素。总之，投入成本的不确定性对最佳资本存量的影响结果类似于需求不确定性的影响（Dixit and Pindyck，1994）：在较大不确定性下，当前投资会减少、投资水平会下降。

与其他方法相比，实物期权可以更好地分析和预测公司的投资行为，特别适用于分析具有不可逆转性的投资决策。投资项目的不可逆性或沉没成本的存在会促使企业比较当前投资与推迟投资的收益来确定最优的投资时机。麦克唐纳和西格尔（McDonald and Siegel，1986）指出，由于投资具有不可逆性，只有当项目延期的成本超过等待信息的预期价值时才应该马上实施投资。不确定性背景下，不可逆性与沉没成本意味着等待的选择价值并有可能抑制投资和进入。不确定性对当前投资水平的影响是负向的。投资的不可逆性越强，企业进行投资决策时就越发谨慎。另一方面，企业决定当前实施投资就意味着当期行使期权，同时放弃了未来行权的机会，相当于执行了一份看跌期权，投资成本就构成了期权的执行价格。如果企业决定延迟投资，延迟投资的成本必须与已放弃当前投资的利润相当。两个期权的价值都会随着不确定性的增加而提升。在投资完全不可逆的情况下，不确定性对当前投资会产生负向影响；当投资完全可逆的情况下，不确定性对投资的影响较小。一般情况下，投资的不可逆性与不确定性叠加会强化期权的价值。事实上，麦克唐纳和西格尔（1985）建立了一个包含了不确定性、不可逆性和企业投资的实物期权理论框架，指出传统的新古典主义和托宾 Q 理论并没有考虑实物投资的特殊性和不可逆性以及在现实中产生的沉没成本。实物资产投资决策过程也存在不确定性。或者说，未来的投资回报率是一个随机变量。同时批判了传统理论，忽略了如果不立即投资，投资机会不会立即消失的事实，认为经济环境会随着时间的推移而变化，可以提供有关投资项目的更多信息；以后的决定可能是更好的决定，尤其是在投资具有不可逆性的时候；如果企业决定立即进行投资，然后在将来尝试进行更改或收回其投资，可能会支付更高的费用。后来，布鲁姆等（Bloom et al.，2007）、马古德（Magud，2008）等强调了投资的不可逆性和不确定性的交互作用增加了期权价值，因而雇主会推迟投资待到不确定性得到缓解。不过，实物期权理论基于系列关键的假设：一是延迟成本必须受到限制、决策不能轻易逆转或调整成本极高，二是投资者必须能够等待、企业的投资机会不会因为延迟而消失，三是当前行为会影响后续行为的回报等（Bloom，2014）。

事实上，除了基于现金流量的项目价值之外，实物期权思维还考虑了时间和管理灵活性的价值以及因减少不确定性而产生的价值。实物期权是处理具有不确定性投资机会的一种投资决策工具，与金融期权既相似又不相同。与金融期权相比，实物期权具有下面几个特性：一是非交易性。二是非独占性。作为共享实物期权，其价值取决于影响期权价值的一般因素以及竞争者可能的策略选择。三是先机性，抢先执行实物期权可带来先发制人的效果并获得实物期权的最大价值（Black and Scholes，1973）。可见，实物期权理论成为企业进行战略投资决策的思路，成为当今投资决策的主要方法之一。

四、金融摩擦理论

金融摩擦是指在不完全的金融市场上由于信息不对称导致的交易成本增加的现象。贷款人事前无法有效观察到借款人的项目前景、财务状况及其项目执行努力程度，在事后又难以了解其实际财务状况及项目实施后产生的实际绩效等。金融摩擦引发的交易成本具体包括信息成本和监督成本。金融摩擦的存在会增加借款人的外部融资成本，由于借款人的逆向选择和道德风险，往往导致优质项目找不到足够的资金支持。金融摩擦的存在打破了新古典模型关于完全金融市场上融资需求一般都能够得到充分满足的假设（马家进，2018）。贷款人作为理性经济人，在发放贷款时一般都倾向于在一个无风险利率的基础上外加一个外部风险溢价，要求覆盖其对借款人的全部评估成本和监督成本。

经济不确定性的上升会强化借贷双方之间的信息不对称，增加贷款的外部风险溢价，进而提高借款人的融资成本。一般在高不确定性时期，也是经济衰退时期，经济前景黯淡，借款人的资产负债表会缩水，资产价值会下降，抵押品的价值也会下降，会强化借款人的融资约束，借款人获得融资的成本增加、困难增加，降低其信贷需求。而在低不确定性时期，借款人的资产负债表状况良好，资产价值提升，抵押品的价值也会上升，财务状况改善，融资约束较弱。借款人获得融资的能力增强，对于信贷的需求会增加。从信贷供给者来看，银行部门也是经济主体之一，银行的信贷投放业务相当于一般企业的投资决策，同样会受到不确定性的影响。经济不确定性的上升会改变银行的最优信贷投放决策，进而会影响信贷投放总量（欧阳志刚，2019）。基于理论文献，受到经济政策不确定性的影响，银行信贷决策权相当于一个信贷投资期权，在经济不确定性上升的时期，期权的价值增加会引起银行信贷投放决策主体的观望与等待，从而会延迟最优投放时机、降低总体信贷规模（Hassett and Metcalf，1999）。从实证研究看，经济不确定性是影响经济周期波动、微观经济主体的决策行为变化以及资产估值变化的重要因素。银行信贷与经济周期、微观经济主体行为以及资产估值之间存在密切的联系。在经济繁荣时期，市场机会比较多，企业的资产估值增加，对企业而言，扩大投资、减少现金持有是有利选择。这会引起信贷需求的扩张。企业资产估值的增加也意味着企业从银行获得信贷的能力增强，也会强化银行的信贷供给意愿。对于居民部门而言，经济繁荣时期，就业前景改善、机会增加、收入水平提高，经济繁荣时期还往往伴随着通胀预期，增加消费支出、减少储蓄会成为居民的有利选择。这也有助于扩张企业的投资需求、增加信贷需求。当然，经济繁荣时期居民储蓄的降低会减少银行的信贷资金供给，对于银行的信贷供给产生一定的负面影响。另一方面，在经济萧条时期，经济前景不明，不确定性增加，企业违约和破产的概率增加，减少投资、增加现金持有和储蓄会成为企业的合理选择；银行作为贷款人，此时评估借款人和监督借款人的难度加大，会提高借款人的资质要求，提高贷款门槛，自身的信贷意愿也会降低、惜贷现象严重。总体上，信贷总量取决于信贷的需求与供给的共同作用。经济不确定性最后会通过金融摩擦影响信贷需求和信贷供给，进而间接影响银行信贷总量和企业的投资水平。

金融摩擦对企业投资有着重要的影响，而且其影响是非对称的，在高不确定性时期的影响会明显大于低不确定性时期的影响（Gertler and Hubbard，1988）。由于借款人会依据外部融资条件的变化调整自己的投资和消费决策，金融摩擦最终会传导和放大宏观经济周期的波动。这一作用机制称为金融加速器机制（Bernanke and Gertler，1989）。当然，并非所有企业都会受到潜在信用市场不完善的同等影响，信贷市场不完善对于大小型企业有不同影响（Gertler and Gilchrist，1994），对于小企业投资的负面影响大于大企业，因为较小企业难以提供有意义的抵押品，规模较大的企业往往历史悠久，可以提供大量抵押品（Fazzari，1988；Gertler and Gilchrist，1994）。

五、预防性储蓄理论

预防性储蓄是指未来收入的不确定性引发消费者减少当期消费特别是耐用消费品的消费而增加储蓄的现象。当不确定性增加时，消费者对于未来前景特别是未来的就业前景和收入前景感到悲观，在进行消费决策时就变得格外谨慎，风险厌恶较强的消费者尤其如此。由于消费者的风险偏好、财富水平和借贷能力的不同，预防性动机的强弱程度在不同的消费者和家庭之间存在异质性。例如面临收入风险较大的家庭会储蓄更多或消费更少（Carroll and Samwick，2000）；富裕家庭的财富水平较高，预防性动机要比贫困家庭低。预防性储蓄理论表明，家庭不仅可以进行储蓄以补偿未来收入的下降，而且还可以避免其他种类的收入风险，特别是收入意外下降的风险。显然，预防性储蓄对于帮助家庭度过收入和支出的短期波动非常重要。

预防性储蓄作为居民防范未来收入的不确定性而储存的财富，必然会带来储蓄率上升、消费率下降。在封闭经济体中，储蓄与投资是均衡的，储蓄的增加会有利于投资。但在开放经济条件下，消费者增加的储蓄不一定会留在国内，可能会流向国外，从而增加对国外产品和国外资产的需求。理论研究表明，预防性储蓄作为收入逆周期变化的结果，可能会引致总消费出现巨幅波动（Gourinchas and Parker，2001）。预防性储蓄具有时变的特征，其时变波动性加剧了消费的波动性、对投资波动的影响较小（Challe and Ragot，2015）。可见，预防性储蓄的增加不利于当期国内消费、对国内消费会产生消极影响，但却有利于长期投资。进一步，预防性储蓄不仅影响当前国内消费和投资，还会影响国际贸易和资本流向。实证研究表明，在萧条时期，预防性动机要强于经济繁荣时期。因此，在大萧条期间，总体储蓄率会有所提高，这就是由于不确定性增加所致。

事实上，早在1936年，凯恩斯就在《就业、利息与货币通论》一书中指出，既然私人储蓄会受到未来收益预期的影响，那么，影响未来预期收益的财政货币政策都会影响到储蓄水平的高低。同时，财政政策可以影响收入分配，进而可以影响消费倾向。显然，凯恩斯实际上是主张采用利息所得税或资本利润税来限制储蓄、增加消费。预防性储蓄理论本身也是凯恩斯主义的一部分。后来许多学者开始关注和研究预防性储蓄，采用理论和计量方法，并构建了很多经济模型。比如利兰德的预防性储蓄模型、迪顿和卡罗尔的缓冲储存模型、迪南的预防性储蓄模型、最佳财富收入比模型等。莫迪里安尼和布鲁姆伯格（Modigliani and Brumberg，1954）和弗里德曼（1957）的生命周期和永久性收入模型提供了检验储蓄行为的理论框架。这些模型都是在凯恩斯（1936）提到的预防性储蓄理论的基础上进行的拓展。弗里德曼（1957）的永久收入模型假设对未来收入有完美的预期，不确定性的引入使人们有可能产生预防性行为：由于未来的劳动收入是不确定的，因此消费（以及储蓄）不仅取决于预期，而且取决于预期收入的方差。卡罗尔（Carroll，1996；1997）开发的"Buffer Stock"储蓄模型是基于永久收入模型，其中消费者面临"重要收入"不确定性，同时增加了消费者既"谨慎"又"不耐烦"的假设。在缓冲库存模式下，消费者的目标是实现永久性的财富收入比例。当财富低于目标时，消费者将积累储蓄。预测预防性储蓄的理论模型与实证模型的结论不一致表明，部分人或家庭并没有动机进行预防性储蓄或者进行预防性储蓄的动机并不是很强。家庭之间的风险偏好和风险规避可能会有所不同，借贷能力也可能会影响其预防措施。因而，家庭的预防性储蓄水平存在较强的异质性。

总之，预防性储蓄之所以存在是因为在不确定的情形下经济主体谨慎行事（风险厌恶），他们倾向于降低消费率、增加储蓄。这样，个体的财务危机意识越强，其财务状况就越好。因此，不确定性对储蓄的影响较大。

第四节　经济不确定性影响财政政策有效性的机理分析

如前所述，经济不确定性就是指经济主体因为认识能力的有限性而无法准确预知未来。因而，经济不确定性应当为环境变量，会影响到经济主体的经济决策和经济行为，也会影响到宏观经济的运行。财政政策是调控宏观经济的政策措施，属于工具变量。财政政策的目标就是维系宏观经济的稳定运行。可见，在影响宏观经济运行上，作为环境变量的经济不确定性与作为工具变量的财政政策两者之间发生了关系。一方面，经济不确定性是影响经济周期的重要因素，必然会影响微观经济主体的经济决策和经济行为，也会影响宏观经济变量，比如产出和就业等，自然就会影响经济政策的绩效。于是，财政政策就成为应对经济不确定性、消除经济不确定性对宏观经济负面影响的政策工具和手段。当然，有时候，频繁变化的政策变动又有可能会影响甚至加剧经济不确定性，成为经济不确定性上升的不良推手，延缓经济复苏进程。政策研究的宗旨就在于提出良好的宏观经济政策组合，以便消除宏观经济不确定性对宏观经济运行的不良影响。

理论上，财政政策的有效性依赖于微观经济主体的消费投资行为对于财政政策冲击的反应，因而，影响微观经济主体的消费投资决策及行为的因素自然就会影响到财政政策的有效性。经济不确定性是影响微观经济主体的消费投资决策和行为的一个重要因素，因而必然会影响到财政政策的有效性。已有研究表明，微观经济主体对于自身当前和未来的财务状况的信心状态会影响其经济决策和经济行为，也会进一步影响到微观的资源配置策略和宏观经济绩效（李永友，2012）。而经济不确定性会影响到微观经济主体对经济前景的预期，包括对未来就业机会和就业收入的预期，自然会影响到微观经济主体的信心状态，进一步影响到微观经济主体的经济决策和经济行为结果，进而影响到财政政策调控宏观经济的效果。经济不确定性影响财政政策的有效性主要是通过微观经济主体的消费和投资两种行为来传导。

一、基于消费的理论分析

凯恩斯宏观经济学告诉我们，国民产出或国民收入是由总需求决定的，而总需求又是由消费、储蓄、政府支出和净出口构成。可见，政府支出在总需求的形成过程中起着重要的作用。首先，政府购买性支出作为政府为了履行职能而在市场上购买商品和劳务的支出，可以直接形成有效需求，形成购买力，对于社会总需求产生直接的影响。其中，政府维持性支出和社会性支出可以形成政府部门雇员的工资收入，因而可以直接增加消费需求；政府经济性支出可以直接形成投资需求，特别是公共工程的投资性支出，可以创造就业机会、形成工资性收入，又可以间接增加消费需求。政府转移性支出本质上体现的是一种收入再分配，其中的社保支出（比如退休金、失业救济支出等）可以形成退休人员和失业人员的可支配收入，从而可以增加其消费需求。针对低收入人群的现金转移或消费券可以直接增加低收入群体的可支配收入，可以直接增加其消费需求。税收减免可以增加纳税人的可支配收入，为消费的增加提供了可能。其中个人所得税的减免可以直接增加纳税人的可支配收入，增加了消费的可能性。

随着经济不确定性水平的上升，人们对未来经济前景开始感到担忧，特别是对未来职业前景和收入前景预期感到悲观的时候，就会产生强烈的预防性动机，消费意愿下降，选择减少消费、增加现金和储蓄，以便应对未来的风险。发展中国家的居民家庭由于缺乏有效的金融工具来对冲经济不确定性带来的风险，面临不确定性的增加的选择只有增加现金持有和储蓄。不确定性水平越高，预防性动机就越强，预防性储蓄就越多。现有研究表明，消费者的当前消费决策取决于当前消费意愿和消费能力。而当前消费意愿又取决于当期的收入和未来的收入预期以及未来的支出预期。当不确定性上升的时候，未来的收入预期悲观，消费者的财务状况会恶化，对未来收入的主观贴现率会降低，因而不确定性的增加会降低当前的消费意愿和当期的消费倾向（李永友，2012）。在收入分配差距悬殊的经济体，叠加经济不确定性的结果，低收入人群的消费支出更是少得可怜，导致整个社会的消费倾向低下。预防性储蓄理论显示，在高不确定性时期，人们的消费意愿会大幅降低、消费信心会大幅减弱，出于规避风险的目的而选择推迟耐用消费品的购买。另一方面，在高不确定性背景下，银行出于避险的考虑，担心违约，发放消费信贷的意愿也会大幅下降。同时，消费者的财务状况会恶化、可能会面临流动性约束，申请消费信贷的能力也相应会受限，进而申请消费信贷的意愿也下降。可见，经济不确定性的上升会对当前消费会构成负面冲击，倾向于抑制私人消费，降低当前消费水平。

经济不确定性对私人消费的负面冲击增加了财政政策调节消费需求的必要性，也增加了财政政策调控的难度。研究表明，财政支出是通过财富效应影响居民消费的，在不确定性上升时期，财政支出的增加可以引导市场预期，增强市场信心和消费意愿，同时也有可能被私人储蓄的增加所抵消。可见，财政政策对消费的正面冲击能否完全覆盖经济不确定性对消费的负面冲击，值得观察。经济不确定性可能会影响财政政策的有效性。

二、基于投资的理论分析

政府的经济性支出是政府投资基础设施建设、支持工农商交通运输等部门的发展的支出，本身就是投资的一部分，特别是针对各部门的基建支出可以直接形成固定资产投资，进而直接形成投资需求。政府举办的公共工程可以带动相关产业链的投资需求。税收是影响企业投资成本收益的重要因素，减税特别是降低企业所得税和增值税可以降低企业的税收负担，进而可以改善企业的投资收益预期，因而可能刺激投资。各种减税降费、投资税收抵免、加速折旧等税收优惠措施都是为了鼓励私人部门投资的财政措施，都可以带动私人投资需求。

现有研究表明，私人部门的投资决策取决于私人的投资信心，具体依赖于投资意愿和预期投资回报率。随着经济不确定性的增加，商业环境、市场环境的不确定性增强，经济活动低迷，经济前景堪忧，资本的预期投资回报率会下降，企业的投资意愿也会下降。按照实物期权理论，不确定性的上升会增加等待的价值、推迟企业的当前投资，降低当前投资水平，加剧投资波动。在高不确定性时期，企业会增加现金持有和储蓄，减少投资，选择等待观望。只有当前投资的收益大于当前投资成本与等待价值之和的时候，企业才可能选择当前投资。因为等待的价值即延迟投资的收益是当前投资的机会成本，当前投资决策必须考虑机会成本。基于金融摩擦理论，不确定性水平的上升会加剧借贷市场上的信息不对称，加剧金融摩擦，导致企业外部融资的风险溢价增加。一方面，不确定性会增加贷款人的评估甄别成本和监督成本，不确定性的上升会降低风险资本的回报率，企业的违约风险也可能会增加、破产概率也会增大，贷款方出于风险规避，倾向于谨慎惜贷，发放信贷的意愿也会下降，因而，经济不确定性的增加可能会降低信贷的供给；同时，在高不确定性时期，借款人的资产负债表可能会恶化、资产净值下降、抵押能力受限，会强化借款人的融资约束，借款人获得融资的成本代价增加、困难增加，会降低其信贷需求，也会进一步加剧贷款人的惜贷倾向。由于逆向选择和道德风险的存在，好的项目很难找到信贷支持，信贷市场存在"劣币驱逐良币"的现象。可见，不确定性的增加会抑制银行的信贷投放、降低信贷水平，也会降低企业对于利率政策的敏感性，货币政策的传导机制效率会大幅下降，货币政策的影响力可能会大幅受限。这样就增加了财政政策干预投资的必要性。

总之，高不确定性时期，由于整个经济环境不确定，市场投资信心疲弱，前景黯淡、预期悲观，私人投资冲动降低。市场主体对于商业机会的敏感度也降低，对于政策带来的利好也会反应迟钝。刺激投资的财政政策，比如投资税收优惠、财政贴息贷款等措施在引导私人投资的信号功能方面也可能会减弱。这样无疑会增加财政政策干预市场投资的难度和代价。

第五节 本 章 小 结

由于信息的不对称，不确定性普遍存在。经济不确定性的基本根源就是人类认知的有限性或者有限的理性。经济不确定性具有普遍性和时变性、不可观测性、逆周期性和外溢性等特点。一国的经济不确定性不仅会影响本国的宏观经济变量，还会波及其他经济体、影响其他国家的宏观经济。

内生不确定性是指经济不确定性根源于经济体自身的内部，外生不确定性是指经济不确定性根源于经济体的外部。宏观经济政策包括财政货币政策是影响经济不确定性的一个重要因素，同时，宏观经济政策自身也会随着实体经济运行的需要而不断调整和变化，因而自身也具有不确定性。

一般来说，经济不确定性在短期内会抑制微观经济主体的经济决策和经济活动，对微观经济主体的经济活动产生负面影响。就微观经济效应看，基于风险规避或实物期权的视角，经济不确定性对于企业的投资具有不利影响，会减少企业的投资、降低当前的投资水平。基于融资约束的视角，较高的不确定性会加剧借贷双方的信息不对称、增加外部风险溢价，强化财务约束、增加破产的可能性、降低资本支出。金融摩擦的存在也意味着投资与经济不确定性之间存在负相关关系。就宏观经济效应看，经济不确定性冲击作为经济波动的重要潜在驱动器，会带来投资消费的下降，进而带来产出和就业的下降。金融扭曲是不确定性波动影响宏观经济绩效的一个主要机制。不确定性冲击与金融摩擦的结合会引发经济活动的波动。

财政政策是政府实行宏观调控的主要政策工具之一。财政政策调控宏观经济主要是通过调控总供给与总需求来实施的。自动稳定器的财政政策包括累进税率的所得税制度和失业救济支出制度。相机抉择的财政政策包括扩张性的财政政策、紧缩性的财政政策和中性财政政策。财政政策有不同的政策工具，包括财政支出工具和收入工具。财政支出按其经济性质又可以分为购买性支出和转移性支出。购买性支出又分为维持性支出、经济性支出和社会性支出。市场经济条件下，税收是政府的主要收入来源。这四个目标既相互独立又相互联系，有时候甚至相互冲突。

评估财政政策有效性的主要观察指标就是财政乘数。财政乘数衡量了财政政策对经济活动的影响。税收乘数是指国民收入的变化量与税收变化量的比率。或者说是每一个单位的税收增加量所引起的国民收入的增加量。

财政政策的有效性会受到很多因素的影响。决策主体拥有的信息、市场主体的反应和预期、政府的识别及政策调整等都会影响财政政策的有效性。

不同财政政策工具的有效性存在异质性。一些政策工具的效果相对于其他政策工具更有确定性。不同的财政工具类型对于扩张总需求的效果是不同的。经济所受冲击的类型不同，需要匹配不同类型的财政工具，针对需求冲击就应该主要采取政府投资支出和赤字支出来扩张总需求，针对供给冲击，则需要采取作用于供给侧的政策工具。

凯恩斯主张经济危机的研究需要以不确定性作为假设前提，市场机制的自发运行会引起宏观经济出现缺口，这一缺口必须由政府出面负责填平，在此基础上进一步提出了投资乘数理论和直接税可以干预收入分配进而刺激消费需求的理论，形成了他的政府干预论，主要是以财政政策为主要手段、以货币政策为次要手段，在经济萧条时期，应该采取膨胀性的财政政策，刺激社会有效需求，增加就业，拉动经济复苏。

实物期权理论强调投资者在投资决策过程中选择投资时机的价值。企业的投资机会作为一种期权在不确定性的背景下是有价值的。企业的投资时机的把握是有价值的，企业需要比较眼前投资与推迟投资的成本与收益，然后进行投资决策。当企业面临不确定性时，企业会变得非常谨慎而选择等待观望、延迟投资，不确定性因为增加了等待的价值而降低了当前的投资率。

总体上，信贷总量取决于信贷的需求与供给的共同作用。

实证研究表明，在萧条时期，预防性动机要高于经济繁荣时期。

从消费的角度看，国民产出是由总需求决定的，政府支出在总需求的形成过程中起着重要的作用。

经济不确定性的上升会降低预期的投资回报率、减弱投资意愿。不确定性的增加也会降低企业对于利率政策的敏感性，进而降低货币政策的传导机制效率，大幅削弱货币政策的影响力。这样就增加了财政政策干预投资的必要性。

第三章

经济不确定性的测度方法与中国经济不确定性指数构建

一般意义上，从经济主体的角度看，不确定性可以定义为经济主体无法预测的干扰的条件波动性。经验上考察不确定性水平及其与宏观经济活动之间的关系面临着一个根本性的挑战，就是几乎不存在客观度量不确定性的指标。学者们为此进行了不懈的努力，取得了初步的成果。总体上，学界对于经济不确定性的测度方法的探索和研究还处于初期阶段。迄今为止，学者们度量经济不确定性的方法大致有两种，一是采用代理指标来衡量经济不确定性，二是构建综合指数来度量经济不确定性。两种方法和思路各有所长，在测度经济不确定性的水平并观察经济不确定性与实际宏观经济变量之间的关系方面，都发挥了重要的作用。

第一节　经济不确定性的测度方法

一、衡量经济不确定性的代理指标法

经济不确定性是一个无法直接观测的变量。学者们总是选用一些相关变量进行代理描述。真正说来，已有的指标并非真实的变量，只是代

理变量而已。所选用的代理变量是否科学客观，关系到对经济不确定性的研究结论。迄今为止，测度不确定性的方法还处于初期阶段。现有的研究主要采用波动率和离散度作为代理指标来测量经济不确定性的水平。具体的代理指标有经济变量的波动性指标主要是金融市场的波动率、专业预测人员和经济主体的预测离散度、有关不确定性的词汇在媒体上出现的频率等。

（一）经济变量的波动性指标

早期文献主要采用变量的波动性幅度来衡量经济不确定性，宏观经济变量的波动性指标比如产出和通货膨胀的无条件方差、汇率波动性（Pindyck，1986；Driver and Moreton，1991；Goldberg，1993）、利率、全要素生产率等宏观经济变量的条件方差（Episcopos，1995；Price，1995）；微观经济变量的波动性指标比如企业实际工资、原材料价格、产出价格的波动性（Huizinga，1993；Ghosal and Lougani，1996）、未来产品需求的波动性（Campel et al.，2001）、制造业生产的销售增长率离差（Bloom，2014）。

最为流行的代理变量是金融市场的波动性指标，比如股市波动性包括隐形或已经实现的股市回报波动率、债券收益和汇率的波动率。股票价格、债券收益及汇率能够典型反映金融市场主体对未来经济发展的预期。股票、债券、外汇市场的波动性较低反映的就是各市场主体对于未来前景广泛持有的预期较为稳定，如果股票、债券及外汇的波动性上升反映的就是市场主体对未来前景预期具有不确定性。布鲁姆（Bloom，2009）将股市波动性作为代理变量，发现了实际经济活动与不确定性间存在强逆周期性，波动性的上升首先会抑制实际经济活动，然后又会增加实际经济活动，导致实际经济活动水平的长期过度调整。布鲁姆（2009）的结论与将不确定性作为宏观经济波动驱动因素模型的预测一致。

基于金融市场波动率的不确定性代理指标的一个优势在于可以用多种方法和高频率进行计算。然而，金融市场的波动率并不只受到经济不确定性的影响，也可能被其他因素影响。即使关于经济前景的不确定性没有发生任何变化，当风险规避或情绪构成市场波动的主要驱动因素的时候，金融市场的波动性也会随着时间而变化（Jurado et al.，2015）。这就意味着，金融市场特别是股票市场波动性的度量指标与真实经济活动之间也许存在紧密的关联，也许没有密切的关系。实际上，最为流行的不确定性代理指标就是金融市场波动性，而金融市场波动性一般是由金融恐慌指数（VIX）波动率指数衡量，这个 VIX 很大一部分是由具有时变特征的风险厌恶相关的因素引起的，不是由经济不确定性引起的（Bekaert et al.，2012）。这就意味着，金融市场的波动性指标无法精准反映经济不确定性的水平。

（二）主观预期的横截面离散度

主观预期的横截面离散度包括专业预测人员的预测分歧、预测误差、普通经济主体的市场调查反应等。虽然各银行、研究型公司和公共机构的预测人员对于实际 GDP 增长预测的均值或中值可以理解为共识，但这些预测的方差常常用来作为不确定性的代理变量。这里隐含了一个根本假设，就是预测人员对于经济前景的意见日益多样化可能意味着预测经济前景越来越困难、越来越不确定了。也就是说，对于预测的人际分歧可以作为预测人员面临的平均主观不确定性的一个可以接受的代理变量。不过，专业预测人员的预测离散度的水平和波动可能会受到除了不确定性以外的其他因素的影响，比如预测技术的差异、信息集合的差异、预测人员自身对于经济的看法多样化等。同时，也存在当预测人员的预测保持不变时不确定性也许发生了很大变化的情况。布鲁姆等（Bloom et al.，2012）也记录了采用企业层面的收益、行业层面收益、总体要素生产率和预测人员的预测作为代理变量时不确定性与实际经济活动水平之间的关系，指出了预测离散度作为不确定性代理变量具有强烈的逆周期性。巴赫曼等（Bachmann et al.，2010）基于德国企业的调查，采用分析人员看法的横截面离散度或企业主观预期作为不确定性的代理指标，主张不确定性更多的是衰退的结果而不是原因，与布鲁姆

（2009）和布鲁姆等（2012）的理论模型的预测相反。针对家庭和企业的调查反应也可以成为不确定性的直接代理指标，欧盟发表的企业和消费者调查覆盖了每个月欧盟及其申请国家的 12 万家企业和 4 万个消费者。据此，不确定性的度量可以从大量有代表性的经济主体的感知中直接推导出来。比如，对于前瞻性问题的积极回答和消极回答的离散度可以用作不确定性的代理变量（Bachmann et al. , 2013）。理由是，消费者或企业在低不确定性和恢复增长时期对于经济发展的前景具有大致相似的预期，而预期分散度的日益增加则意味着不确定性在上升、经济形势更加困难。在一个特定月份所进行的调查的平衡得分的变化与上个月的差异也可以作为不确定性的代理变量。因为在经济稳定增长时期，经济主体对大多数变量的评价应该是或多或少相同的，一般企业主体都应该对未来的产出、订单、就业等做出有利的评价，而在不确定性的时期情况则相反。比如，当经济接近谷底，随着领先指标比如订单指标的预期转向正面，其他指标比如就业等滞后指标的预期可能会保持不变或继续恶化，平衡得分的差异就会变大。基于欧盟消费者调查和企业调查的这两个不确定性代理指标具有逆周期性，与实际经济活动明显负相关，对于未来实际经济活动具有解释力（See Black et al. , 2016）。另外，预测误差代表着经济变量的可预测性，也可以用作经济不确定性的代理变量。其方法就是应用因子模型对工业生产等大量变量进行预测，然后计算预测误差。如果预测误差不断增加并且更不稳定就意味着经济变量运行过程中不可预测成分在增加，可以解释为不确定性增加的迹象（Jurado et al. , 2015；Rossi and Sekhposyan，2015）。理由在于，时间序列模型中解释宏观经济变量演进中未能解释的部分越大、越不稳定，评价当前形势和预测经济就更加困难。

　　经验分析表明，预测人员对于欧元区经济前景的分歧在萧条时期增加了，而在恢复增长时期分歧有所缓解，预测分歧是逆周期的，与实际 GDP 增长之间的相关系数是 −0.4。经验检验证实了预测分歧的变化对于实际 GDP 增长的未来变化具有预测的价值（See Black et al. , 2016）。

预测误差的优点在于可以应用于覆盖经济所有部门的大量经济变量。预测误差作为经济不确定性的度量指标与实际 GDP 增长负相关（J. See Black et al.，2016）。不过，采用分析人员的预测衡量不确定性也有明显的缺点：第一，主观预期只适用于少数序列，在整个宏观经济月度序列中，甚至不到 1/5 的序列才有相应的预期序列。第二，目前不清楚来自调查的反应是否准确捕捉到了整个经济的条件预期。因为有些分析人员的预测存在不同于经济主体的系统偏向。第三，调查预测的分歧可能更多地反映了意见的分歧，而不是不确定性本身的不同（e. g.，Diether et al.，2002；Mankiw et al.，2003）。即使预测不存在任何偏差，分析人员预测的分歧也不等同于预测误差的不确定性，除非预测范围内累计的总冲击的方差为零。现有相关研究关注主观调查预期的误差时涉及的变量相对较少（Jurado et al.，2015）。

（三）有关不确定性的词汇在媒体出现的频率

近几年开发的不确定性代理变量是有关经济政策不确定性的词汇在报纸媒体的出现频率（Baker et al.，2015）。具体说来，就是加总包含不确定或不确定性、经济或经济学、赤字或管制等词汇的文章在主要报纸上出现的频率。贝克等（Baker et al.，2016）以主要报纸上经济政策不确定（*economic policy uncertainty*，EPU）的词汇术语出现频率为基础，建立了一种衡量经济政策不确定性的指数体系，称为 EPU 指数，主要包含三个部分：一是与政策不确定性相关的关键术语在报纸文章中出现的频率；二是利用国会预算办公室提供的即将到期的税收条款的美元价值来明确反映税法未来变化的税收不确定性；三是利用消费者价格指数和政府支出的经济预测差异来反映财政货币政策的不确定性。贝克等（2016）开发的经济政策不确定性指标反映了经济政策不确定性范围及性质的有用信息，具有三个明显的优势：一是能被其他国家广泛使用；二是能获得高频数据；三是能按关键词进行分类，并构建特别类型的指数。贝克等（2016）开发的经济政策不确定性指标的特点在于可从经济环境、体制层面等方面捕捉政策不确定性的特征。政策不确定性指数充分利用了报纸媒体的数据信息和信息技术分析手段，开创了利用报纸媒体数据信息测量经济变量的新视角，具有较强的科学性和先进性。当然，EPU 指数方法也存在一定的局限性，比如原始数据并非来自直接的经济变量，具有一定的滞后性，而且也没有区分国内政策或国外政策的不确定性，选择的报纸也不能代表这些国家的媒体范围。另外，这个指标实际上也是对政治不确定性的度量指标，也许相当程度上反映了一组特定记者对不确定性的感知，并且假定他们的感知代表了一般民众的感知，可见其局限性。EPU 指数自身也是不稳定的、反复无常的，在比较稳定的经济增长时期也会上升。

杰·西·布莱克等（J. See Black et al.，2016）采用 EPU 指数方法测量了欧元区的经济政策不确定性，指出欧元区的经济政策不确定性水平在萧条时期增加了，而且在一些时期比如 2003 年海湾战争、2001 年"9·11"事件、2016 年 6～11 月英国脱欧期间呈现出急剧增长的迹象。这一不确定性的代理指标也是逆周期的，与实际 GDP 增长的相关系数是 -0.5，对于欧元区的经济活动增长具有预测力。

总之，经验文献开发的上述代理变量总体上比较直观，也方便进行量化，却无法全面精度量化经济不确定性的水平。因为这些代理变量能否反映经济不确定性的水平取决于它们与经济不确定性之间的相关性。换句话说，它们作为不确定性的代理指标的合理性依赖于它们的变化在多大程度上归结于有关经济基本面的不确定性的变化，并与其他方面的发展变化区分开来。而事实上，这些代理指标往往只涉及一组特定的经济主体，比如预测人员、记者群或一个市场，比如金融市场，这些特定的经济主体对不确定性的感知并不能代表所有经济主体对整个经济的感知。或者说，一个市场的波动性不足以完全代表整个经济的不确定性水平。同时，这些代理指标会同时受到很多因素的影响，因而与经济不确定性的关联度会打折扣。比如，即便经济基本面的不确定性没有发生任何变化，由于风险厌恶或情绪的变化构成了资产市场波动的推动力，股市波动会随着时间的变化而变化；如果常见风险因素存在异质性的话，即使经济不确定性没有任何变化，个股收益的横截面离散度也会发生波动。类似地，由于商业周期存在异质性，生产率的横截面离散度也会随着商业周期而波动。可见这些代理变量确实存在一定的局限性和不足。

二、衡量经济不确定性的综合指数法

从经济学的角度看，经济不确定性就是经济主体缺乏足够的知识和信息有把握的估计当前的经济形势并预测未来结果的状态。经济不确定性可以呈现多种形式。经济学文献已经把风险与不确定性进行了区分。不存在客观的或完美的不确定性的度量指标。迄今为止经验文献开发的很多不确定性的代理指标虽然比较直观，但是它们作为不确定性代理指标的合理性依赖于它们的变化在多大程度上归结于有关经济基本面不确定性的变化，因而会受到质疑。

在缺乏完美的不确定性代理指标的情况下，编辑或构造一个能够捕捉大量不确定性代理指标的信息内容的综合（合成）指数更合适。对此，学者们也做了有益的探索并取得了较好的成果。

（一）胡拉多等（Jurado et al.，2015）构建的经济不确定性指数

胡拉多等（2015）试图提供新的不确定性度量指标，并将其与宏观经济活动关联起来。其主旨在于针对不确定性提供一个高级的计量经济学估计，尽量不受任何特定理论模型结构的影响，也可以摆脱对少量可观察经济指标的依赖。他们的研究依赖于一个前提，就是对于经济决策而言，重要的不是特定的经济指标是否多少具有可变性或存在离散度，而是经济是否具有可以预测性，或者多少具有不确定性。

胡拉多等（2015）的计量经济学框架：第一步就是通过预测取代条件预期，基于预测构造预测误差，形成度量不确定性指标的基础；采用推理指数预测模型，强调预测步骤，一是构造预测不确定性，二是对时变不确定性进行统计分解，三是进行经验检验和宏观数据分析，采用两个数据集，一个数据集是 132 个宏观经济序列（Ludvigson and Ng，

2010），代表着广泛的宏观经济时间序列，包括真实的产出和收入、就业和工作时间、实际零售、制造和贸易额、消费支出、住房、存货及存货销售率、订单、补偿与劳动成本、价格指数、债券和股市指数、外汇指标等。第二个数据集是147个金融月度时间序列（Ludvigson and Ng，2007），包括了红利—价格比率、收益—价格比率、红利总量及价格的增长率、不同评级的公司债券收益、国债收益及收益率差等估价比率。把这两个数据集合并放入一个大型的宏观经济数据集，估计这279个序列的预测因子。

胡拉多等（2015）将 h 时期的不确定性定义为某些序列未来值的无法预测部分的条件波动性，用公式表示为：

$$u_{jt}^y(h) \equiv \sqrt{E\left[\left(y_{jt+h} - E\left[y_{jt+h} \,|\, I_t\right]\right)^2 \,\middle|\, I_t\right]}$$

$E(. \,|\, I_t)$ 表示经济主体在 t 时期拥有 I_t（预期的信息集）。如果当期预测得到的序列 y_{jt+h} 的误差平方的预期增加，则变量的不确定性也会随之上升。可采用加总赋权 ω_j 的方式加总各时期的个体不确定性来构建经济不确定性指数：

$$u_t^y(h) \equiv plim_{N_y \to \infty} \sum_{j=1}^{N_y} \omega_j u_{jt}^y(h) \equiv E_\omega\left[u_{jt}^y(h)\right]$$

（二）胡拉多等（2015）构建的经济不确定性指数的特点

胡拉多等（2015）构建的指数模型有两个特点：一是区分了一系列不确定性变量 Y_{jt} 的不确定性及其条件波动。正确度量不确定性需要去除可以预测的部分，然后才能计算条件波动率。不然就会误将可预测的变量归为不确定性的变量了。这样，序列的不确定性就不同于原始序列的条件波动率，现行序列中去掉一个恒定的平均值。这意味着，去掉整个序列可以预测的成分是非常重要的。虽然这点相当简单，但是当前文献使用过的横截面离散度的度量指标并没有考虑这点。胡拉多等（2015）构建的指数模型剔除了可预测成分，对不确定性进行了净化处理，比常用的代理变量估算出来的不确定性的水平低许多。二是经济不确定性并不等于单一序列 Y_{jt} 的不确定性；相反，它是对多个序列不确定性的共同变化的度量，或者是很多序列不确定性的加权总和。基于不确定性的商业周期理论强调，在大量的序列中存在不确定性的共同变化（常常是逆周期的）。确实，在很多文献的模型中，宏观经济不确定性要么直接引入随机波动性构成总体冲击的一部分（对聚合技术、代理偏好、财政货币政策的冲击），要么作为个体企业或家庭层面干扰的波动性的逆周期部分。这种共同的变化对于商业周期的研究至关重要，因为如果特质冲击的变化完全是特质的，那么它就不会对宏观经济变量产生影响。

　　总之，胡拉多等（2015）引入了度量宏观经济不确定性的新的时间序列指标，不同于常用的不确定性代理指标就在于具有综合性，尽可能摆脱了理论模型的限制以及对少数经济指标的依赖。他考察的宏观经济不确定性涉及企业之间、部门之间、市场之间和地区之间的不确定性，也是可以在许多经济指标方面可以观察到的不确定性，同时还关注了宏观经济不确定性在多大程度上与实际经济总量和金融市场的波动相关。胡拉多等（2015）的估计意味着，重大的不确定性事件远远少于流行的代理指标，揭示了战后三大不确定性事件：1973~1974年由石油价格飙升引发滞胀带来美国的经济萧条，1982~1983年的美国汽车和钢铁产业竞争受挫带来劳动生产率下降和经济衰退、2007~2009年的大萧条，其中，2007~2009年的金融危机是1960年以来宏观不确定性达到峰值的最明显的事件。这些结论意味着，大量不确定性的代理变量存在显著的独立波动性，其波动性并不是真正由经济不确定性的变化驱动使然。出现这种情况有两个原因，一是这些代理变量在宏观不确定性的度量方面超过了其他序列，二是现有文献误把可预测的波动归为不确定性的变化。胡拉多等（2015）的估计表明不确定性与实际经济活动之间在数量上存在重要的动态关系。其估计意味着，宏观不确定性是强逆周期的，相对于非萧条时期而言，可以解释萧条期的总体不确定性的很大一部分，而且要比常用的不确定性代理指标更持久。胡拉多等（2015）为宏观经济不确定性提供了一种可以随时间跟踪的无模型的指数。这个指数可以作为一个基准用于评估任何一个带有大量潜在原始随机波动冲击的 DSGE 模型（Jerow and Wolff，2022）。他们对不确定性的度量方便汇总经济中各种来源的不确定性，构成一个汇总性的统计数据。在某些情况下，也可以很容易构造次级指标。

（三）欧元区的宏观经济不确定性综合指数

杰·西·布莱克等（J. See Black et al.，2016）开发了欧元区的宏观经济不确定性的综合指数，具体以与经济活动呈负相关并且证明了与经济活动之间具有格兰杰因果关系的不确定性代理指标为基础；采用一系列的经济活动变量，比如实际 GDP 增长、私人消费增长、投资增长、就业增长和工业生产等，进行相关检验，采用 160 个不确定性代理指标与这些宏观经济指标之间的相关性进行计算并进行了格兰杰因果检验，大约 50 个不确定性代理指标通过了检验；然后对这些不确定性代理指标进行了标准化处理，并按照标准误差进行了降级和分解。宏观经济不确定性指数就决定取这组不确定性指标的均值。欧元区的数据验证结果表明，宏观经济不确定性指数在萧条时期达到峰值，在 1992/1993 年汇率机制危机时期、2008/2009 年大萧条时期、2011/2013 年欧元区主权债务危机时期不确定性水平最高，在恢复增长时期有所降低。

按照中位数衡量，不确定性的综合指数捕捉了所有主要代理指标的共同发展。欧元区的综合指数也展示了类似近期发表的其他宏观经济不确定性指数的关键特征。一是显示了广泛的观察性。二是显示了一个正偏态，意味着观察到的不确定性水平的分布质量集中在平均以下水平。三是揭示了一个相对高的峰度。也就是说，观察到的不确定性水平的分布比正态分布包含了更多的异常值。四是一个针对宏观经济不确定性综合指数的冲击的半衰期是三个季度，意味着冲击具有实际持久性。这样就比金融不确定性冲击的半衰期要长些，金融不确定性冲击的半衰期大约为两个季度。最后，这个综合指数与实际 GDP 增长和其他宏观经济指标之间存在重大的负相关关系。

第二节　中国经济不确定性指数的构建及结果分析

由于不确定性很难被量化，迄今还不存在一个客观完美的度量方法。前面介绍了学界提出的几种方法包括经济变量的波动率、主观预期的离散度、与不确定性相关的词汇在媒体出现的频率、综合指数法等各有优势和不足，其中，经济变量的波动率作为不确定性的代理指标仅仅反映了某一个领域的不确定性，无法全面反映整个经济领域的不确定性；主观预期的离散度指标需要专门的调查数据，目前中国不具备这样的调查数据；媒体频率只适合衡量经济政策不确定性；综合指数法可以基于大量经济数据共同存在的可预测成分和不可预测成分，剔除其可预测成分，将其不可预测成分合成一个综合指标，全面准确地反映了整个经济领域的不确定性。鉴于这些方法各自的优缺点和适用条件，本书采用综合指数法构建中国经济不确定性指数。

一、中国经济不确定性指数的构建

（一）基本原理

鉴于当前最能全面衡量国民经济中所有生产投资和消费活动领域的经济不确定性的指数法由胡拉多等（Jurado et al.）于 2015 年提出，本书参照胡拉多等（2015）的方法通过蒙特卡洛模拟与 Factor - Augmented Vector Autoregression（FAVAR）测算中国经济不确定性指数。本书的目标是制定一个能反映中国实体经济与资本市场波动的综合性不确定性指数。我们用 j 来表示个人的经济不确定性。

$$unc_{jt}^{y}(h) \equiv \sqrt{E\left[\left(y_{jt+h} - E[y_{jt+h}\,|\,I_t]\right)^2\,\middle|\,I_t\right]} \tag{3.1}$$

其中，j 表示经济主体在 t 时期的经济不确定性。宏观经济不确定性表示为加总的个体不确定性并用权重 $E[y_{jt+h}\,|\,I_t]$ 来相加：

$$u_t^y(h) \equiv plim_{N_y \to \infty} \sum_{j=1}^{N_y} \omega_j unc_{jt}^y(h) \equiv E_\omega \left[unc_{jt}^y(h) \right] \tag{3.2}$$

ω_j 表示个体不确定性在当期的加总权重，$E\left[y_{jt+h} | I_t \right]$ 为经济主体在 t 时期下可预测的条件波动性，I_t 为个体信息集。如果当天所预测的序列 y_{jt+h} 的误差预期增加，则其中不确定性也会相应上升。

定义序列 $X_t = (X_{1t}, \cdots, X_{Nt})'$ 并假设 X_t 具有以下形式：

$$X_{it} = \Lambda_i^{F'} F_t + e_{it}^X \tag{3.3}$$

其中，F_t 为 $r_F \times 1$ 维潜在向量的共同因子，e_{it}^X 为误差项。在一个近似动态因子的结构里，误差项 e_{it}^X 间可拥有有限的截面相关性。共同因子 r_F 要明显小于序列的数量 N。

$$y_{jt+1} = \phi_j^y(L) y_{jt} + \gamma_j^F(L) \hat{F}_t + \gamma_j^W(L) W_t + v_{jt+1}^y \tag{3.4}$$

其中，$\phi_j^y(L)$、$\gamma_j^F(L)$、$\gamma_j^W(L)$ 分别为有限阶的多项式并对应滞后算子 L 的阶数 p_y、p_F、p_W。向量 $\hat{F}_t$ 的元素是 F_t 旋转的一致性估计，而 r_W 维向量包括额外的预测因子。本书分析所用的一个重要特征是使用 y_{jt+1}、单个因子 $F_{k,t+1}$ 以及额外预测集 $W_{l,t+1}$ 的向前一步预测误差，分别对应时变随机波动 σ_{jt+1}^y、σ_{kt+1}^F、σ_{lt+1}^W。这些特征使得不确定性序列 y_{jt} 具有时变的特征。当这些因子具有自回归的特征时，以上模型方程可表示为因子拓展向量自回归模型（FAVAR）。定义 $Z_t \equiv (\hat{F}_t', W_t')'$ 为 $r = r_F + r_W$ 维含有估计因子与额外预测的向量，并令 $Z_t \equiv (Z_t', \cdots, Z_{t-q+1}')'$。同时定义 $Y_{jt} \equiv (y_{jt}, \cdots, y_{jt-q+1})'$，对于任何 $h > 1$ 的预测可通过 FAVAR 系统得到，并得到以下一阶伴随形式：

$$\begin{pmatrix} z_t \\ Y_{jt} \end{pmatrix}_{\underbrace{}_{(r+1)q \times 1}} = \begin{pmatrix} \underbrace{\Phi^Z}_{qr \times qr} & \underbrace{0}_{qr \times q} \\ \underbrace{\Lambda_j'}_{q \times qr} & \underbrace{\Phi_j^Y}_{q \times q} \end{pmatrix} \begin{pmatrix} z_{t-1} \\ Y_{jt-1} \end{pmatrix} + \begin{pmatrix} v_t^Z \\ v_{jt}^Y \end{pmatrix} \tag{3.5}$$

$$Y_{jt} = \Phi_j^Y Y_{jt-1} + v_{jt}^Y$$

其中，Λ_j' 和 Φ_j^Y 为式（3.5）中滞后多项式的系数函数，Φ^Z 堆集了 Z_t 成

分中的自回归系数。由稳定性假设可知，Φ_j^Y 的最大特征根小于 1，在二次损失情形下，最优的 h 期预测为条件均值：$E_t Y_{jt+h} = (\Phi_j^Y)^h Y_{jt}$。

t 时期的预测误差方差：$\Omega_{jt}^Y(h) \equiv E_t [(Y_{jt+h} - E_t Y_{jt+h})(Y_{jt+h} - E_t Y_{jt+h})']$。

预测的平均平方误中的时变性来自对向量 Y_{jt} 以及预测因子 Z_t 的冲击所产生的时变方差。当预测期 $h = 1$ 时，$\Omega_{jt}^Y(1) = E_t(\nu_{jt+1}^Y \nu_{jt+1}^{Y'})$；当预测期 $h > 1$，不确定性 y_{jt+h} 的预测误差方差表示为 $\Omega_{jt}^Y(h) = \Phi_j^Y \Omega_{jt}^Y(h-1)\Phi_j^{Y'} + E_t(\nu_{jt+h}^Y \nu_{jt+h}^{Y'})$。当 $h \to \infty$ 时，该预测为无条件均值，预测误差方差即 y_{jt}，这表示当 h 增加时 $\Omega_{jt}^Y(h)$ 减少。

我们将 t 时期的序列 y_{jt+h} 预期的预测不确定性表示为 $unc_{jt}^Y(h)$，它是预测误差方差 $\Omega_{jt}^Y(h)$ 的平方根，$unc_{jt}^Y(h) = \sqrt{1_j' \Omega_{jt}^Y(h) 1_j}$，其中，$1_j$ 为指示变量。

为了估计经济不确定性指数，我们将个体不确定性加权平均后得到：

$$\sum_{j=1}^{N_y} w_j unc_{jt}^Y(h)。$$

此方法即赋予单个序列相等的权重 $w_j = \dfrac{1}{N_y}$，假如个体不确定性具有因子结构特征，权重即表示为个体不确定性矩阵的 $N_y \times N_y$ 维的协方差矩阵所组成的向量。

（二）数据选取及测算结果

本书从 Wind、国泰安、中经网、国家统计局、美联储圣路易斯、世界银行等数据库搜集了从 2007 年 1 月到 2020 年 5 月的 GDP 和工业增加值等方面的经济指标，并采用混频的方法（高华川、白仲林，2016）对数据进行处理，将季度数据转换为月度数据（例如 GDP 增长率、三大产业增长率等季度指标）来构建数据集 X，一共有 77 个经济指标。本书的数据集涵盖了所有的实体经济、金融市场以及经济政策等领域，包含了下面几个关键序列：产业增长率、股市平均回报率、行业市盈率、社会零售额、进出口增长率、从业人员指数、CPI、M2 等。此外，为了更好地把握不同经济主体对不确定性认识之间的潜在差异，本书同时加入了宏观先行指数、消费者信心指数、企业家信心指数和企业景气指数。在计算不确定性之前，需要分解这些变量序列包含的可预测成分和不可预测成分，然后去掉其中的可预测成分（不确定性的估计值往往更低），提取其中的不可预测成分，构成 77 个经济变量的共同因子，并在此基础上通过 FAVAR 方法和 MCMC 方法，估算出中国经济不确定性指数。

本书选取的宏观经济变量综合了不同的企业、不同的部门、不同的市场和地理区域的变量序列，并在此基础上建立一个类似胡拉多等（2015）的经济不确定性指标，具体参考胡拉多等（2015）的方法，选择使用较为复杂而全面的统计方法来构建一个综合性的不确定性度量指标。胡拉多等（2015）提供的蒙特卡洛模拟表明，离差的偏离源于不确定性度量中的测量误差很大。但是，如果不确定因素是基于随机生成而不是可观察的数据，例如在胡拉多等（2015）中，误差波动率会根据各因子的结构随时间变化，各个变量的波动率由一个不确定性集合和一个方程组中 VAR 变量波动率共同组成，可同时提供有关不确定性的信息。在我们的设置中，不确定性及其影响是在同一模型内一步估算的。这样既避免了估计的回归变量问题，又避免了重复使用模型。胡拉多等（2015）的模型可使用较大的横截面数据并允许时间发生变化，同时减少了遗漏变量的偏差问题。我们同时考虑了宏观经济和金融不确定性。每个指标都包含或反映了宏观经济和金融变量的波动性。因此，经济不确定性会影响金融不确定性，反之亦然，都可能受到商业周期和资本市场波动的影响。

本书基于中国宏观经济数据，借助胡拉多等（2015）的程序包构建的中国经济不确定性指数如图 3 – 1 所示。

图 3 - 1　中国经济不确定性指数

注：经济不确定性指数涵盖了所有的实体经济、金融市场以及经济政策等领域，包含了下面几个关键序列：产业增长率、股市平均回报率、行业市盈率、社会零售额、进出口增长率、从业人员指数、CPI、M2 等，由胡拉多等（2015）AER 官网的源程序代码使用我国 77 个宏观经济数据集测算得出，本图是由 Matlab 2019 版本测算得到经济不确定性指数序列。

二、中国经济不确定性指数的结果分析

本书构建的中国经济不确定性指数很好地拟合了现实中国经济的各大宏观经济不确定性事件，包括 2007 年下半年美国爆发的次贷危机引发的全球金融危机、2018 年 6 月的中美贸易摩擦以及 2020 年初的新冠疫情等。经验文献表明，不确定性水平在萧条时期应该比较高，而在恢复增长时期应该比较低，一个原因就是引发萧条的负面消息同时会引发较高的不确定性。萧条时期不确定性加剧的另一个原因就是萧条本身也会加剧不确定性。活跃的交易活动有助于产生和传播信息，随着萧条时期交易活动减缓，新信息的流动也会减缓，因而也可能会增加不确定性（Bloom N.，2014）。另一个解释就是萧条时期政策会变得更加不确定，因为政策制定者要实施大量新措施恢复增长（Pastor and Veronesi，2013）。事实表明，美国的次贷危机立即对中国产生了外溢效应，不确定性指数在 2007 年 10 ～ 11 月到达局部峰值。2018 年 6 月的中美贸易摩

擦产生的滞后影响使得中国经济不确定性水平在次年 1 月达到了历史高位，这是由于 2018 年 6 月美国政府正式向我国开始了加征关税的滞后效应所致（一般政策从开始实施到半年后才会产生影响）。2020 年初暴发的新冠疫情及其全球蔓延将中国经济不确定性水平进一步推至历史新高，并形成历史峰值。

（一）中国经济不确定性指数的分区及其典型事实分析

本书将经济不确定性按照百分位排列：70% 百分位以上的经济不确定性表示高不确定性水平，其余表示低不确定性。由经济不确定性指数的走势特征可知，2007 ~ 2020 年的经济不确定性可按其水平的不同大致可分为两个区制：一是高不确定性时期，包括 2007 年下半年、2008 ~ 2010 年、2019 年 1 月及 2020 年 1 ~ 5 月。二是低不确定性时期，样本期间所有除高不确定性时期以外的其他时间段。2007 年 1 月至 2007 年 6 月这段时期主要以低不确定性趋势为主，这段时期经济增长呈现强劲态势，财政收入增速为 22%，由 2.2 万亿元增长至 5.1 万亿元，充裕的财政资金也为企业提供了宽松的融资环境，国库积累增加。同时，国内城镇化率提升 6.9 个百分点至 46%，固定资产投资增速约为 27%，基建投资 27%，在内需外需共振向上的态势带动下，这一时期的 GDP 复合增速高达 15%，为内生扩张时期。当时的国内政府部门的杠杆并未出现上升态势，国内宏观环境较为稳定没有出现大的经济下滑风险，国家经济、战略实力大大增强。

次贷危机 2007 年下半年始于美国，然后外溢到全球其他经济体。为应对突如其来的金融危机，中国政府于 2008 年底开始推出一系列干预经济扩大内需的措施，大力增加基建投资，同时中央银行出台大幅降准降息政策作为辅助工具刺激经济复苏。然而，央行降息并没有很快改变市场的走势。全球金融危机爆发后，我国的经济不确定性走势也开始从 2007 年下半年开始上升到高不确定性时期，即经济不确定性增大并达到局部峰值。这一年我国的沪深股指开始大幅下跌，资本市场波动性加大，由企业信贷增长带来的企业杠杆率快速提升并使得整个市场积累了大量的信用风险。房地产市场经历了自 1997 年以来的首次负增长，国内物价剧烈波动，致使国内居民消费需求与实体经济萎靡不振。国际贸易方面，美元大幅贬值使得美元储备持有缩水，严重影响了中美进出口贸易。虽然彼时央行为提升市场活力而注入流动性，仍无法阻止市场信心受挫以及经济下滑与危机的爆发。

紧接着 2008 年第四季度，国务院常务理事会推出财政刺激计划配合 3 次降准 5 次降息有效地稳定了市场，使得三驾马车"消费、投资、出口"乃至整个宏观经济进入了一个新阶段，促进了经济的很快回升并持续平稳增长，形成了较强的杠杆驱动效应。宏观经济在不断地内外部冲击与逆周期调节下呈现出规则波动的特征，融资对地方政府负债端的依赖更加严重，财政收入对房地产的依赖不断增加，基建投资进入扩张阶段。2009 年全年财政额外支出同比增加 26%，财政赤字增加 6.5 千亿元，央行通过发放国债以及退税返税等措施来弥补财政空缺，其中地方及中央债务余额同比增加 20% 和 13%。在"四万亿"刺激计划之下，城乡居民特别是中低收入群体的收入水平有了很大的提高，基建托底效应明显，经济增速回升。总体上，2007 年下半年开始，以及 2008 ~ 2010 年基本上都处在高不确定性时期。

2011 年初开始以低不确定性为主。2012 年第二季度开始，随着"四万亿"经济刺激计划逐步退出，各种结构性矛盾开始暴露，经济出现较大下行压力，政策出现变化的概率增加，影响着私人部门的预期，在 2013 年开始进入新常态阶段，尤其在 2014 ~ 2015 年的经济出现了明显的下行，此时经济不确定性有所上升，但在本书的指数中还是属于低不确定性时期。这一时期，社会融资大幅走低，公共财政收入疲软，土地出让金大幅下滑，城投债发行规模明显收缩，基建资金阶段性出现较大压力。由"四万亿"带来的经济过热、热钱由实体经济涌入虚拟经济导致金融泡沫增大、金融与实体经济杠杆过高等负面影响在这一时期逐步显现。国内经济增长结构失衡问题频繁暴露，在此背景下，中央于 2015 年底提出"三去一降一补"，开始推进供给侧结构性改革。过高的金融杠杆率以及产能过剩问题加剧，房地产市场过度繁荣并对实体经济产生明显的挤出效应，诸如此类的现象加大了宏观与金融风险。

2016年央行进行大规模的降准降息政策（四次降准两次降息），同时全国范围内开始进行"营改增"试点，全面减轻企业负担；同年，人民币被正式纳入国际货币基金组织特别提款权（SDR）货币篮子，这是中国融入全球金融市场的重要里程碑。在多种因素的综合作用下，经济下行压力增大，伴随频繁的政策更替以及资本市场的对外开放程度加大推进了经济不确定性的小幅上升，这一年中国经济从快速下滑步入"L型"探底期，央企国企违约的规模比以往加大。一是资本账户日益开放的背景下，资本管制的效果将十分有限。央企在内的信用债违约频发带来刚性兑付初露打破迹象。2017年宏观经济在需求端呈现二次探底，2017年下半年经济增速下降，需要政府出台更加积极的财政政策稳定增长，然而加大刺激力度会导致房地产高泡沫、经济高杠杆和落后产能过剩问题加剧。2018年美国采用收紧的货币政策对新兴市场带来了前所未有的冲击压力，贸易摩擦使得中国出现进口价格上升以及国内产品的进口替代效应，中国政府面临来自美国的关税制裁严重影响了市场的短期风险偏好、加剧了资本市场波动。二是外部不确定性叠加内部需求萎靡，加剧了经济不确定性水平的上升。中美贸易摩擦引发经济不确定性水平在2019年1月呈现高峰。2020年初新冠疫情暴发，并很快在全球蔓延开来，引发了不确定性水平大幅上升，到达了历史峰值，这一时期我们称为高不确定性时期。2020年暴发的全球性新冠疫情期间，我国第一季度GDP下滑25%左右，三大产业均受到疫情的重创而停工停产。届时市场普遍预测2020年全球经济将陷入衰退。新冠疫情的扩散超出预期，导致经济活动停滞及外部需求显著下降，使得绝大多数新兴市场国家经济预期增速显著下滑，部分甚至陷入衰退。疫情及原油波动导致的外部冲击打乱了部分新兴市场国家改革的进程，甚至加剧了其面临的结构性矛盾。我国与主要经济体的贸易关系紧密，海外疫情的恶化将直接冲击我国上中下游的供应链，影响国内的生产和投资。三是就业形势堪忧，疫情冲击对劳动力市场产生了严重的负面影响。四是市场预期恶化，主要经济体的 PMI 大幅跳水[①]。

这次疫情对国内的经济造成短期的冲击，但不会改变我国产业结构优化升级的方向，中国经济长期向好的基本趋势也不会改变。疫情之后，政府加快了产业升级的速度，加快包括 5G、新能源汽车、公共卫生体系等领域在内的新兴基础设施建设，以对冲短期经济的负面冲击。然而，短期内全球经济受新冠疫情影响不容小觑（Fan et al.，2023）。当前，我国已经正处在经济增速换挡期，经济基本面仍然面临一定的下行压力。同时当前经济所面临的问题也比 2003 年更多，如人口老龄化问题逐步显现，房地产难以再作为拉动经济的手段，中美贸易摩擦仍未得到完全化解等。各国经济所处周期阶段不同，意味着即使疫情对经济基本面产生的边际影响大体一致，宏观经济本身的抗冲击性和恢复能力也是不同的。因此，我们认为尽管本次疫情的影响仍然偏短期，但影响程度可能更深，恢复周期可能更长。

（二）中国经济不确定性指数的特征及其与 GDP 走势的对比分析

本书构建的中国经济不确定性综合指数展示了类似于欧元区宏观经济不确定性指数和美国经济不确定性指数的相同特征：一是该指标显示出正偏态，意味着不确定性在大多数时期的分布均处在较低水平，大多时期位于平均值以下。换句话说，相对于高不确定性，低不确定性持续时间更长。二是该指标显示出广泛的观察性，也呈现了几个相对高的峰值，具有突发性和短暂性。换句话说，中国的经济不确定性是由国际金融危机、贸易摩擦和新冠疫情等"黑天鹅"事件引发的。三是我国经济不确定性指数呈现高低不同的时变性特征，在不同的阶段指数的高低水平不一样。总体上我国经济不确定性指数的阶段性态势基本符合我国经济的内外部环

---

① 经济不确定性指数涵盖了所有的实体经济、金融市场以及经济政策等领域，包含了下面几个关键序列：产业增长率、股市平均回报率、行业市盈率、社会零售额、进出口增长率、从业人员指数、CPI、M2 等，由 Jurado et al.（2015）AER 官网的源程序代码使用我国 77 个宏观经济数据集测算得出，由 Matlab 2019 版本测算得到经济不确定性指数序列。

境的变化，与同期的国内外经济事件、金融大事、社会大事相吻合。

　　另外，中国经济不确定性指标与实际 GDP 增长和其他宏观经济指标之间呈现出重大的负相关关系，表现出很强的逆周期性。现有实证研究表明，实际经济活动水平与经济不确定性之间具有数量上的动态关系，尤其是当经济不确定性的代理变量呈现逆周期的特征时，VAR 估计表明它们之间存在互相影响。经济不确定性一开始就会抑制实际经济活动，经济不确定性的上升会导致经济主体的过度投机。本书在考察不确定性与经济活动的关系时，发现不确定性水平上升时确实会与实际经济活动显示出较强的关联性，不确定性在经济衰退期会大幅度增加，在繁荣时期会大幅下降，不确定性上升与经济增长大幅下降有关联①（逆周期性质）。中国近十多年以来不确定性发生波动的时间和幅度与当期的经济增长水平密切相关，与经济周期的关系在总体上也表现出经济衰退期间上升、繁荣时期下降的特征。在 2007 年第四季度爆发的国际金融危机导致经济出现衰退，在政府出台大幅刺激经济的宏观政策后，经济形势开始反弹。欧洲主权债务危机爆发时期（2010 年中期）不确定性都有略微上升，尽管 2011~2012 年下半年有所下降，但 2013 年经济出现"新常态"后，2014 年及 2015 年中国沪深股市大幅下跌也带来不确定性小幅上升，同时也意味着经济处于不景气状态。2016 年人民币正式加入 SDR 后，资本市场扩大开放相应带来了不确定性水平的显著上升，2018 年中美贸易摩擦造成的不确定性大幅上扬以及 2020 年初暴发的新冠疫情带来的巨大不确定性冲击带来了经济增长急速下滑。

　　从发展趋势看，中国经济不确定性指数总体上较好拟合了沪深股指与产出的变化趋势，与沪深股指走势大致呈正相关、与实际 GDP 走势呈显著负相关，与实际 GDP 增长的相关系数是 -0.6874，对于中国的实际经济活动增长具有较强的预测力和解释力（见图 3-2、图 3-3）。

---

　　①　为了使经济不确定性与 GDP 的走势关系更为直观地为读者展现，这里使用 Excel 绘制了经济不确定性指数与我国的 GDP 走势图。

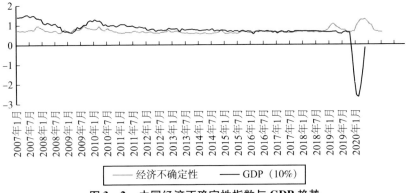

图 3 - 2　中国经济不确定性指数与 GDP 趋势

Accumulated Response of UNCERTAINTY to Innovations

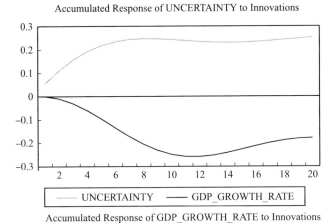

Accumulated Response of GDP_GROWTH_RATE to Innovations

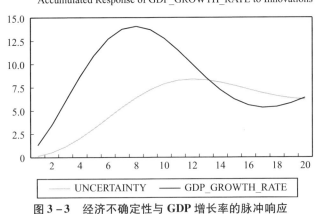

图 3 - 3　经济不确定性与 GDP 增长率的脉冲响应

注：图 3 - 3 为 Eviews 10.0 绘制的经济不确定性与 GDP 增长率间的脉冲响应图。

为了验证中国经济不确定性指数与中国 GDP 之间的相关性，我们对此做了格兰杰因果检验，结果见表 3-1。

表 3-1　　　　　　经济不确定性与 GDP 的格兰杰因果检验结果

原假设/滞后阶数	1	2	3	4	5	6
不确定性不是 GDP 的 Granger 原因	6. 54625 ** (0. 0114)	13. 4816 *** (4. e - 06)	10. 6692 *** (2. e - 06)	7. 77715 *** (9. e - 06)	4. 11731 ** (0. 0015)	3. 25476 * (0. 0047)
GDP 不是不确定性的 Granger 原因	0. 49992 * (0. 0805)	8. 10734 *** (0. 0004)	14. 4926 *** (2. e - 08)	10. 3470 *** (2. e - 07)	9. 02963 *** (1. e - 07)	7. 39093 *** (5. e - 07)

注：本表为 Eviews 10.0 计算的经济不确定性与 GDP 增速的格兰杰因果检验结果。表中报告的数字为 F 统计量，括号数字为 p 值。

这里，表 3-1 展示了经济不确定性与 GDP 在滞后 1~6 期的时差相关性结果，表 3-1 报告的经济不确定性与 GDP 增长率之间的格兰杰因果检验的 p 值结果表明，经济不确定性在 10% 的显著性水平下是 GDP 的格兰杰原因，同时 GDP 在 10% 的显著性水平也是经济不确定性的格兰杰原因。因此经济不确定性与 GDP 增长率之间存在显著的双向格兰杰因果关系。

第三节　本章小结

经济不确定性是人们因为认知水平和能力的有限性而无法精准判断和预测事物未来结果的状态。经济不确定性作为宏观经济环境的一个变量指标，无疑会影响到经济周期，影响到经济主体的经济决策和经济行为，进而影响到宏观经济的运行，还会影响到经济政策的运行绩效。观察经济不确定性对财政政策的调控绩效的影响，首先必须解决一个基本的问题，就是解决经济不确定性的度量和识别问题。经济不确定性是一个难以观察的变量，其度量和识别十分困难。迄今为止，经验文献已经开发了两种度量方法，一是采用经济变量的波动率作为代理变量，二是通过模型构建综合指数。两种方法都有优缺点。按照第一种方法，首先可以用作经济不确定性的代理变量包括宏观经济变量和微观经济变量的波动率，其中又以金融市场的波动率即股市的波动率最为流行；其次还包括专业预测人员的主观预期和经济主体的市场调查反应的横截面离散度；最后还包括与不确定性相关的词汇在媒体出现的频率。采用经济变量的波动率作为代理指标的方法往往只能反映一个局部领域的不确定性，无法全面反映整个经济领域的不确定性，特别是采用主观预期作为代理变量需要大量调查数据，采用不确定性词汇在媒体出现频率作为代理变量只适用于政策不确定性。总之，经验文献开发的这些代理变量总体上比较直观、也方便进行量化，却因为种种局限和不足而无法全面精准度量经济不确定性的水平。在这种情况下，编辑或构造一个能够捕捉大量不确定性代理指标的信息内容的综合（合成）指数更合适。综合指数法可以基于大量经济数据共同存在的可预测成分和不可预测成分，剔除其可预测成分，将其不可预测成分合成一个综合指标，全面准确地反映整个经济领域的不确定性。鉴于这些方法各自的优缺点和适用条件及其要求，本书采用综合指数法构建中国经济不确定性指数，具体参照胡拉多等（2015）的方法通过蒙特卡洛模拟与 FAVAR 测算中国经济不确定性指数，旨在测算一个能反映中国实体经济与资本市场波动的综合性不确定性指数，从 Wind、国泰安、中经网、国家统计局、美联储圣路易斯、世界银行等数据库搜集了从 2007 年 1 月到 2020 年 5 月的中国 GDP 和工业增加值等方面的经济指标，并采用混频的方法对数据进行处理，将季度数据转换为月度数据来构建数据集，在计算不确定性之前，需要分解这些变量序列包含的可预测成分和不可预测成分，然后去掉其中的可预测成分，提取其中的不可预测成分，构成这些经济变量的共同因子，并在此基础上通过 FAVAR 方法和 MCMC 方法，估算出中国经济不确定性指数。结果分析表明，中国经济不确定性指数很好地拟合了观察期内中国经济内外部的各大宏观经济不确定性事件，包括 2007 年下半年美国爆发的次贷危机引发的全球性金融危机、2014～2015 年新常态下的股市波动、2018 年的中美贸易摩擦以及 2020 年初的新冠疫情。中国经济不确定性的水平伴随这些大事件的发生出现了幅度不同的上升，呈现出几个明显的峰值。基于中国经济不确定性指数的走势特征，可以将 2007～2020 年上半年的经济不确定性按其水平的不同大致分为两个区制：一是高不确定性时期，2007 年下半年、2009～2010 年、2019 年 1 月以及 2020 年 1～5 月。二是低不确定性时期，包括样本期间所有除高不确定性以外的其他时间段。

　　总体上，中国经济不确定性指数的阶段性态势基本符合我国经济的内外部环境的变化，与同期的国内外经济事件、金融大事、社会大事相吻合。中国经济不确定性指数呈现高低不同的时变性特征，在不同的阶段经济不确定性指数的高低水平不一样；同时，中国经济不确定性指数具有显著的逆周期性特征，在经济衰退时期上升，在经济繁荣时期下降，与实际 GDP 增长和其他宏观经济指标之间呈现出重大的负相关关系，与实际 GDP 增长的相关系数是 -0.6874，对于中国的实际经济活动增长具有较强的预测力和解释力。

第四章

经济不确定性下中国财政
政策有效性的结果模拟

　　自 2007 年以来中国经济迈入一个崭新的阶段即经济下行以及资本市场逐步加大对外开放，国内经济同时面临内需不足与生产要素配置的结构性问题（产能过剩）。近几年来，国际形势多变，逆全球化、大国博弈、中美经贸摩擦全方位升级，中美关系日趋紧张，全球供应链、产业链和技术水平也发生了深刻的变化。特别是 2020 年新冠疫情的全球蔓延，严重拖累了全球经济增长，全球不稳定性、不确定性因素不断增加，全球经济陷入持续低迷状态，中国面临百年未有之大变局。可以预期，后疫情时代，全球政治经济格局将持续动荡变化，叠加中国金融市场的全面开放势必会增加中国的经济不确定性。那么，经济不确定性的增加将如何影响实体经济？最近十年的金融危机与新冠疫情导致人们对财政刺激重新产生了兴趣，并将其作为抗击危机与疫情的工具。

　　从现有研究来看，不确定性冲击会压抑消费需求和投资需求，进而使得收入下降和就业压力上升。从经济基本面看，在短期内，不确定性上升会冲击宏观经济运行和微观企业经营，对经济基本面产生负面影响。从安全性角度，投资者避险情绪增加，风险偏好下降，这将加大市场的结构性分化。受不确定性负面影响较大的企业，短期经营遇到困难。不确定性冲击将从供需两端对宏观经济产生影响。就投资而言，不确定性上升会弱化投资意愿、延迟投资进度，更有甚者投资水平会失速下行；就消费来看，不确定性会降低消费意愿和消费倾向，消费水平下滑。整体来看，当不确定的因素变得更加难以预测时，家庭和企业都会变得十分谨慎、倾向于保持预防态度，需求方面，不确定性冲击会导致消费、投资和国际贸易下降；供给方面，高不确定性冲击会使得企业投资减缓、投资周期延长，市场供应也会明显变缓。较高的不确定性会中断行业复苏节奏，短期内冲击企业的正常生产运营，最终会冲击市场就业和居民收入，可能会加剧行业结构分化。就业方面，短期内不确定性的上升可能会使劳动力供给出现阶段性降低，而企业的生产经营也可能难以快速改善。对于大型企业或国有企业来说，抗风险能力较强，且具有先进的生产技术，供应链强大，库存较为充裕，超预期的不确定性冲击对这种类型的企业影响较小，而中小型企业或初创型企业资金流不足，货源供应匮乏，除了生产端，物流运输方面也存在一定的阻碍和不畅，物流速度变慢、供应链抵御不确定性冲击的能力较差。

可见，超预期的不确定性冲击会拖累宏观经济增长。为防止短期冲击趋势化，将不确定性对国民经济的影响降到最低，需要采取较强的宏观经济政策力度加以对冲，特别要实施政府的财政救援，实施逆周期调节的财政政策对冲需求下滑，让财政政策发力为企业营造宽松的再融资环境，比如政策层面不断提出要"加大宏观政策调节力度"，积极财政政策要"更加"积极，而且要提质增效。在当前的财政政策框架下，逆周期调节力度的加大已经不仅仅局限于预算内的政策空间，更多的是广义的财政空间。例如，我们已经看到政策性银行不仅加大了对实体企业的信贷支持，而且积极开发专项债券。考虑到不确定性前所未有的上升对经济带来的负面冲击，不仅会进一步加大财政逆周期调节力度，而且特殊时期会更加催生准财政工具的创新，例如 PSL（抵押补充贷款）、抗疫特别国债和消费券等新型财政工具。

那么，中国应对经济不确定性的财政政策的调控效果究竟如何，有没有达到预期的调控目标呢？经济不确定性对财政政策绩效又有何影响呢？财政政策调节宏观经济的效果在高低不同的不确定性水平下是否存在差异呢？以往文献经常使用财政乘数来表示财政政策的调控效果，财政乘数①的大小可以用来反映财政政策对实体经济调控的有效性（即财政支出或税收乘数越大，财政政策调控实体经济的有效性则越强）。关于财政乘数的大多数证据主要来自实证文献，这些文献探索了针对财政政策冲击效果的不同识别方案。一些研究发现政府进行大规模的支出和减税与经常转移支付政策的乘数效应并不相同，前者被认为有较多的挤出效应，因此乘数效应相对较小；而减税和经常性转移支付政策的挤出效应较少，乘数效应大约在 1 ~ 5，经济政策效果更好；同时也有研究发现危机时期的财政政策乘数效应要高于平时，因而主张政府应在危机时期适当提高财政赤字水平（在短期放弃财政平衡或设定相关的赤字目标）。例如阿鲁卡比克（Arcabic）、科弗（Cover，2016）和贝格（Berg，2019）发现了在不确定时期财政干预会产生更大的乘数。克莱因和林德曼（Klein and Linnemann，2018）发现了大萧条期间经济不景气的同时不确定性水平很高并且财政乘数更大的证据。雷米和祖巴里（Ramey and Zubairy，2018）的研究发现了类似的证据。此外，其他相关研究都是使用第二次世界大战后的美国数据来分析美国政府的支出乘数，并指出美国政府支出乘数的增加取决于当时的政策环境，例如政府支出的持续增长、融资、金融摩擦的程度、货币政策（Aor et al.，2021）的立场以及劳动力市场的状况。然而，第二次世界大战后美国的数据可能无法用来识别其他国家包括中国的政府财政乘数。而且，学界却在一些基本问题上还缺乏共识，例如，政府支出乘数规模应该有多大？经济不确定性的高低水平如何影响财政政策的有效性？在不

---

① 财政余额的一单位变动（这里可以是增支、减税、注资、经常转移等）所带来的相应产出的变动。

同水平的经济不确定性时期，财政政策作为经济刺激的工具将如何影响产出、消费、投资、净出口与就业？这正是本书关注并要加以研究的问题。

本章采用一般均衡模型，并将经济不确定性作为内生变量来考察经济不确定性下财政政策对经济活动（消费、投资、净出口及产出）的影响，模拟各类型财政工具的财政乘数，试图较为直观地反映出经济不确定性下各类财政政策工具作用于实体经济的效果。

第一节 一般均衡模型

一、一般均衡模型

（一）家庭部门

本书参考克里斯蒂亚诺等（Christiano et al. , 2005）的中等规模的一般均衡模型设置并加入财政政策变量（消费税、个人所得税、企业所得税、增值税、政府投资性支出、政府消费性支出、人力资本支出、科技性支出以及国债）。假设模型经济的家庭部门效用最大化，并由家庭消费 c_t、劳动供给 n_t 以及来自政府所提供的产品 x_t 组成效用，其中 Unc_t 表示不确定性指数：

$$E_t \beta^t Unc_t [U(c_t, n_t) + V(x_t)] \qquad (4.1)$$

经济不确定性为对数自回归过程，记为：

$$\log Unc_t = (1 - \rho_{Unc}) \log Unc + \rho_{Unc} \log Unc_{t-1} + \sigma_t^{Unc} \varepsilon_t^{Unc} \qquad (4.2)$$

其中，$\rho_{Unc} \in [0, 1]$ 为经济不确定性的反应系数，$\varepsilon_t^{Unc} \sim iidN(0, \sigma_{Unc}^2)$ 为测量误差项，σ_{Unc}^2 为误差的方差。

消费函数 c_t 由习惯调整后的一系列差异性的消费品所构成，$i \in [0, 1]$：

$$c_t = \left[\int_0^1 \left(C_t(i) - bs_{t-1}(i) \right)^{1-\frac{1}{\eta}} di \right]^{\frac{1}{(1-\frac{1}{\eta})}} \tag{4.3}$$

其中，$s_{t-1}(i)$ 表示居民在 t 时期形成的习惯性消费品 i，参数 η 为中间品之间的替代弹性，$b \in [0, 1)$ 为外生的习惯惯性①，当 b 取 0 的时候，家庭不会产生消费的习惯惯性，而外生的习惯则取决于过往消费的平均水平。习惯函数为以下表达式：

$$S_t(i) = \theta S_{t-1}(i) + (1-\theta) C_t(i) \tag{4.4}$$

参数 $\theta \in [0, 1)$ 表示外生习惯对各消费水平的调整速率，当该值取 0 时，习惯惯性由过往消费决定。在给定的任一消费水平 c_t，购买该种产品首先需要解决以下支出最小化问题 [服从约束式（4.3）的消费函数]：

$$C_t(i) = \left(\frac{P_t(i)}{P_t} \right)^{-\eta} c_t + bs_{t-1}(i) \tag{4.5}$$

其中，$P_t(i)$ 表示单个消费品在时间 t 的名义价格，$C_t(i)$ 对应以上单个产品的最优消费水平，P_t 为名义价格：$P_t \equiv \left[\int_0^1 P_t(i)^{1-\eta} di \right]^{\frac{1}{1-\eta}}$。各产品的消费与其相对价格 $\frac{P_t(i)}{P_t}$ 成反比，并与按习惯调整后的消费 c_t 成正比，意为式（4.5）里的需求函数包括弹性价格成分，并取决于总消费需求，第二项则为无价格弹性的。当总需求增加时，该弹性价格部分会随之上升，这将带来需求弹性增加，同时价格加成项减少。同时，企业会考虑到当下的价格变化会影响到未来的需求，因此当折现后的未来利润变大时，企业将在当前更愿意投资并拓宽其消费者群体。这种逆周期的价格加成是由比尔斯（Bills，1987），罗滕伯格和伍德福德（Rotemberg and Woodford，1999）以及加利、格特勒和洛佩斯 - 萨利多（Gali，Gertler and Lopez - Salido，2007）等文献中讨论的结果。假设每个家庭

---

① Constantinides（1990）认为消费者自身过去的消费水平和社会平均消费水平对其当前消费行为是有影响的，即消费者的边际效用函数应该是消费水准的增函数。

提供异质性劳动服务，而劳动供给函数为：

$$n_t(i) = \left(\frac{w_{t(i)}}{w_t}\right)^{-\bar{\eta}} n_t \tag{4.6}$$

这里，$w_t \equiv \dfrac{W_t}{P_t}$、$w_t(i) \equiv \dfrac{W_t(i)}{P_t}$，$w_t$ 表示名义工资水平，n_t 为企业的劳动需求（就业人数），$\bar{\eta}$ 为需求的工资弹性，同时家庭拥有有形资本，k_t 的表达式为：

$$k_{t+1} - (1-\delta)k_t = i_t\left(1 - S\left(\frac{I_t}{I_{t-1}}\right)\right) \tag{4.7}$$

其中，i_t 表示家庭投资，δ 表示私人资本的折旧率，S 表示调整成本函数，其函数形式为二次项：$S\left(\mu_t\dfrac{i_t}{i_{t-1}}\right) = \dfrac{\kappa}{2}\left(\mu_t\dfrac{i_t}{i_{t-1}} - 1\right)^2$，并满足 $S = S' = 0$，$S'' > 0$；这里 μ_t 为投资调整成本的效率冲击，为自回归过程：

$$\hat{\mu}_t = \rho_\mu\hat{\mu}_{t-1} + \varepsilon_t^\mu \tag{4.8}$$

$\rho^\mu \in [0, 1]$ 为自回归系数，$\varepsilon_t^\mu \sim iidN(0, \sigma_\mu^2)$ 为误差项。为了更加优化资源配置，本书加入资本利用率 u_t^k，使用 u_t^k 存量的资本所需 $a(u_t^k)k_t$ 单位的最终品。家庭以 r_t^k 的实际租金率将资本借给企业，资本借贷的总收入为 $r_t^k u_t k_t$。

家庭的预算约束则为：

$$
\begin{aligned}
&(1+\tau_t^c)(1+\tau_t^{VAT})c_t + \omega_t + i_t + a(u_t^k)k_t + E_t(1+r_t)a_{t+1} + \\
&\frac{\tilde{\partial}}{2}\left(\frac{w_t}{w_{t-1}}\pi_t - \bar{\pi}\right)^2 w_t + \Omega_t = (1-\tau_t^k)u_t^k r_t^k k_t + (1-\tau_t^w)w_t n_t + \frac{a_t}{\pi_t} + \delta q_t \tau_t^k u_t^k k_t + D_t
\end{aligned} \tag{4.9}
$$

其中，$\omega_t = b\displaystyle\int_0^1 P_t(i)\dfrac{s_{t-1}(i)}{P_t di}$、$\dfrac{a_t}{\pi_t} \equiv \dfrac{A_t}{P_t}$ 表示时间 $t-1$ 所购买的名义资产在时间 t 得到的实际回报，D_t 是从家庭所拥有企业的分红（或购买的股票），家庭需要分别向政府缴纳个人所得税、企业所得税、消费税和增值税（τ_t^w，τ_t^c，τ_t^{VAT}），$\delta q_t u_t^k k_t$ 表示折旧提成，Ω_t 表示综合国内进口及

出口价格得到的调整成本:

$$\Omega_t = P_t^X X_t S^X \left(\frac{\pi_t^X}{\pi_{t-1}^X} \right) + P_t^M M_t S^M \left(\frac{\pi_t^M}{\pi_{t-1}^M} \right) \tag{4.10}$$

这些成本将新凯恩斯主义引入了模型经济,便可用于各实际变量来缓慢地调整其受到冲击时的反应,P_t^X 与 P_t^M 分别表示出口产品价格与进口产品价格,X_t 与 M_t 分别表示出口与进口,π_t^X 与 π_t^M 分别表示出口通胀与进口通胀。

(二)厂商部门

代表性厂商生产贸易品 T 与非贸易品 N、最终品 y_t 所使用的生产函数为柯布道格拉斯形式:

$$y_t(j) = A_t(j) n_t(j)^\alpha k_{t-1}(j)^{1-\alpha} (k_{G,t-1})^{\alpha_G}, \quad j = T, \ N \tag{4.11}$$

其中,$A_t(j)$ 表示全要素生产率,$n_t(j)$ 为劳动投入,$k_t(j)$ 为期末的私人资本,$k_{G,t}$ 为期末的公共资本。α 为劳动份额,α_G 为产出对公共资本的弹性;全要素生产率是由以下关系得到:

$$A_t(j) = z_a(j) o_t^{\beta_O} h_t^{\beta_H} \tag{4.12}$$

为调整参数,o_t 为科技水平,h_t 为人力资本发展状况,β_O 与 β_H 分别对应科技与人力资本的劳动生产力弹性。首先,科技水平与人力资本为生产部门的两种投入,是由政府所提供的,那么相应的政府科技性支出与人力资本支出是由以下关系式得到的:

$$o_t = (1 - \delta_O) o_{t-1} + (g_{t-j_O}^O)^{\phi_O} \tag{4.13}$$

$$h_t = (1 - \delta_H) h_{t-1} + (g_{t-j_H}^H)^{\phi_H} \tag{4.14}$$

这里,g_t^o 与 g_t^H 表示科技性支出与人力资本支出,δ_O 与 δ_H 分别为折旧率,$\phi_O \in [0, 1]$ 与 $\phi_H \in [0, 1]$ 为科技与人力资本的吸纳能力约束参数,$j_O > 0$ 与 $j_H > 0$ 为阶段性投资的滞后期。

代表性企业以利润最大化为导向,则有:

$$\prod{}_t = E_t \sum_{t=0}^{\infty} \beta^t Unc_t \left[p_t y_t(j) - w_t n_t(j) - i_t(j) \right] ①, \ j = N, \ T$$

(4.15)

一阶条件可得工人的工资与资本价格表达式：

$$w_t n_t = \alpha p_t y_t(j), \ j = N, \ T$$

$$E_t R_{t+1}^k(j) = R_t, \ j = N, \ T$$

$$(1 - \alpha) p_t y_t(j) = (R_t(j) - 1 + \delta) k_t(j), \ j = N, \ T$$

（三）进口部门

假设模型经济里的一部分 $m \in (0, 1)$ 进口厂商以 P_t^M 的价格购入同质性产品 Y_t^M，并以一个新的品牌命名该进口品，国内消费该舶来品并不会影响其价格，因此该产品的边际成本由进口商定为：$MC_t^M = P_t^M \times \Delta_t$，其中 Δ_t 表示汇率，同时假设资本投入为外生给定的，在开放经济条件下出口部门的资本投入可以是由国外输入的，从而：

$$P_t^X = MC_t^X = \frac{w_t N_t^X}{\alpha^X Y_t^X}$$

(4.16)

在本书的模型里为了方便起见，假设资本为外生的，并来源于跨国公司的主要分支，单个最终的出口商品记作 $x \in (0, 1)$ 并由当地所在生产的产出 Y_t^X 及进口产品 Y_t^M，由竞争性市场将其转化为出口商品 $Y_t^X(x)$，而该商品的生产函数为里昂剔夫形式②：

$$Y_t^X(x) = \min \left\{ \frac{Y_t^X}{(1 - \alpha_x)}, \ \frac{Y_t^M}{\alpha_x} \right\}$$

(4.17)

---

① 这里，企业也是在经济不确定性条件下进行生产经营，每年向政府缴纳企业所得税 τ^f，式（4.15）中括号里为企业的税前利润。第一个一阶条件等式左边为企业支付给员工的工资，等式右边为劳动供给占总生产规模份额。$R_{t+1}^k(j)$ 表示企业 j 在 $t+1$ 时期的资本租金率，R_t 表示 t 时期的资本租金率，第二个一阶条件意为当前的资本租金率等于对未来 $t+1$ 时期的预期资本租金率。第三个一阶条件左边为资本要素占总生产规模份额，等式右边为总资本要素回报率。

② 里昂惕夫生产函数，即某种商品的出产需要固定比例的出产要素（即增加值）和中间投入。

本书之所以选用里昂惕夫生产函数来刻画出口商品是因为满足在任意给定的出口产品需求，最终的出口产品将会以混合比例进行分配。在此类假设前提下，最终出口产品的边际成本为混合生产的单个投入成本：

$$MC_t(x) = (1 - \alpha_x) MC_t^X + \alpha_x P_t^M \tag{4.18}$$

（四）出口部门

当国内出口产品到国外时，作为国外对国内的出口产品需求为 X_t：

$$X_t = \left(\frac{P_t^X}{P_t^*} \right)^{-\eta^X} Y_t^* \tag{4.19}$$

其中，η^X 表示当地出口产品 X_t 与国外产品的替代弹性，P_t^* 与 Y_t^* 分别为国外出口价格与国外需求。

由此，模型经济的商品市场出清条件或国内总产出：

$$GDP_t = P_t^C C_t + P_t^I I_t + P_t^{GC} G_t^C + P_t^{GI} G_t^I + P_t^{GO} G_t^O + P_t^{GH} G_t^H + P_t^X X_t - P_t^M M_t \tag{4.20}$$

（五）政府部门

政府的各项支出来源于对企业的科技性投资 g_t^o、人力资本投资 g_t^H、政府投资性支出 g_t^I 与消费性支出 g_t^C，与私人消费类似，政府投资由贸易产品与非贸易产品组成并为 CES 形式：

$$G_t^I = \left[\varphi_I^{\frac{1}{\chi}} (G_{N,t})^{\frac{\chi-1}{\chi}} + (1 - \varphi_I)^{\frac{1}{\chi}} (G_{T,t})^{\frac{\chi-1}{\chi}} \right]^{\frac{\chi}{\chi-1}} \tag{4.21}$$

对于消费品和投资品分别为：

$$G_{N,t} = \varphi_I \frac{G_t}{(p_{N,t})^{\chi}} \tag{4.22}$$

$$G_{T,t} = (1 - \varphi_I) \frac{G_t}{(p_{T,t})^{\chi}}$$

公共资本积累的表达式为：

$$k_{G,t} = (1 - \delta_G) k_{G,t-1} + g_t^I \tag{4.23}$$

政府的预算约束为：

$$G_t + (1 + r_t) B_t = T_t + B_{t+1} \tag{4.24}$$

其中，B_t 为政府所发行的国债，政府支出：

$$G_t = G_t^O + G_t^H + G_t^I + G_t^C \qquad (4.25)$$

税收收入：

$$T_t = \tau_t^c C_t + \tau_t^n w_t n_t + \tau_t^{VAT} C_t + \tau^f [p_t y_t(j) - w_t n_t(j) - i_t(j)] \qquad (4.26)$$

各政府支出所占总支出的比重分别表示为：

$$g_t^O = \varphi_t^O g_t \qquad (4.27)$$

$$g_t^H = \varphi_t^H g_t \qquad (4.28)$$

$$g_t^C = \varphi_t^C g_t \qquad (4.29)$$

$$g_t^I = (1 - \varphi_t^O - \varphi_t^H - \varphi_t^C) g_t \qquad (4.30)$$

财政赤字：

$$Y_t = G_t - T_t \qquad (4.31)$$

二、数据与校准

由于本章的目的是估计经济不确定性下各个财政政策工具的有效性（即财政乘数效应），我们将财政政策变量视作可观测变量，使用2007年1月至2020年5月的经济数据来估算乘数大小，$[C_t, I_t, G_t^c, G_t^O, G_t^H, G_t^I X_t, M_t, B_t, \tau_t^c, \tau_t^{VAT}, \tau_t^f, \tau_t^n, r_t]$，其中，$C_t$ 为居民消费，I_t 为私人投资，X_t 为出口，M_t 为进口，r_t 为实际利率，G_t^C 为政府消费性支出，G_t^O 为科技性支出，G_t^H 为人力资本支出，G_t^I 为政府投资性支出，B_t 为政府发行债券，τ_t^c 为消费税，τ_t^n 为个人所得税，τ_t^{VAT} 为增值税，τ_t^f 为企业所得税。接着我们使用测量方程 obs_t 将可观测变量与模型变量相结合：$obs_t = H(\varXi) x_t + v_t$，其中，矩阵 H 为模型结构参数的函数，v_t 表示测量误差。本书使用贝叶斯估计方法得到参数值的后验分布，并将先验分布与似然函数结合。Metropolis – Hastings 算法是用于得到后验分布的样本，设定为多元正态分布，由计量经济学家西姆斯（Sims）使用后验最大化方法得到，最后需要确保这些结果趋于收敛状态。

我们根据模型校准了一些难以识别的参数（见表4-1）。

表 4-1 参数校准

参数	取值
β 家庭贴现系数	0.99
θ 外生习惯对各消费水平的调整速率	0.3
η 中间品之间的替代弹性	5.3
$\bar{\eta}$ 需求的工资弹性	16
α 劳动份额	0.4
α_G 产出对公共资本的弹性	0.12
δ_o 科技资本的折旧率	0.1
δ_H 人力资本的折旧率	0.1
$\phi_o \in [0, 1]$ 科技资本的吸纳能力约束参数	0.6
$\phi_H \in [0, 1]$ 人力资本的吸纳能力约束参数	0.6
$j_o > 0$ 阶段性投资的滞后期	1
$j_H > 0$ 阶段性投资的滞后期	5
α^X 部分进口与出口品之比	0.5
η^X 表示当地出口产品与国外产品的替代弹性	6
b 表示消费惯性	0.75
κ 表示资本利用率的变化弹性	0.55
$\rho^\mu \in [0, 1]$ 为自回归系数	0.5
β_o 对应科技对生产力变化的弹性大小	0.4
β_H 对应人力资本对生产力变化的弹性大小	0.6
χ 政府投资性支出的弹性大小	0.4
φ_I 政府投资性支出的调整成本	0.7
δ_G 公共资本品折旧率	0.1

 第 二 节　财 政 乘 数 模 拟

一、财政乘数模拟方法

本书在以往研究的基础上，使用一般动态均衡模型，利用 2007 年 1

月至 2020 年 5 月 14 年间中国经济的月度数据，并加入在此时间段的经济不确定性指标，采用计量方法，在考虑不确定性水平的情况下模拟估计政府财政乘数，具体使用百分位计数法来区分高低不确定性水平下各项财政工具乘数的大小。同样，当前全球性疫情蔓延危机下的特点是不确定性和失业率同步上升。大量的宏观经济变量发生变化可以解释较高不确定性下的乘数，我们发现针对就业和总需求水平，政府财政措施对两者都具有较强的影响力。实践表明，市场经济本身存在一定的修复能力，还有一部分无法修复只能依靠财政政策实行逆向调节。而财政政策具有时滞性（即一般情况下政策实施半年以后才会产生影响），预期的产出缺口规模表明财政刺激措施的影响效果可能会维持一段时间，预计可能要持续 3～5 年，因为部分行业尤其是制造业在受到外生不确定性冲击后会提高产能利用率，延长工时等方式回补产出，随着不确定性的降低，财政刺激的惯性作用还会维持一段时间。因此本书做了预测来评估财政刺激对经济的长期影响。

本书参考利珀等（Leeper et al.，2011）的设置，估算财政政策的现值乘数，贴现财政政策所带来的未来 1～5 年的宏观经济效应，以便反映财政政策在接下来几年期间的全部动态效果。这是由于财政政策具有时滞性，一般情况下，当期实施的财政政策往往会在半年到一年以上才真正作用于实体经济。以下为政府支出对产出（贴现后）的财政乘数：

$$PV^{Fg}(k) \equiv \frac{E_t \sum_{j=0}^{k} (\prod_{i=0}^{k} (R_{t+i})^{-1}) \Delta y_{t+j}^{gdp}}{E_t \sum_{j=0}^{k} (\prod_{i=0}^{k} (R_{t+i})^{-1}) \Delta g_{t+j}^{gdp}}$$

R_t 为 t 时期的实际利率，$\Delta_{y_{t+j}}$ 为一个单位的政府支出在 k 时期所带来的产出变化，本书中所使用的政府支出乘数 $F_t^g \equiv \{g_t^c, g_t^i, g_t^h, g_t^o\}$ [相应的政府消费支出、政府投资支出（与赤字支出类似）、人力资本支出与科技支出乘数]，$\Delta_{g_{t+j}}$ 表示同时期内政府支出的变化。同样地，税收工具（贴现后）的乘数为：

$$PV^{F\tau}(k) \equiv \frac{E_t \sum_{j=0}^{k} (\prod_{i=0}^{k} (R_{t+i})^{-1}) \Delta y_{t+j}^{gdp}}{E_t \sum_{j=0}^{k} (\prod_{i=0}^{k} (R_{t+i})^{-1}) \Delta \tau_{t+j}^{gdp}}$$

这里，$F_t^\tau \equiv \{\tau_t^c, \tau_t^{corporate}, \tau_t^{VAT}, \tau_t^{personal}\}$ 表示税收工具集①（消费税、企业所得税、增值税及个人所得税），$\Delta_{\tau_{t+j}}$ 表示同时期内税收收入的变化。

同样地，政府支出对总消费（贴现后）的财政乘数为：

$$PV_{Consumption}^{Fg}(k) \equiv \frac{E_t \sum_{j=0}^{k} (\prod_{i=0}^{k} (R_{t+i})^{-1}) \Delta C_{t+j}}{E_t \sum_{j=0}^{k} (\prod_{i=0}^{k} (R_{t+i})^{-1}) \Delta g_{t+j}^{Consumption}}$$

税收对总消费（贴现后）的财政乘数为：

$$PV_{Consumption}^{F\tau}{}^{F\tau}(k) \equiv \frac{E_t \sum_{j=0}^{k} (\prod_{i=0}^{k} (R_{t+i})^{-1}) \Delta C_{t+j}}{E_t \sum_{j=0}^{k} (\prod_{i=0}^{k} (R_{t+i})^{-1}) \Delta \tau_{t+j}^{Consumption}}$$

政府支出对总投资（贴现后）的财政乘数为：

$$PV_{Investment}^{Fg}(k) \equiv \frac{E_t \sum_{j=0}^{k} (\prod_{i=0}^{k} (R_{t+i})^{-1}) \Delta I_{t+j}}{E_t \sum_{j=0}^{k} (\prod_{i=0}^{k} (R_{t+i})^{-1}) \Delta g_{t+j}^{Investment}}$$

税收对总投资（贴现后）的财政乘数为：

$$PV_{Investment}^{F\tau}{}^{F\tau}(k) \equiv \frac{E_t \sum_{j=0}^{k} (\prod_{i=0}^{k} (R_{t+i})^{-1}) \Delta I_{t+j}}{E_t \sum_{j=0}^{k} (\prod_{i=0}^{k} (R_{t+i})^{-1}) \Delta \tau_{t+j}^{Investment}}$$

---

① 这里由于本书使用现实经济数据来估算中国财政乘数大小，所使用的税收工具集 $F_t^\tau \equiv \{\tau_t^c, \tau_t^{corporate}, \tau_t^{VAT}, \tau_t^{personal}\}$ 对应理论模型中的税收序列：个人所得税、消费税和增值税（$\tau_t^w, \tau_t^c, \tau_t^{VAT}, \tau_t^f$）。

政府支出对净出口（贴现后）的财政乘数为：

$$PV_{NetExport}^{Fg}(k) \equiv \frac{E_t \sum\limits_{j=0}^{k} (\prod\limits_{i=0}^{k} (R_{t+i})^{-1}) \Delta NX_{t+j}}{E_t \sum\limits_{j=0}^{k} (\prod\limits_{i=0}^{k} (R_{t+i})^{-1}) \Delta g_{t+j}^{NetExport}}$$

税收对净出口（贴现后）的财政乘数为：

$$PV_{NetExport}^{F\tau}{}^{F\tau}(k) \equiv \frac{E_t \sum\limits_{j=0}^{k} (\prod\limits_{i=0}^{k} (R_{t+i})^{-1}) \Delta NX_{t+j}}{E_t \sum\limits_{j=0}^{k} (\prod\limits_{i=0}^{k} (R_{t+i})^{-1}) \Delta \tau_{t+j}^{NetExport}}$$

鉴于以往研究财政乘数的文献主要使用 SVAR 或线性回归方法，其弊端在于无法识别出经济衰退时期的乘数如何不同于经济繁荣期的乘数。本书估算乘数的方法是在一般均衡情形下所构建的结构式模型，使用较为完整的结构模型搭配计量经济模型来测算高、低水平不同的不确定性时期各项财政政策工具影响产出、消费、投资以及净出口的乘数大小。首先将估算的经济不确定性划分为高、低两种不确定性水平，分别对应经济衰退期与经济繁荣期，然后对应前文的产出、居民消费、厂商投资以及净出口，得到产出乘数、消费乘数、投资乘数以及净出口乘数（或称政府财政对产出、消费、投资以及净出口的支出及税收乘数），横坐标表示财政政策冲击后的 2 个、4 个、8 个、12 个和 20 个季度区间，纵轴反映高低不同水平的经济不确定性下各类型财政工具的变化对于其后 2 个、4 个、8 个、12 个、20 个季度内的宏观经济的影响，这样可以捕捉财政政策出台后在 1～5 年内的全部动态效应。

二、财政乘数模拟结果及分析

（一）产出乘数模拟结果分析

基于图 4－1 的估算结果，参考利珀等（2017），我们可以得出下面的结论。

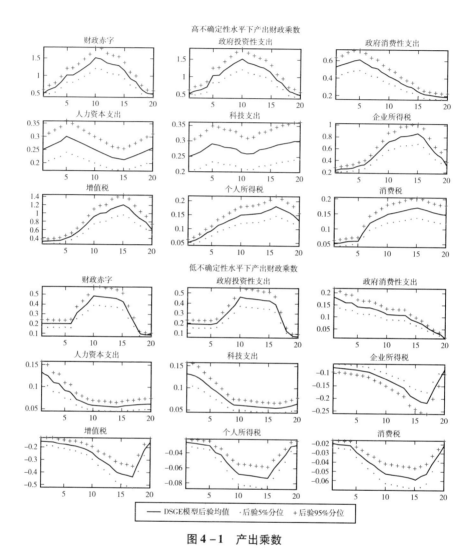

图 4-1 产出乘数

第一，财政乘数会因为经济不确定性水平的不同而不同，高不确定性时期的财政乘数效应明显大于低不确定性时期。低不确定性时期财政刺激的总量效应有限。这可能是因为：一是高不确定性会负面影响投资和消费等经济活动。风险规避理论和实物期权理论表明，在不确定性水平上升时期，私人部门会规避风险，推迟投资和雇佣，增加预防性储蓄，引致当期的私人投资和消费水平大幅下滑，进而负面影响宏观经济运行，导致产出下降。比如 2020 年一季度新冠疫情的暴发导致经济负增长，市场预期悲观。二是在不确定性水平上升之际，政府会高度重视不确定性上升及其负面效应并加大宏观经济干预力度，在财政政策方面大幅提高赤字率、扩大债券发行，大幅减税降费，货币政策也实行宽松配合，国有银行部门也配合扩张信贷，财政乘数可能比正常情况下更大。比如为了应对 2008 年的国际金融危机，中国政府在 2009 年就采取了积极财政政策，实施了 4 万亿元的财政投资计划和 9.6 万亿元的信贷投资，财政赤字率迅速从 2008 年的 0.40% 增加到 2009 年的 2.29%，迅速带动经济反弹（储德银、闫伟，2012）。2020 年新冠疫情发生后中国政府推出了 3.6 万亿元国债加上大规模的减税降费措施（当年新增减税降费 5000 亿元），同时配套采取了降准降息的货币政策，发布市场信息，引导市场预期，带动经济迅速反弹。三是在高不确定性时期，扩张性财政政策一般具有财富效应，倾向于降低债券利差并带来实际利率的下降，进而降低企业的融资成本，挤入私人投资。高不确定性时期，扩张性的财政政策还具有政策信号功能，财政扩张能够增强私人部门的商业信心、放大财政乘数效应，但随着经济复苏，市场主体的信心逐步趋于稳定，财政乘数效应也相应减弱（Bachmann and Sims，2012；李永友，2012）。具体说来，政府增加财政支出的最终受益者是私人部门，特别是增加人力资本支出和科技支出等社会性支出的时候，消费者得到的实惠较大。税收最终也是由私人部门承担，私人部门会对政府的减税措施比较敏感。在以间接税为主的税制结构下，间接税减税可以增加消费者和生产者的信心。在低不确定性时期，社会闲置资源较少，大规模的财政扩张可能会产生挤出效应。四是在互联网时代，信息传递加快，政策时滞缩短，市场反应迅速，有可能在短期内快速响应政府的政策，迅速恢复经济活动。五是中国的经济是发展中经济，中国政府具备强大的资源动员能力，加之中国传统文化因素的影响，中国公众百姓具有较强的集体主义观念、对政府干预经济比较有信心。相对于货币政策而言，财政政策可以在短期内直接发力，直接形成消费需求和投资需求，拉动经济快速反弹。2009 年积极财政政策带动中国经济在全球率先复苏；在新冠疫情全球蔓延的情况下，2020 年上半年的积极财政政策带动中国经济在当年第三、第四季度加速反弹已成事实。六是中国国有经济占主导地位，在面临较高经济不确定性时期，作为政府职能的代理部门，国有企业会积极主动配合中央政府履行部分经济职能，带头执行政府的扩张性政策。因此，在高经济不确定性时期，中国政府的财政干预措施往往会产生立竿见影的效果。

第二，高不确定性水平下，不同财政工具的乘数效应存在异质性。高不确定性可能会同时造成需求冲击和供给冲击。不同的财政工具可能会因为对供给和需求产生不同的影响而会产生不同的乘数效应。图 4-1 表明，财政投资和赤字的产出乘数较大，其次是增值税和企业所得税减税及政府消费性支出，而且增值税和企业所得税减税的效应显现需要时间，主要是因为政府投资和赤字支出可以直接形成投资需求，进而直接发力，赤字一般都是通过债务融资，按照预算法的规定投向基础设施领域，也可以直接形成投资需求，带动经济增长。政府消费支出可以直接形成消费需求，所以短期内政府投资、赤字和政府消费支出的乘数效应比较大且明显，但是政府投资、赤字和政府消费支出乘数会随着时间的推移而下降，在接近 5 年之际衰减速度非常快。人力资本支出和科技支出的乘数并不是太大，但似乎具有长期效应，其乘数的显现持续时间比较长，而且并不会很快衰减，随着时间的推移似乎有变大的迹象。这表明人力资本支出和科技支出在未来一段时间里会持续发力，持续推动经济增长。理论上，人力资本支出所形成的人力资本积累、科技支出所带来的科技创新和科技进步会形成经济增长的内生动能，有助于促进劳动生产率提高，促进经济长期内涵式增长。

税收政策一般都需要通过市场反应间接发力，其乘数效应存在一定的时滞，比支出政策生效慢一点，在短期内比如第 1 年的税收乘数效应很小，第 2～3 年会逐渐变大，并达到峰值，此时税收乘数的值仅次于支出乘数。理论上，企业所得税和增值税的减税会降低企业的投资成本、改善投资收益预期，但减税政策能否真正带动私人部门的投资和消费，还是取决于私人部门的反应，因而减税政策效果具有一定的不确定性，具体依赖市场反应。在各种税收工具中，增值税与企业所得税的产出乘数效应较大，接近第 5 年的更长周期看，税收和支出乘数的变化大致类似，均呈现快速衰减的趋势。这与学者李永友（2012）、祖贝尔（Zubairy S.，2014）等的研究结论一致，也比较符合我国的实际情况。在 2008 年的金融危机爆发后，我国政府提高财政赤字、增加政府投资和消费性支出对经济复苏发挥了重要支撑作用，随后相继降低增值税（实行增值税转型改革）和企业所得税（两税合并改革）对经济复苏也产生了一定的正面效应。

事实上，我国增值税从 2007 年 7 月 1 日起开始在部分地区部分行业试点转型，2016 年 5 月 1 日开始在全国范围所有行业推行营改增，2017 年 7 月 1 日起开始推行简并增值税税率的改革，再到 2018 年和 2019 年继续下调税率，增值税的改革历程反映了本书估算的样本期内增值税实际上一直处于减税趋势，其产出乘数具有扩张效应。我国企业所得税制的改革也是自 2008 年 1 月 1 日起实施了两税合并，并下调法定税率，统一规定了税收优惠政策，同样说明了本书估算的样本期内企业所得税实际也是减负态势，其产出乘数也具有扩张效应。长期以来，增值税和企业所得税带来的收入份额在我国总税收收入中占比较高，是我国政府的主要收入来源，私人部门多年来感觉税负重的主要原因也是根源于这两个税种。所以，私人部门对于增值税和企业所得税的减税措施相对敏感，因而必然会产生较强的乘数效应。样本期内我国个税实际上也经历了减税的改革历程，包括税基式减免和税率式减免，2006～2018 年多次提高免征额、2019 年增加扣除项目、2011 年减少税率级次等。可见，样本期内的个税乘数也必然会产生正向的扩张效应。样本期内虽然政府出台了系列有关消费税的增税措施，比如 2006 年扩大了消费税的征税范围，2008 年调高乘用车的消费税税率，2009 年调高成品油和卷烟的消费税税率，但期间消费税的累计同比增速也呈现明显的下降趋势。本书的模拟估算发现，在高不确定性时期，消费税对经济总量具有正向的挤入效应，可能是因为在互联网加的财政管理模式下消费税可以很快转换为政府的相关支出、快速形成相关的需求，进而可以缓和甚至抵消消费税对消费的抑制作用，从而对经济总量产生挤入效应。

（二）消费乘数、投资乘数及净出口乘数估算结果分析

图 4-2、图 4-3 和图 4-4 分别汇报了各类财政工具的消费乘数、投资乘数和净出口乘数，反映了各类财政工具对社会总消费、社会总投资和净出口的影响。其中，图 4-2 显示，政府投资、财政赤字、政府消费性支出、增值税减税、企业所得税减税的消费乘数比较大；图 4-3 显示政府投资、赤字支出、增值税和企业所得税减税的投资乘数比较大；图 4-4 显示了政府投资、赤字支出、增值税减税和政府消费性支出的净出口乘数比较大。

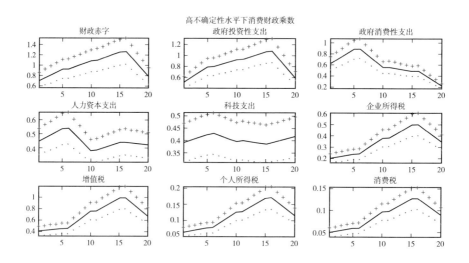

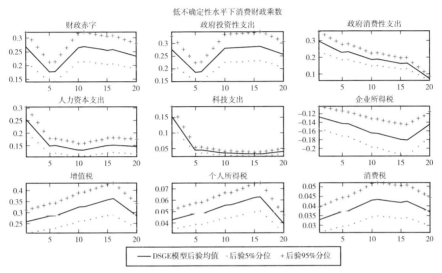

图 4 - 2　消费乘数

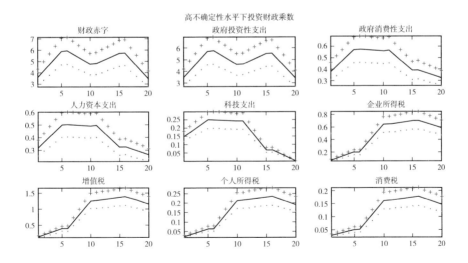

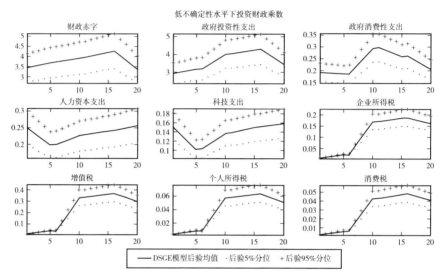

图 4 – 3 投资乘数

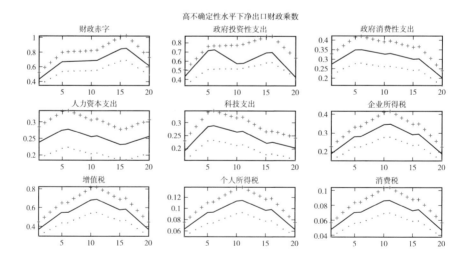

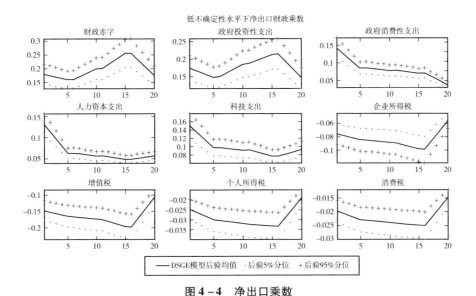

图 4 - 4　净出口乘数

　　理论上，经济不确定性对财政政策有效性的影响主要通过消费和投资及出口来传导。财政政策的有效性取决于财政政策对消费投资及出口的正面拉动效应能否覆盖不确定性的上升对消费投资及出口带来的负面效应。按照凯恩斯宏观经济学，国民产出由总需求决定，总需求是由消费、投资和出口决定。而政府支出和税收影响总需求的形成，特别是政府支出在总需求的形成过程中发挥着重要的作用。其中，政府消费性支出包括人力资本支出和科技支出可以直接形成消费需求，并通过形成的消费需求可以进一步引致投资需求，从而影响净出口。经济不确定性的上升会引发市场预期悲观，降低消费者的财富净值、引发消费者增加预防性储蓄，预防未来的风险，进而会弱化消费者的消费意愿和消费倾向，降低消费者当前的消费水平。财政支出可以通过财富效应引导消费者预期，增强消费者的消费意愿和消费信心。在高不确定性时期，减税在支持需求方面的有效性可能会因家庭面临的不确定性程度和未偿还债务的不同而不同，无论哪种情况，债务水平较高都会降低家庭的消费倾向。比如金融危机可能会降低家庭的财务净值，家庭可能需要增加储蓄以面对增加的债务负担，高不确定性时期净财富积累可能比正常情况下需要更长的时间。但是随着经济衰退的消退和不确定性水平的降低，减税对消费的正面影响可能会增加，私营部门的财富净值慢慢恢复正常。可见，财政政策刺激消费的有效性取决于财政支出的财富效应能否覆盖不确定性对消费的负面冲击。我们的估算结果表明，目前政府投资和赤字支出的消费乘数比较大，其次是政府消费性支出和增值税减税，但增值税和企业所得税减税的消费乘数的显现需要时间，而个税和消费税的消费乘数比较小。这一结论符合已有的实证研究结果，也符合中国的实际情况。这一结论表明政府的消费性支出特别是人力资本支出、科技支出和社保支出的水平还比较低下，其中的社保支出占比尤其低，严重拖累了消费乘数的放大。长期以来，按照我国国民的消费心理和文化习惯，习惯性的边际储蓄倾向高于边际消费倾向，政府的教育医疗卫生以及社保服务水平跟不上社会经济高速发展的需要（Wang et al.，2021），制约了国民消费水平的提高，特别是高不确定性时期，国民的预防性储蓄水平短期内会提高，本来我国收入分配存在严重不公，加上房地产市场也缺乏健康发展的长效机制，进一步降低了国民的消费倾向。理论上，企业所得税和增值税的减税可以通过降低企业的成本、改善资本的投资收益预期来刺激投资需求，带动企业的生产扩张，进一步带动消费需求，并影响净出口。商品税属于间接税，税负可以转嫁给消费者，商品税一般倾向于抬高商品价格水平，降低消费者的实际购买力、进一步抑制消费需求。反过来，商品税的减税有助于降低商品的价格，进而刺激消费需求。我国税制中商品税占75%，因而，商品税（比如增值税）的减税无疑可以显著刺激消费需求。随着时间的推移，增值税减税和企业所得税减税的消费乘数会显现出来。图4-2的增值税减税和企业所得税减税的消费乘数稍微滞后。个人所得税是影响个人税后可支配收入的重要税种，因而个税的减税可以增加居民个人的税后可支配收入，进而可以有效释放居民个人的消费能力，并且会影响净出口。在高不确定性时期，增加居民个人的可支配收入无疑可以刺激消费，但是由于我国个人所得税占比非常有限，因而个税减税的乘数效应也比较有限。实证研究表明，个税占比提高一个百分点，居民消费率会下降 0.35 个百分点（廖信林等，2015）。消费税的立法初衷本身就是直接用来限制某些特定商品消费的税种，具体是通过影响商品销售价格的方式来限制特定商品的消费的，因而消费税本身就具有抑制消费需求的效果。在高不确定性时期，消费税抑制消费的性能可能会进一步放大。消费税的课征也会直接影响净出口，制约进口产品的消费，从而降低进口需求。而降低消费税会对我国经济产生一定的积极的内需拉动效应，带来私人消费总量增加。另一方面，长期看来，消费税带来的税收收入会很快转化为政府的其他相关开支，进而可能也会转化为一定的消费需求或投资需求。

从投资的角度看，政府的经济性支出是政府投资基础设施建设、支持工农商交通运输等部门发展的支出，本身就是投资的一部分，特别是针对各部门的基建支出可以直接形成固定资产投资，直接形成投资需求。政府投资和赤字支出就是投资基础设施的支出项目，可以直接形成投资需求，并且通过刺激投资进一步带动消费需求，影响净出口。同时，政府投资和赤字支出也可以刺激供给，增加资本存量，提高民间部门的生产率。税收特别是企业所得税也是影响企业投资成本的一个因素，企业所得税减税可以降低投资成本、改善投资收益预期。经济不确定性的增加会降低预期的投资回报率、减弱私人部门的投资意愿。按照实物期权理论，不确定性的上升会推迟企业的当前投资，降低当前投资水平；按照金融摩擦理论，不确定性水平的上升会加剧借贷市场上的信息不对称，增加企业外部融资的风险溢价，进而会降低信贷需求和信贷供给意愿，负面影响当期的投资水平。

不确定性的增加也会通过降低企业对于利率政策的敏感性来负面影响货币政策的传导机制及其作用效果，也可能会减弱刺激投资的财政政策，比如投资税收优惠、财政贴息贷款等措施在引导私人投资方面的信号功能，进而会增加财政政策干预市场投资的难度和代价。财政政策能否有效刺激投资需求取决于财政政策能否改善投资预期，增强投资意愿，对冲不确定性对于投资的负面影响。我们的估算结果表明政府投资和赤字支出的投资乘数最大，增值税和企业所得税减税的投资乘数次之。这一结论符合大多数的实证研究结果，也符合中国的现实。实践中，政府投资和赤字支出已经成为支持改革开放以来我国经济高速增长的重要保障，成为我国基础设施投资的主要提供渠道，也是政府应对不确定性上升的主要工具。我国政府在 1997 年、2008 年的金融危机爆发以后采用了积极财政政策，成功带动中国经济率先走出危机。对于 2020 年新冠疫情全球蔓延，我国政府也采取了积极财政政策，具体政策工具也是增发政府债务、扩大财政投资等。实践表明，过去多年中国的经济高速增长得益于政府投资和赤字支出的投资乘数效应，表明了中国的财政政策在拉动投资需求方面是有效的，较为成功地对冲了不确定性对实体经济的负面冲击。

从出口的角度看，政府的支出和税收政策也会影响到净出口。政府投资和赤字支出可以带动投资需求和消费需求，有可能增加进口需求，也有可能间接促进出口。比如家庭和政府可以在国内可贸易、不可贸易和进口商品之间分配购买支出。政府支出包括投资和消费性支出的一部分可能通过直接和间接渠道带来进口的增加。政府可以直接从使用进口品生产的国内厂商购买商品，从而间接增加这些厂商的收入，这些厂商又可将这部分额外收入用于进口商品，其进口多少意味着财政支出的变化对贸易平衡的影响。企业所得税减税和增值税减税也可能促进出口，也可能增加进口需求。不确定性的上升会负面影响消费和投资，进而可能会抑制进口需求和出口。财政政策能否有效刺激出口、带动进口也取决于财政政策能否有效对冲不确定性的上升对消费和投资的负面影响。我们的估算结果表明，增值税减税、政府投资、赤字支出的净出口乘数比较大，如图 4 - 4 所示，但是从量上看，这些财政政策工具的净出口效应弱于其投资乘数和消费乘数，而且减税措施（资本和劳动）需要花费更多的时间来体现其影响。这个结论符合现有的实证研究结果，也符合我国的实际情况。我国可贸易部门规模不小，但是可贸易产品的结构特征（进口品的技术含量较高而出口品的技术含量不够高）可以解释我国的净出口乘数相对其他乘数较小的原因。当然，我国过去多年的经济高速增长的主要推动力是投资驱动，再就是实行出口导向的结果。这意味着我国财政政策的净出口乘数在带动经济高速增长方面功不可没。

第三节 本章小结

自 2007 年以来中国进入经济下行以及资本市场逐步加大对外开放的新阶段，近几年来，国际形势多变，逆全球化、大国博弈、中美经贸摩擦全方位升级、中美关系日趋紧张、特别是 2020 年新冠疫情的全球蔓延，严重拖累了全球经济增长，全球不稳定性、不确定性因素不断增加。可以预期，后疫情时代，全球政治经济格局将持续动荡变化，叠加中国金融市场的全面开放势必会增加中国的经济不确定性。那么，经济不确定性的增加将如何影响中国宏观经济政策包括财政政策的调控绩效？中国应对经济不确定性的财政政策的调控效果究竟如何，有没有达到预期的调控目标呢？中国财政政策调节宏观经济的效果在高低不同的不确定性水平下是否存在差异呢？

鉴于以往文献经常使用财政乘数来表示财政政策的调控效果，财政乘数[①]的大小可以用来反映财政政策对实体经济调控的有效性，本章通过构建一般均衡模型，具体参考克里斯蒂亚诺等（Christiano et al.，2005）的模型设置，加入财政政策变量（政府投资性支出、政府消费性支出、财政赤字支出、人力资本支出、科技支出、企业所得税、增值税、消费税和个税等），并将经济不确定性作为内生变量来考察经济不确定性下财政政策对经济活动（消费、投资、净出口及产出）的影响，

---

① 财政余额的一单位变动（这里可以是增支、减税、注资、经常转移等）所带来的相应产出的变动。

模拟各类型财政工具的乘数效应，试图较为直观地反映出经济不确定性下各类财政政策工具作用于实体经济的效果。使用一般均衡模型时，将财政政策变量视作可观测变量，利用2007年1月至2020年5月14年间中国经济的月度数据，并加入在此时间段的经济不确定性指标，采用计量方法，具体使用百分位计数法来区分高低不同的不确定性水平，模拟估计各类财政工具在高低水平不同的不确定性下的乘数大小。参考利珀等（2011）的设置，估算财政政策的现值乘数及财政政策所带来的未来1~5年的宏观经济效应，以便捕捉财政政策出台后在1~5年内的全部动态效应。

图4-1~图4-4报告了高低不同水平的不确定性下各类财政工具乘数的估算结果，并进一步把这些估算结果绘成图的形式进行逐一分析。图4-1显示了各类财政工具的产出乘数，针对产出乘数进行分析得出了下面的结论：第一，财政投资和赤字的产出乘数较大，其次是增值税减税、企业所得税减税和政府消费性支出，而且增值税和企业所得税减税的效应显现需要时间。第二，财政乘数会因为经济不确定性水平的不同而不同，高不确定性时期的财政乘数效应明显大于低不确定性时期，低不确定性时期财政刺激的总量效应有限。第三，高不确定性水平下，不同财政工具的乘数效应存在异质性，可能是因为高不确定性冲击既可能会影响需求端，也可能会影响供给侧。不同的财政税收工具可能会对供给和需求产生不同的影响，因而会表现出不同的相对效能、产生不同的乘数效应。针对消费乘数、投资乘数及净出口乘数的估算结果也做了分析。图4-2显示，政府投资、财政赤字、政府消费性支出、增值税减税、企业所得税减税的消费乘数比较大；图4-3显示，政府投资、赤字支出、增值税和企业所得税减税的投资乘数比较大；图4-4显示，政府投资、赤字支出、增值税减税和政府消费性支出的净出口乘数比较大。这些结论大致符合现有的实证研究，也符合中国的现实情况。

第五章

经济不确定性下财政政策有效性的实证检验

——基于分样本回归分析

在不确定性冲击之下，经济阶段性走稳的节奏被打乱，逆周期调节政策有望进一步加码。2007～2008 年是经济情况极为复杂的两年，除短期冲击之外，我国还经历了全球金融危机爆发所带来的外需拉动作用的迅速下滑，触发了经济发展模式的根本性转型。不确定性冲击下的经济运行惯性将成为后续经济复苏的重要障碍。一方面，来自基本面的负面冲击会直接影响企业盈利和居民收入，使得企业和居民的资产负债表受损，影响其后续的购买力；企业通过举债维系运行甚至直接破产，都使得经济在危机时期面临更大的债务问题。另一方面，不确定性冲击导致失业率大幅上升，需求恢复后的再就业不可能一蹴而就，基本面冲击的惯性使得就业恢复也存在一定的时滞，因此增加了经济复苏的难度。财政政策在这一中长期冲击下发挥了非常积极且具有驱动性的、加速转型的作用。2008 年三季度全球金融危机的集中爆发，标志着我国经济第一次转型——外需拉动制造业高速增长的模式戛然而止，构成近 20 年以来幅度最大的中长期冲击。后续财政端积极发力，大幅提高财政赤字的绝对和相对规模，提高政府支出和投资。2009 年之后，我国财政扭转了 2008 年前持续向 "预算平衡" 收敛的趋势，真正意义上变得更加积极。财政扩张直接以 "4 万亿" 计划的支持，共占到 2009 年、

2010年财政支出规模的10.2%，共同推升2009年、2010年财政赤字率高达约GDP的2%。

从2020年初的新冠疫情对于中国在全球需求链、供应链的冲击来看，疫情的暴发以及为管控疫情采取的停工停产措施，在一定程度上对于"中国制造"的上下游两方面带来了影响，由于停工停产下企业需求的减少，使得相对应需求链的上游国家和行业面临订单不足的情况，而与此同时产出的减少也使得依赖中国供应链的下游国家和行业面临订单取消或延迟交货的问题。对于需求链方面，随着国内疫情的渐渐消退，复工复产的逐渐推进，国内需求的提升将使得需求链逐渐恢复。而对于供应链来说，在全球需求相对稳定，而我国由于疫情带来供给减少较多的背景下，部分需求或转向其他地区，而对于这部分分流的需求，一部分会随着产能的逐渐恢复而回归国内，而另一部分或将随着对中国依赖性的降低而发生产业转移。当前我国经济增速换挡，经济下行压力较大，且财政货币政策空间小于2003年"非典"时期的政策空间。疫情对全社会总需求的影响相对有限，疫情过后消费需求有望回补，长期看中国经济结构持续优化、国民经济稳步增长的趋势不改。但从未来长期的角度来看，相较于对经济造成的短期冲击，疫情将带来的变化影响或许更为深远。

第一节　研　究　设　计

一、模型设定

本节使用分样本回归模型的方法，以考察高低不确定性情形下财政政策调节经济总量的有效性：

$$Y_t = (\alpha_0 + \alpha_1(X_t) + \alpha_2(F_t))Unc[q_t \leq \gamma]$$
$$+ (\alpha_0^* + \alpha_1^*(X_t) + \alpha_2^*(F_t))Unc[q_t > \gamma] + \varepsilon_t$$

其中，临界值 γ 对应所有高不确定性时期（2007 年下半年、2008 ~ 2010 年、2019 年 1 月及 2020 年 1 ~ 5 月）的不确定性取值。X 为控制变量，F_t 表示财政政策（解释变量），t 表示时间（本书使用的为月度数据），ε_t 为随机误差项。若系数 α_2 显著大于零，则说明经济不确定性条件下财政政策的实施使得被解释变量（消费、投资及产出）总量增加（有效），尤其是当 α_2^* 显著大于 0，则在高度不确定性情形下财政政策会使得消费、投资及总需求上升，若系数为负，则使得消费、投资及总需求下降。

二、指标说明

鉴于本书主要讨论财政政策调控产出的有效性，而财政政策调控产出的影响机制主要是消费、投资和净出口，本章使用各变量总额占 GDP 比重来表示政策有效性（例如财政支出占 GDP 大小），因而本节对被解释变量、解释变量和控制变量设定如下。

（一）被解释变量：社会消费品零售总额占比、社会融资规模占比、净出口总额占比和 $\ln GDP$

本节研究在高不确定性与低不确定性下财政政策如何影响宏观经济总量，而宏观经济总量一般由社会消费、社会投资、净出口以及总产出代表，因而这里具体采用社会消费品零售总额占 GDP 之比、社会融资规模占 GDP 之比（由于数据的获得性，社会投资采用社会融资规模占比作为代理变量）、净出口占 GDP 之比分别表示前面三个宏观经济变量，而 GDP 数值较大，为获取精准的统计结果，对其取对数表示。

（二）解释变量

为了考察财政政策的有效性，选择性地使用几种主要的财政工具，主要包括财政支出、政府投资性支出、政府消费性支出、财政赤字支出、人力资本支出、科技支出、宏观税负、增值税、企业所得税、消费税和个人所得税等，具体采用这些财政工具占 GDP 之比来表示，因此，解释变量也相应涉及财政支出占 GDP 之比、政府投资性支出占 GDP 之比、政府消费性支出占比、财政赤字率、人力资本支出占比、科技支出占比、宏观税负率、增值税占比、消费税占比、企业所得税占比、个人所得税占比等。在进行实证分析时，先统一各财政工具的单位（亿元），然后得到各变量占 GDP 的比重。

（三）环境变量

本节实证采用分样本回归模型，环境变量设为经济不确定性（EU），来源于前文根据 2007～2020 年 5 月的中国宏观经济数据估算的经济不确定性指数，具体见图 3－1，按指数的 70% 百分位以上定义为高不确定性时期，包括期间发生的 2007/2009 年金融危机、2018/2019年贸易摩擦事件及 2020 年初发生的新冠疫情，而其他时期的经济不确定性定义为低不确定性时期。本节使用分样本回归，将 2007 年下半年、2008～2010 年、2019 年 1 月及 2020 年 1～5 月设定为高不确定性时期，其余时期为低不确定性时期。

（四）控制变量

由于国民经济总量包括消费、投资、净出口和总产出不仅受到财政政策的影响，还会受到其他因素的影响，主要影响因素包括货币政策、社会储蓄率、经济开放程度等。因此，这里选取影响财政政策调节经济活动有效性的变量包括社会储蓄率、汇率、利率和净出口占比作为控制变量。其中，社会储蓄率反映了社会的储蓄倾向，也间接反映了社会的消费倾向，是直接影响财政乘数大小的重要因素。利率反映了货币政策的作用空间，也反映了资金的成本，关系到财政政策的必要性及其力度。汇率也是货币政策的一部分，关系到进出口，汇率的贬值会带来出口和消费增加，从而带来总需求增加和总产出上升，汇率升值会刺激进口。净出口占比代表着经济对外开放的水平和程度，都会影响到财政政策的有效性。

经济不确定性下的财政政策有效性实证检验的指标说明见表 5－1。

表 5 - 1　　经济不确定性下的财政政策有效性实证检验的指标说明

类型	变量	指标构建
被解释变量	社会消费占比	社会消费品零售总额占 GDP 之比
	社会投资占比	社会融资规模占 GDP 之比
	净出口占比	净出口占 GDP 之比
	lnGDP	对 GDP 取对数
核心解释变量	财政支出占比	财政支出占 GDP 之比
	政府投资性支出占比	政府投资性支出占 GDP 之比
	政府消费性支出占比	政府消费性支出占 GDP 之比
	财政赤字率	财政赤字占 GDP 之比
	人力资本支出占比	人力资本支出占 GDP 之比
	科技支出占比	科技性支出占 GDP 之比
	宏观税负率	税收总收入占 GDP 之比
	增值税占比	增值税税收占 GDP 之比
	企业所得税占比	企业所得税税收占 GDP 之比
	消费税占比	消费税税收占 GDP 之比
	个人所得税占比	个人所得税税收占 GDP 之比
控制变量	社会储蓄率	衡量一国国民储蓄率
	汇率	实时的人民币兑美元汇率
	政策利率	贷款利率
	净出口占比	净出口占 GDP 之比
环境变量	经济不确定性	经济不确定性指数

三、数据来源及描述性统计

GDP、汇率、储蓄率、净出口占比、贷款利率来自 Wind、国泰安、国家统计局官网与中经网等数据库，均为月度数据。本节对经济不确定性变化条件下各类型财政工具变量和被解释变量进行描述性统计分析，如表 5 - 2 所示。一方面，比较高低不确定性（两个时期）下的平均值发现，投资、消费及 GDP 均在高不确定性时期显著上升，这说明受到经济不确定性上升的影响，财政政策对实体经济调控有效性也随之增加。当受到外生的不确定性冲击影响时财政风险加大，需要采取强有力的财政措施才能刺激需求、提振实体经济。对比高低两种经济不确定性水平下的财政政策力度，除了宏观税负与消费税力度以外其他的财政政策力度均在高不确定性下大于不确定性较低的时期。

表 5-2　　　　　　　各解释变量与被解释变量的描述性统计

变量	低不确定性					高不确定性				
	观测值	平均值	标准差	最小值	最大值	观测值	平均值	标准差	最小值	最大值
社会融资规模占 GDP 比重	117	3.867	2.274	0.410	9.688	48	4.226	2.379	0.534	9.403
净出口总额占 GDP 比重	117	0.035	0.02	-0.01	0.107	48	0.043	0.022	-0.007	0.142
社会消费品零售总额占 GDP 比重	117	0.394	0.045	0.321	0.520	48	0.431	0.048	0.287	0.547
$\ln GDP$	117	10.71	0.257	10.11	11.16	48	11.19	0.140	10.80	11.44
财政支出占 GDP 比重	117	0.209	0.063	0.115	0.497	48	0.227	0.069	0.121	0.390
宏观税负率	117	0.137	0.048	0.127	0.330	48	0.127	0.051	0.117	0.351
政府投资性支出占 GDP 比重	117	0.051	0.027	0.012	0.141	48	0.065	0.0280	0.0170	0.118
政府消费性支出占 GDP 比重	117	0.131	0.056	0.046	0.357	48	0.151	0.058	0.048	0.262
人力资本支出占 GDP 比重	117	0.048	0.024	0.004	0.136	48	0.057	0.020	0.023	0.091
增值税占 GDP 比重	117	0.050	0.008	0.035	0.069	48	0.064	0.015	0.041	0.114

续表

变量	低不确定性					高不确定性				
	观测值	平均值	标准差	最小值	最大值	观测值	平均值	标准差	最小值	最大值
消费税占 GDP 比重	117	0.013	0.004	0.008	0.028	48	0.012	0.005	0.002	0.024
企业所得税占 GDP 比重	117	0.032	0.030	-0.016	0.097	48	0.038	0.032	0.002	0.098
个人所得税占 GDP 比重	117	0.012	0.004	0.007	0.022	48	0.013	0.004	0.008	0.025
科技支出占 GDP 比重	117	0.008	0.005	0.002	0.028	48	0.010	0.005	0.004	0.028
财政赤字率	117	0.050	0.081	-0.330	0.178	48	0.014	0.080	-0.207	0.159

四、单位根检验

在进行实证分析之前，采用 ADF 检验对样本数据进行了单位根检验，发现各变量的检验结果均显示强烈拒绝"存在单位根"的原假设，即各变量为平稳变量，其结果见表 5－3。

表 5－3 单位根检验

变量类型	变量	T 统计量	p 值	平稳性
被解释变量	社会融资规模占比	-5.957	0.001	平稳
	社会消费品零售总额占比	-5.271	0.000	平稳
	lnGDP	-3.069	0.031	平稳
	净出口占比	-4.824	0.004	平稳
解释变量	财政支出占比	-12.332	0.003	平稳
	投资性支出占比	-4.835	0.001	平稳
	消费性支出占比	-6.249	0.000	平稳

续表

变量类型	变量	T 统计量	p 值	平稳性
解释变量	人力资本支出占比	−25.820	0.004	平稳
	科技性支出占比	−8.917	0.003	平稳
	宏观税负率	−8.115	0.000	平稳
	增值税占比	−7.784	0.001	平稳
	消费税占比	−3.183	0.002	平稳
	企业所得税占比	−29.482	0.001	平稳
	个人所得税占比	−3.249	0.002	平稳
	财政赤字率	−6.569	0.000	平稳
控制变量	社会储蓄率	−12.569	0.004	平稳
	汇率	−9.207	0.006	平稳
	净出口占比	−4.824	0.004	平稳
	政策利率	−10.990	0.000	平稳

注：数据指标通过了 ADF 单位根检验，序列不存在单位根，为平稳序列。

第二节　实证结果分析

一、财政政策有效性的实证结果分析

回归结果如表 5 − 4 ~ 表 5 − 14 所示。结果表明，总体上，就对产出的影响而言，大多数的财政工具在高不确定性下对于产出的影响都比较显著，只有科技性支出和个税不显著。在财政支出与宏观税负之间，高不确定性时期财政支出对产出的影响比宏观税负更显著。在政府投资性支出、消费性支出与财政赤字之间，高不确定性时期政府投资性支出和财政赤字要比消费性支出对产出的影响更显著。在人力资本支出与科技

性支出之间，高不确定性时期人力资本支出对产出的影响要比科技性支出更显著。在各类税收工具之间，高不确定性时期，增值税、消费税和企业所得税对产出具有挤入效应，只有个税对产出的影响不显著。就社会投资和消费而言，几乎所有的财政工具对社会投资和消费的影响在高不确定性时期大于低不确定性时期。就进出口而言，大部分财政工具的影响在高不确定性时期都显著为正，只有科技性支出、宏观税负、企业所得税和个税的影响不显著。这与前文估算的乘数效应大体一致，也基本符合中国的经济事实。

　　控制变量中，社会储蓄率对社会投资的影响基本上为正面影响，对社会消费、进出口和产出的影响基本为负面影响，而且大多数情形下，高不确定性时期的影响大于低不确定性时期。随着不确定性水平的上升，社会储蓄率会增加，并且会超过低不确定性水平下的储蓄率，短期内会抑制消费和产出，印证了预防性储蓄理论的观点；同时社会储蓄率的增加对社会投资的影响为正，意味着社会储蓄资金迟早会转换为投资、成为投资的资金来源。人民币汇率在贬值时可以拉动出口、进而增加净出口，当汇率升值时会抑制出口、对出口贸易企业的投资消费及GDP均产生短期的负面影响，故而汇率的系数为负值。汇率对于社会投资的影响不显著，但对消费和产出的影响在高不确定性时期显著为负。汇率对进出口的影响显著为负，且在低不确定性时期的影响大于高不确定性时期。同样，净出口占GDP之比的影响系数为正表示净出口的增加会拉动经济总量，然而一些地方结果并不显著，这表示净出口占比往往不能作为解释经济不确定性背景下财政政策对总量调控效果的主要因素。贷款利率对社会投资、消费、进出口及产出的影响皆为负表明作为影响私人投资融资成本的主要因素，贷款利率上升会负面影响投资、消费与产出，形成融资约束。利率对进出口的影响在高低不确定性时期都不显著。在高不确定性时期，贷款利率对产出的影响在多数情况下均显著为负，但在高不确定性时期对投资、消费的影响为负但多数情况下都不够显著，说明了高不确定性时期信贷政策对投资消费的作用影响非常有限，需要财政政策发挥积极作用，反映了高不确定性时期货币政策的作用力度和空间存在局限，体现了财政政策干预的必要性。这些结论与现有研究的结论大致相近，也基本符合中国的经济事实特征。

表5-4显示高不确定性下财政支出对社会投资①、社会消费②、净出口③和总产出的影响均显著为正，说明了财政支出是高不确定性时期带动社会投资、社会消费和总产出的重要支持因素。特别地，财政支出对社会投资的影响系数在高不确定性时期大于低不确定性时期，说明了高不确定性时期财政支出是引导社会投资的关键因素。控制变量中社会储蓄率对社会投资的影响在高低不确定性下均显著为正，且高不确定性时期的影响系数绝对值大于低不确定性时期，反映了高不确定性时期总体上社会储蓄率会正面影响财政支出对社会投资的带动效果，因为私人部门的储蓄可以支持政府的债务发行。社会储蓄率对社会消费、净出口和产出的影响系数在高低不确定性时期均显著为负，且影响系数在高不确定性时期均大于低不确定性时期，说明经济不确定性的上升会引致人们增加预防性储蓄来对抗风险，从而降低边际消费倾向，导致总需求、净出口和总产出下降。汇率对社会消费和社会投资的影响不显著说明汇率不能解释经济不确定性条件下财政支出调控消费和投资的有效性。汇率对进出口的影响显著为负，且在低不确定性时期大于高不确定性时期，反映了汇率会负面影响净出口。汇率对总产出的影响在高低不确定性下均显著为负，而且系数大小相近，说明汇率在不确定性条件下总体上会抑制财政支出带动总产出的作用，即人民币升值会负面影响财政支出对总产出的拉动效果。

---

① 基于数据的获得性，这里的社会投资采用社会融资规模代指，后文同。
② 这里的社会消费采用社会消费零售总额代指。
③ 这里的净出口用进出口额代指。

表 5 – 4　　经济不确定性下的财政支出有效性分样本回归结果

模型	(1)	(2)	(3)	(4)	(5)	(6)	(7)	(8)
变量	社会融资规模占比	社会融资规模占比	社会消费品零售总额占比	社会消费品零售总额占比	lnGDP	lnGDP	净出口总额占比	净出口总额占比
类型	低不确定性	高不确定性	低不确定性	高不确定性	低不确定性	高不确定性	低不确定性	高不确定性
财政支出占比	0.239* (1.82)	1.068** (2.33)	0.013 (1.31)	0.277* (1.85)	0.345 (1.02)	2.102*** (3.57)	0.087 (1.21)	1.781*** (3.50)
社会储蓄率	0.011* (1.93)	0.036*** (4.02)	-0.006 (-1.58)	-0.006* (-1.91)	-0.094*** (-3.08)	-0.110*** (-3.41)	-0.049*** (-4.06)	-0.063*** (-3.92)
汇率	0.021 (1.01)	-0.029 (-0.99)	-0.011 (-1.03)	-0.031 (-1.01)	-0.354*** (-3.40)	-0.299** (-2.64)	-0.346*** (-3.34)	-0.204* (-1.95)
净出口占比	1.026 (1.32)	3.119** (2.50)	0.596 (1.06)	0.456 (1.13)	6.834*** (3.69)	1.654 (1.45)		
贷款利率	-0.105** (-2.30)	-0.105* (-1.89)	-0.082** (-2.22)	-0.022 (-1.00)	-0.191*** (-3.52)	-0.273** (-2.26)	-0.027 (-1.05)	-0.033 (-1.06)
_cons	-0.097 (-1.02)	-1.157 (-1.32)	1.000*** (4.22)	0.884*** (3.48)	18.128*** (5.42)	18.456*** (5.84)	14.581*** (5.55)	13.985*** (5.87)
N	117	48	117	48	117	48	117	48
r^2	0.94	0.73	0.96	0.81	0.85	0.82	0.761	0.759
时间效应	YES	YES	YES	YES	YES	YES	YES	YES

注：*、**、***分别表示在10%、5%、1%的水平上显著；括号内为 t 值。

　　净出口占比在高不确定性下对社会投资的影响系数显著为正，在低不确定性情形下不显著，说明净出口占比并不能解释低不确定性下财政支出对社会投资的影响。净出口占比对社会消费的影响系数在高低不确定性下均不显著，说明净出口占比不能解释经济不确定性下财政支出对总消费的调控效果。净出口占比在低不确定性下对产出的影响系数显著而在高不确定性下的系数不显著，说明净出口占比不能作为解释高不确定性下财政支出对产出调节效果的重要因素。贷款利率对社会投资和总产出的影响系数在高低不确定性下均显著为负，说明贷款利率上升会负面影响投资和总产出。贷款利率在高低两种不确定性条件下对社会投资的影响系数大小相同，说明了贷款利率在高低不确定性下对于社会投资的影响力相近。贷款利率在低不确定性时对社会消费的影响显著为负，而在高不确定性时的影响并不显著，说明贷款利率在低不确定性条件下更可能抑制财政支出刺激总消费的效果，而在高不确定性时期对财政支出刺激消费的效果影响不大。贷款利率对于进出口的影响均为负但不显著，说明了利率不能解释财政支出对进出口的影响效果。贷款利率对总产出的影响系数在高不确定性时期大于低不确定性时期，说明贷款利率在高不确定性下抑制财政支出刺激产出的效果更显著。

表 5-5 显示，高不确定性下投资性支出对社会投资、社会消费和总产出的影响均显著为正，并且政府投资性支出对进出口和产出的影响系数绝对值在高不确定性时期明显大于经济不确定性较低时期，充分说明了政府投资性支出对于社会投资、社会消费、净出口和总产出的调控在高不确定性时期比低不确定性时期更加有效。控制变量中，社会储蓄率对社会投资的影响显著为正，且高不确定性时的影响大于低不确定性时期。社会储蓄率对社会消费零售总额、净出口和总产出的影响显著为负，说明经济不确定性的上升会引致人们增加预防性储蓄来对抗风险，从而降低边际消费倾向，导致总产出下降。汇率在高不确定性情形下对社会投资的影响显著为负，说明了汇率在高不确定性时期对于政府投资性支出带动社会投资的效果具有抑制性，会负面影响投资性支出调节社会投资的效果，即人民币升值会负面影响投资性支出对总产出的拉动效果。

表 5 - 5　　　　经济不确定性下的投资性支出有效性分样本回归结果

模型	(1)	(2)	(3)	(4)	(5)	(6)	(7)	(8)
变量	社会融资规模占比	社会融资规模占比	社会消费品零售总额占比	社会消费品零售总额占比	lnGDP	lnGDP	净出口总额占比	净出口总额占比
类型	低不确定性	高不确定性	低不确定性	高不确定性	低不确定性	高不确定性	低不确定性	高不确定性
投资性支出占比	0.582 (1.10)	3.437 ** (2.21)	0.010 (0.93)	1.079 *** (4.26)	1.776 *** (3.99)	4.022 *** (4.18)	0.932 ** (2.43)	4.090 *** (3.02)
社会储蓄率	0.010 * (1.83)	0.042 ** (2.33)	- 0.008 *** (- 4.02)	- 0.003 * (- 1.89)	- 0.097 *** (- 3.71)	- 0.103 *** (- 3.15)	- 0.049 *** (- 4.06)	- 0.058 *** (- 5.11)
汇率	0.003 (0.83)	- 0.465 * (- 1.87)	- 0.040 ** (- 2.22)	- 0.005 (- 1.01)	- 0.337 *** (- 3.38)	- 0.248 ** (- 2.60)	- 0.336 *** (- 4.03)	- 0.129 (- 1.03)
净出口占比	- 1.110 (- 1.31)	4.287 *** (3.32)	- 0.084 (- 0.96)	0.442 (1.06)	5.719 *** (4.15)	2.625 (1.24)		
贷款利率	- 0.133 *** (- 4.42)	- 0.230 * (- 1.89)	- 0.046 ** (- 2.15)	- 0.026 (- 1.07)	- 0.145 *** (- 4.04)	- 0.306 ** (- 2.10)	0.001 (1.57)	- 0.066 (- 1.01)
_cons	0.229 (1.14)	0.596 (0.96)	1.205 *** (4.54)	0.578 ** (2.31)	17.988 *** (5.38)	18.072 *** (5.02)	14.408 *** (5.34)	13.430 *** (4.90)
N	117	48	117	48	117	48	117	48
r^2	0.95	0.83	0.83	0.85	0.88	0.81	0.773	0.780
时间效应	YES	YES	YES	YES	YES	YES	YES	YES

注：*、**、***分别表示在10%、5%、1%的水平上显著；括号内为t值。

汇率对消费和净出口的影响在低不确定性时期显著，在高不确定性时期不显著，汇率对产出的影响均显著为负，但低不确定性时期的影响系数大于高不确定性时期，说明汇率不能解释高不确定性时期投资性支出带动消费、净出口和产出的效果。净出口占比在高不确定性下对社会融资的影响显著为正，在低不确定性下不显著，说明净出口占比并不能解释低不确定性下投资性支出对社会投资的影响。净出口占比对高低不确定性下的社会消费零售总额的影响都不显著，也说明净出口占比不能解释经济不确定性下投资性支出对总消费的调控效果。净出口对 GDP 的影响系数在低不确定性下显著为正而在高不确定性下的系数不显著，说明净出口占比不能作为解释高不确定性下投资性支出对 GDP 调节效果的重要因素。贷款利率对社会投资和总产出的影响系数在高低不确定性下显著为负，说明无论在高不确定性还是低不确定性下贷款利率上升都会负面影响投资和总产出。贷款利率对社会投资和产出的影响系数在高不确定性时期大于低不确定性时期，说明贷款利率在高不确定性水平下会显著抑制投资性支出对社会总投资和产出的影响效果。而贷款利率在低不确定性下会显著负面影响社会消费，但在高不确定性时对社会消费的影响不显著，说明贷款利率不能作为解释高不确定性下投资性支出引致总消费的重要因素。贷款利率对净出口的影响不显著，不能作为解释净出口的重要因素。

表 5-6 显示，高不确定性下消费性支出对社会投资、社会消费零售总额、净出口和总产出的影响显著为正，并且对社会消费的影响系数在高不确定性时期显著大于经济不确定性较低时期。这说明政府消费性支出构成了高不确定性时期带动社会投资、社会消费、净出口和总产出的重要支持力量。控制变量中社会储蓄率对社会融资规模影响在高不确定性时期显著为正，低不确定性时期不显著。社会储蓄率对社会消费、净出口和总产出的影响显著为负，且影响系数在高不确定性时期大于低不确定性时期，说明经济不确定性的上升会引致人们增加预防性储蓄，从而降低边际消费倾向，进而负面影响总产出。汇率在低不确定性下对社会投资、社会消费和净出口的影响显著，在高不确定性下影响不显著，说明汇率在不确定性较低水平下对消费性支出引导社会投资、消费和净出口的作用比较有效。汇率对总产出的影响在高低不确定性下均显著为负，且影响系数在高不确定性时期大于低不确定性时期，说明汇率在高不确定性条件下更会抑制消费性支出带动总产出的作用，即人民币升值会更有可能负面影响消费性支出对总产出的拉动效果。

表 5 - 6　　　　经济不确定性下的消费性支出有效性分样本回归结果

模型	(1)	(2)	(3)	(4)	(5)	(6)	(7)	(8)
变量	社会融资规模占比	社会融资规模占比	社会消费品零售总额占比	社会消费品零售总额占比	$\ln GDP$	$\ln GDP$	净出口总额占比	净出口总额占比
类型	低不确定性	高不确定性	低不确定性	高不确定性	低不确定性	高不确定性	低不确定性	高不确定性
消费性支出占比	0.256 (1.08)	0.436 * (1.95)	0.230 *** (3.33)	0.354 *** (3.10)	0.027 (0.98)	0.933 * (1.84)	− 0.187 (− 1.17)	0.997 ** (2.29)
社会储蓄率	0.010 (1.03)	0.028 *** (3.06)	− 0.008 *** (− 4.21)	− 0.004 * (− 1.91)	− 0.089 *** (− 3.82)	− 0.111 *** (− 3.16)	− 0.049 *** (− 4.00)	− 0.069 *** (− 3.01)
汇率	0.123 * (1.87)	− 0.031 (− 0.92)	− 0.024 ** (− 2.12)	− 0.039 (− 1.08)	− 0.207 *** (− 3.51)	− 0.378 *** (− 3.12)	− 0.354 *** (− 4.03)	− 0.250 ** (− 2.14)
净出口占比	0.388 (1.07)	3.031 *** (3.97)	0.261 (1.02)	0.663 * (1.88)	5.400 *** (3.64)	3.512 * (1.93)		
贷款利率	− 0.169 ** (− 2.51)	− 0.110 *** (− 3.03)	− 0.032 ** (− 2.35)	− 0.023 (− 1.01)	− 0.211 *** (− 4.05)	− 0.300 ** (− 2.41)	− 0.038 (− 1.06)	− 0.067 (− 0.97)
_cons	− 0.503 (− 1.15)	− 0.588 (− 0.98)	1.029 *** (5.10)	0.871 *** (4.23)	17.048 *** (5.49)	19.395 *** (6.01)	14.726 *** (5.34)	14.867 *** (4.89)
N	117	48	117	48	117	48	117	48
r^2	0.90	0.82	0.73	0.84	0.82	0.77	0.763	0.691
时间效应	YES	YES	YES	YES	YES	YES	YES	YES

注：* 、 ** 、 *** 分别表示在 10% 、 5% 、 1% 的水平上显著；括号内为 t 值。

净出口占比在高不确定性下对社会投资、社会消费和总产出的影响系数均显著为正，对社会投资和社会消费的影响在低不确定性情形下不显著，说明净出口占比并不能解释低不确定性下消费性支出对社会投资和社会消费的影响。净出口占比在高不确定性时期能够正面影响政府消费性支出对产出的带动和激励，说明净出口是经济处于高不确定性时期政府消费性支出引导投资和消费进而带动总产出的重要支持因素，净出口占比可以扩张高不确定性时期政府消费性支出对投资消费和 GDP 的拉动效果。贷款利率对社会投资和总产出的影响系数在高低不确定性下均显著为负，说明在高低不确定性下贷款利率上升均会负面影响投资及总产出，而且贷款利率在高低两种不确定性条件下对社会投资的影响系数绝对值大小差异不大，说明贷款利率在高低不确定性下对投资的负面影响大致相似。贷款利率对于社会消费的影响在高不确定性时期并不显著，说明贷款利率不能作为解释高不确定性条件下消费性支出刺激社会总消费的重要因素。贷款利率对净出口的影响为负但不显著。贷款利率对总产出的影响系数绝对值大小在高不确定性时期大于低不确定性时期，说明贷款利率在高不确定性下会抑制政府消费性支出带动总产出增加的效果。

表 5-7 显示，高不确定性下人力资本支出对社会投资、社会消费、净出口和总产出的影响均显著为正，对社会投资和消费的影响系数绝对值在高不确定性时期大于低不确定性时期，对净出口和产出的影响在低不确定性时期不显著，但在高不确定性时期显著为正，说明了人力资本支出是政府面临高不确定性时期刺激社会投资、消费、净出口和产出的关键因素，反映了财政人力资本支出政策在高不确定性时期是影响投资消费净出口和产出的比较有效的措施。控制变量中社会储蓄率对社会投资的影响在高低不确定性时期均显著为正，且在高不确定性时的影响大于低不确定性时期。社会储蓄率对于社会消费的影响为负向影响，且在低不确定性时期显著为负，但在高不确定性时期不够显著。社会储蓄率对净出口和产出的影响在高低不确定性时期均显著为负，且高不确定性时期的系数大于低不确定性时期，说明经济不确定性的上升会引致人们增加预防性储蓄，从而降低边际消费倾向，导致净出口和总产出下降。

表5-7　经济不确定性下的人力资本支出有效性分样本回归结果

模型	(1)	(2)	(3)	(4)	(5)	(6)	(7)	(8)
变量	社会融资规模占比	社会融资规模占比	社会消费品零售总额占比	社会消费品零售总额占比	$\ln GDP$	$\ln GDP$	净出口总额占比	净出口总额占比
类型	低不确定性	高不确定性	低不确定性	高不确定性	低不确定性	高不确定性	低不确定性	高不确定性
人力资本支出占比	0.916* (1.82)	2.614* (1.84)	0.633*** (4.15)	1.134*** (3.33)	0.021 (1.04)	3.440** (2.41)	-0.157 (-1.04)	3.753*** (4.22)
社会储蓄率	0.010* (1.93)	0.030* (1.86)	-0.008*** (-4.02)	-0.003 (-1.00)	-0.091*** (-4.08)	-0.105*** (-3.69)	-0.049*** (-4.62)	-0.060*** (-5.01)
汇率	0.026 (1.01)	-0.246 (-0.89)	-0.021** (-2.46)	-0.033 (-1.07)	-0.307*** (-3.04)	-0.359*** (-4.10)	-0.352*** (-4.33)	-0.235** (-2.16)
净出口占比	1.431 (1.29)	4.473*** (4.37)	0.280 (1.15)	0.518 (0.80)	6.709*** (4.68)	3.049* (1.81)		
贷款利率	-0.097** (-2.03)	-0.100 (-1.51)	-0.030** (-2.32)	-0.019 (-0.96)	-0.219*** (-4.06)	-0.286** (-2.38)	-0.033 (-1.36)	-0.047 (-1.12)
_cons	-0.085 (-1.12)	0.062 (0.99)	1.004*** (3.10)	0.736*** (5.28)	17.828*** (5.45)	18.902*** (5.73)	14.675*** (5.45)	14.248*** (6.13)
N	117	48	117	48	117	48	117	48
r^2	0.81	0.84	0.87	0.86	0.82	0.79	0.761	0.725
时间效应	YES	YES	YES	YES	YES	YES	YES	YES

注：*、**、*** 分别表示在10%、5%、1%的水平上显著；括号内为t值。

　　汇率对社会投资的影响系数不显著说明汇率不能作为经济不确定性下人力资本支出带动投资作用的重要因素。汇率对于社会消费和净出口的影响在低不确定性下显著为负，但在高不确定性下并不显著，汇率对总产出的影响在高低不确定性下均显著为负，且高不确定性下的系数大于低不确定性下的系数，说明汇率在高不确定性条件下更会抑制人力资本支出带动总产出的作用，即人民币升值会负面影响人力资本支出对总产出的拉动效果。净出口占比在高不确定性下对社会投资的影响系数显著为正，在低不确定性情形下不显著，说明净出口占比在高不确定性下会显著正面影响人力资本支出对社会投资的作用效果，而在低不确定性下，不能作为解释人力资本支出对社会投资影响的重要因素。净出口占比对社会消费的影响系数不显著，说明净出口的大小不能解释人力资本支出影响总消费的变动。净出口占比对产出的影响系数在高低不确定性下均显著为正，说明净出口占比在高低不确定性时期都会正面显著影响人力资本支出措施对总产出的调控效果。贷款利率对净出口的影响为负但不显著。贷款利率对总产出的影响系数在高低不确定性下均显著为负，且系数的绝对值在高不确定性时期大于低不确定性时期，说明随着不确定性水平的上升，贷款利率的增加会显著负面影响总产出。而贷款利率在高不确定性时对社会投资和消费的影响不显著，但在低不确定性时的影响显著为负，说明贷款利率在高不确定性时期对于人力资本支出对社会投资和消费的影响非常有限。

表 5-8 显示，高不确定性下科技性支出对社会投资和消费的影响均显著为正，且对于社会消费的影响在高不确定性时期大于低不确定性时期，表明了高不确定性时期财政科技性支出能够有效带动社会投资和社会消费。但科技性支出对净出口和产出的影响在高低不确定性时期均不显著，可能是因为科技性支出占比太低所致。这与前文估算的科技性支出的净出口乘数和产出乘数效应都非常小的情况大体一致。控制变量中社会储蓄率对社会投资的影响不显著，说明社会储蓄率不能解释经济不确定性下财政科技性支出引致投资是否有效。社会储蓄率对社会消费、净出口和产出的影响在高低不确定性下均显著为负，且影响系数绝对值在高不确定性时期大于低不确定性时期，说明经济不确定性的上升会引致人们增加预防性储蓄，从而降低边际消费倾向，导致净出口和总产出下降。汇率对社会投资的影响系数不显著，说明汇率不能作为解释经济不确定性下财政科技性支出引致投资的作用的重要因素。

表5-8　　　经济不确定性下的科技性支出有效性分样本回归结果

模型	(1)	(2)	(3)	(4)	(5)	(6)	(7)	(8)
变量	社会融资规模占比	社会融资规模占比	社会消费品零售总额占比	社会消费品零售总额占比	lnGDP	lnGDP	净出口总额占比	净出口总额占比
类型	低不确定性	高不确定性	低不确定性	高不确定性	低不确定性	高不确定性	低不确定性	高不确定性
科技性支出占比	0.457 (1.48)	18.071 ** (2.57)	2.463 *** (3.66)	8.462 *** (4.35)	1.514 (1.47)	4.061 (1.28)	2.310 (1.54)	7.963 (1.57)
社会储蓄率	0.010 (1.03)	0.001 (1.42)	−0.009 *** (−4.02)	−0.020 *** (−4.56)	−0.097 *** (−3.81)	−0.115 *** (−3.17)	−0.049 *** (−5.06)	−0.071 *** (−4.42)
汇率	0.014 (1.11)	0.527 (1.56)	−0.023 ** (−2.27)	0.454 *** (4.13)	−0.362 *** (−4.04)	−0.390 *** (−5.12)	−0.346 *** (−3.33)	−0.266 ** (−2.42)
净出口占比	1.418 (1.37)	3.685 ** (2.37)	0.679 (0.94)	0.039 (1.42)	6.107 *** (4.76)	3.519 * (1.92)		
贷款利率	−0.112 *** (−3.31)	−1.013 * (−1.91)	−0.033 ** (−2.41)	−0.603 *** (−4.15)	−0.198 *** (−5.05)	−0.297 * (−1.84)	−0.022 (−1.53)	−0.050 (−1.42)
_cons	0.084 (1.58)	−0.657 (−1.37)	1.080 *** (4.09)	−0.090 (−1.04)	18.373 *** (5.39)	19.783 *** (4.02)	14.577 *** (5.32)	15.121 *** (4.90)
N	117	48	117	48	117	48	117	48
r^2	0.79	0.79	0.74	0.84	0.84	0.76	0.764	0.669
时间效应	YES	YES	YES	YES	YES	YES	YES	YES

注：*、**、*** 分别表示在10%、5%、1%的水平上显著；括号内为t值。

汇率对总产出的影响在高低不确定性下均显著为负，且影响系数的绝对值在高不确定性时期大于低不确定性时期，说明汇率是负面影响高不确定性下财政科技性支出带动总产出的有效措施，即人民币升值会负面影响财政科技性支出对消费和总产出的拉动效果。汇率对净出口的影响在低不确定性时期显著大于高不确定性时期，说明汇率在高不确定性时期不是解释净出口的重要因素。净出口占比在高不确定性下对社会投资的影响系数显著为正，在低不确定性情形下不显著，说明净出口占比并不能解释低不确定性下科技性支出对社会投资的影响。净出口占比对社会消费的影响系数不显著说明净出口的大小不能解释科技性支出影响总消费的变动。净出口占比对产出的影响系数显著为正说明净出口占比会正面影响经济不确定性下科技性支出带动总产出的效果。贷款利率对社会投资、社会消费和总产出的影响系数在高低不确定性下均显著为负，且影响系数的绝对值均在高不确定性下大于低不确定性时期，说明贷款利率上升在高不确定性下均会有效负面影响投资、消费以及总产出。贷款利率对净出口的影响均不显著。

表5-9显示，高不确定性下财政赤字对社会投资、社会消费、净出口和总产出的影响均显著为正，并且对于净出口和产出的影响系数的绝对值在高不确定性时期大于低不确定性时期，对社会投资的影响在低不确定性时期为负但不显著，对社会消费的影响在低不确定性时期显著为负，说明了财政赤字在高不确定性时期存在挤入效应，在低不确定性时期存在挤出效应，也反映了财政赤字政策是政府应对高不确定性、刺激产出的最有效的政策工具。控制变量中社会储蓄率对社会投资的影响不显著，说明社会储蓄率不能解释经济不确定性下财政赤字调节投资的作用效果。社会储蓄率对社会消费、净出口和总产出的影响在高低不确定性下均显著为负，且影响系数的绝对值在高不确定性下大于低不确定性时期，说明经济不确定性的上升会引致人们增加预防性储蓄，从而降低边际消费倾向，导致净出口和总产出下降。汇率对社会投资的影响系数不显著，说明汇率不能作为解释经济不确定性下财政赤字影响投资作用的重要因素。低不确定性下汇率对社会消费、净出口和总产出的影响显著为负，说明汇率在经济不确定性较低时期会负面影响财政赤字对社会消费、净出口和总产出的作用效果，即人民币升值会负面影响财政赤字对消费、净出口和总产出的拉动效果，而在高不确定性时期对消费、净出口和产出的影响为负，但并不显著，说明高不确定

性时期汇率的影响乏力。

表5-9　　　经济不确定性下的财政赤字有效性分样本回归结果

模型	(1)	(2)	(3)	(4)	(5)	(6)	(7)	(8)
变量	社会融资规模占比	社会融资规模占比	社会消费品零售总额占比	社会消费品零售总额占比	lnGDP	lnGDP	净出口总额占比	净出口总额占比
类型	低不确定性	高不确定性	低不确定性	高不确定性	低不确定性	高不确定性	低不确定性	高不确定性
财政赤字率	-0.144 (-1.42)	0.291 * (1.76)	-0.142 *** (-4.29)	0.144 * (1.77)	0.509 *** (3.11)	1.906 ** (2.57)	0.327 *** (4.09)	0.619 ** (2.20)
社会储蓄率	0.008 (1.02)	0.013 (1.35)	-0.010 *** (-3.00)	-0.030 * (-1.76)	-0.091 *** (-4.27)	-0.065 * (-1.78)	-0.045 *** (-3.06)	-0.058 *** (-4.16)
汇率	0.018 (1.00)	0.148 (1.36)	-0.025 *** (-3.23)	-0.039 (-1.09)	-0.385 *** (-3.03)	-0.375 (-0.98)	-0.367 *** (-4.03)	-0.254 ** (-2.15)
净出口占比	-0.944 (-1.30)	4.183 ** (2.31)	0.172 (1.12)	0.532 (1.34)	5.023 *** (3.85)	0.718 (1.47)		
贷款利率	-0.121 *** (-4.04)	-0.421 (-1.12)	-0.048 *** (-3.31)	-0.008 (-1.02)	-0.177 *** (-3.04)	-0.006 (-1.53)	-0.013 (-1.47)	0.010 (1.29)
_cons	0.146 (1.45)	-0.193 (-1.58)	1.179 *** (3.09)	0.815 *** (4.26)	18.214 *** (6.36)	16.301 *** (5.53)	14.476 *** (6.37)	14.229 *** (7.01)
N	117	48	117	48	117	48	117	48
r^2	0.97	0.76	0.83	0.83	0.87	0.75	0.791	0.697
时间效应	YES	YES	YES	YES	YES	YES	YES	YES

注：*、**、*** 分别表示在10%、5%、1%的水平上显著；括号内为t值。

净出口占比在高不确定性下对社会投资的影响系数显著为正，在低不确定性情形下的影响不显著。净出口占比在高低不确定性下对社会消费的影响都不显著，说明净出口规模大小不能解释经济不确定性存在下财政赤字对消费的影响幅度。净出口占比在低不确定性下对产出的影响系数显著为正，高不确定性下为正但不显著，说明净出口占比在高不确定性下对财政赤字带动总产出的效果影响乏力。贷款利率对社会融资、社会消费和总产出的影响系数显著为负，说明贷款利率上升会负面影响投资、消费以及总产出。贷款利率在高不确定性条件下对社会投资、社会消费和产出的影响系数均为负但不显著，而在低不确定性下均显著为负，对净出口的影响均不显著，说明贷款利率在经济不确定性较低时期对投资、消费和产出的抑制性较强，而贷款利率在高不确定性时对财政赤字带动社会投资、消费和产出的效果的负面影响（连同对净出口的影响）微乎其微，成就了财政赤字政策在高不确定性时期正面拉动社会投资、消费和产出的功能。

表 5 – 10 显示，高不确定性下宏观税负对社会投资、社会消费的影响均显著为正，并且影响系数的绝对值在高不确定性时期大于经济不确定性较低时期，对产出和净出口的影响不显著。这说明了高不确定性时期为了拉动经济复苏需要政府加大财政政策力度，而较大的财政政策力度还是需要一定的宏观税负提供收入支持。低不确定性时期宏观税负的增加会负向影响净出口和产出水平。控制变量中社会储蓄率对社会投资的影响在高低不确定性下均显著为正，且高不确定性下的系数大于低不确定性下的系数，说明社会储蓄率可以正面影响高不确定性下宏观税负调节投资的作用效果。社会储蓄率对社会消费、净出口和总产出的影响均显著为负，且高不确定性下的影响超过低不确定性时期，说明经济不确定性的上升会引致人们增加预防性储蓄，从而降低边际消费倾向，导致净出口和总产出下降。汇率对社会投资的影响系数不显著，说明汇率不能作为解释经济不确定性下宏观税负调控投资作用的重要因素。汇率对于社会消费的影响均显著为负，表明了汇率会负面影响宏观税负对消费的作用效果。

表 5 – 10　　　　经济不确定性下的宏观税负有效性分样本回归结果

模型	(1)	(2)	(3)	(4)	(5)	(6)	(7)	(8)
变量	社会融资规模占比	社会融资规模占比	社会消费品零售总额占比	社会消费品零售总额占比	lnGDP	lnGDP	净出口总额占比	净出口总额占比
类型	低不确定性	高不确定性	低不确定性	高不确定性	低不确定性	高不确定性	低不确定性	高不确定性
宏观税负率	0.908 *** (3.98)	1.101 * (1.82)	0.154 ** (2.14)	0.164 * (1.95)	− 1.092 *** (− 4.25)	1.265 (1.33)	− 0.530 ** (− 2.31)	0.640 (1.16)
社会储蓄率	0.013 ** (2.42)	0.027 ** (2.31)	− 0.008 *** (− 4.02)	− 0.007 *** (− 3.87)	− 0.100 *** (− 3.71)	− 0.126 *** (− 4.29)	− 0.050 *** (− 3.68)	− 0.078 *** (− 4.14)
汇率	0.032 (1.48)	− 0.054 (− 1.53)	− 0.030 *** (− 3.97)	− 0.031 *** (− 4.19)	− 0.390 *** (− 5.03)	0.195 (1.52)	− 0.365 *** (− 5.13)	− 0.256 ** (− 2.16)
净出口占比	− 0.330 (− 1.22)	3.768 *** (3.37)	− 0.000 (− 1.34)	0.486 * (1.88)	5.189 *** (3.59)	2.300 (1.50)		
贷款利率	− 0.124 *** (− 4.03)	− 0.121 (− 1.07)	− 0.044 *** (− 3.13)	− 0.037 *** (− 4.01)	− 0.191 *** (− 4.42)	− 0.637 * (− 1.91)	− 0.024 (− 1.45)	− 0.091 (− 1.27)
_cons	− 0.339 (− 1.10)	− 0.510 (− 1.58)	1.067 *** (3.61)	1.031 *** (4.10)	18.921 *** (6.38)	17.130 *** (6.23)	14.865 *** (5.34)	15.435 *** (5.86)
N	117	48	117	48	117	48	117	48
r^2	0.82	0.79	0.80	0.83	0.86	0.76	0.776	0.656
时间效应	YES	YES	YES	YES	YES	YES	YES	YES

注: *、 ** 、 *** 分别表示在 10% 、 5% 、 1% 的水平上显著；括号内为 t 值。

低不确定性下汇率对净出口和总产出的影响显著为负，说明汇率在经济不确定性较低时会抑制宏观税负对净出口和总产出的作用，即人民币升值会负面影响宏观税负对净出口和总产出的调节效果。汇率对产出的影响在高不确定性下不显著，说明高不确定性时期汇率对宏观税负作用产出的效果没有什么影响。净出口占比在高不确定性下对社会投资和消费的影响显著为正，高不确定性下对产出的影响系数为正但不够显著，而在低不确定性下对产出的影响显著为正，说明净出口占比并不能解释低不确定性下宏观税负对社会投资和消费的影响。净出口占比也不能解释在高不确定性下宏观税负对产出的影响。贷款利率对社会投资、社会消费和总产出的影响系数大部分都显著为负，只有在高不确定性时期对投资的影响不显著，说明贷款利率上升会负面影响投资、消费以及总产出，并且贷款利率在经济不确定性较低时期对投资和消费的抑制更大。贷款利率不能作为解释高不确定性下宏观税负调节投资效果的重要因素。贷款利率对净出口的影响为负但不显著，对产出的影响显著为负，且系数的绝对值在高不确定性时期大于低不确定性时期，说明贷款利率在高不确定性下对产出的抑制更显著。

表 5 - 11 显示，高低不确定性下增值税对社会投资、社会消费、净出口和总产出的影响均显著为正，且影响系数的绝对值在高不确定性时期大于低不确定性时期，说明了增值税长期来看也是应对高不确定性带给社会投资、消费、净出口和产出负面影响的有效政策工具，在高不确定性时期可以采用增值税减税措施有效调节投资消费、净出口和产出。控制变量中社会储蓄率对社会投资的影响在高低不确定性时期均显著为正，且高不确定性下的系数大于低不确定性下的系数，说明社会储蓄率可以正面影响高不确定性下增值税调节投资的作用效果。社会储蓄率对社会消费的影响均为负值，在低不确定性下显著，但高不确定性不显著。社会储蓄率对净出口和总产出的影响在高低不确定性下均显著为负，且高不确定性下的系数绝对值大于低不确定性时期，说明经济不确定性的上升会引致人们增加预防性储蓄，从而必然会降低边际消费倾向，负面影响净出口和总产出。汇率对社会投资的影响系数在高低不确定性下都不显著，说明汇率不能作为经济不确定性下增值税调控投资作用效果的重要因素。

表 5 - 11　　　经济不确定性下的增值税有效性分样本回归结果

模型	(1)	(2)	(3)	(4)	(5)	(6)	(7)	(8)
变量	社会融资规模占比	社会融资规模占比	社会消费品零售总额占比	社会消费品零售总额占比	lnGDP	lnGDP	净出口总额占比	净出口总额占比
类型	低不确定性	高不确定性	低不确定性	高不确定性	低不确定性	高不确定性	低不确定性	高不确定性
增值税占比	4.172 *** (3.70)	7.896 *** (3.57)	1.271 *** (4.01)	3.234 *** (3.77)	− 3.364 *** (− 3.10)	7.486 * (1.89)	− 0.522 (− 1.62)	8.649 ** (2.59)
社会储蓄率	0.015 *** (3.74)	0.044 *** (4.13)	− 0.007 *** (− 4.42)	− 0.002 (− 3.32)	− 0.100 *** (− 4.11)	− 0.106 *** (− 3.17)	− 0.050 *** (− 4.06)	− 0.060 *** (− 3.05)
汇率	− 0.029 (− 1.49)	− 0.134 (− 1.36)	− 0.043 *** (− 4.36)	− 0.067 ** (− 2.21)	− 0.333 *** (− 4.04)	− 0.445 *** (− 4.12)	− 0.344 *** (− 3.03)	− 0.334 *** (− 4.11)
净出口占比	1.268 (1.19)	3.431 ** (2.14)	0.192 (1.43)	0.430 (1.45)	6.343 *** (3.63)	2.992 * (1.76)		
贷款利率	− 0.113 *** (− 4.03)	− 0.123 (− 1.34)	− 0.041 *** (− 4.01)	− 0.027 (− 1.08)	− 0.204 *** (− 4.50)	− 0.311 ** (− 2.15)	− 0.030 (− 1.53)	− 0.072 (− 1.37)
_cons	− 0.111 (− 1.49)	− 1.019 (− 1.25)	1.065 *** (4.36)	0.827 *** (4.20)	18.566 *** (6.31)	19.358 *** (6.93)	14.669 *** (6.54)	14.694 *** (5.86)
N	117	48	117	48	117	48	117	48
r^2	0.76	0.80	0.91	0.81	0.85	0.78	0.761	0.716
时间效应	YES	YES	YES	YES	YES	YES	YES	YES

注：＊、＊＊、＊＊＊分别表示在 10%、5%、1% 的水平上显著；括号内为 t 值。

　　汇率对社会消费和总产出的影响均显著为负，且影响系数的绝对值在高不确定性时期大于低不确定性时期，说明汇率在高不确定性时期会显著抑制增值税作用于总产出的效果，即人民币升值会负面影响增值税对总产出的作用效果。汇率对净出口的影响均显著为负，且系数的绝对值在低不确定性时期大于高不确定性时期，说明汇率不能作为解释高不确定性时期增值税影响净出口的重要因素。净出口占比在高不确定性下对社会投资和产出的影响系数显著为正，在低不确定性下不显著或系数大于高不确定性时期，说明净出口占比在高不确定性时期可以有效正面扩张增值税调节投资和产出的效果，但并不能解释低不确定性下增值税对社会投资的影响。净出口占比对社会消费的影响系数在高低不确定性下都不显著，说明净出口规模大小不能解释增值税对消费的影响效果。贷款利率对社会投资和社会消费的影响系数为负，在低不确定性时期显著为负，在高不确定性时期不显著，说明贷款利率上升在低不确定性时期会明显抑制投资和消费，但对高不确定性时期的投资消费影响乏力。贷款利率对净出口的影响都为负但均不显著，对产出的影响在高低不确定性下均显著为负，且高不确定性时期的影响大于低不确定性时期，表明贷款利率在高不确定性时期会显著抑制增值税对产出的作用效果。

表 5-12 显示，高不确定性下消费税对社会投资、社会消费、净出口和总产出的影响均显著为正，说明高不确定性下消费税可以有效调节社会投资、社会消费和净出口，进而带动产出。控制变量中社会储蓄率对社会投资的影响均显著为正，说明无论高低不确定性下社会储蓄率都是正面影响着社会投资、为社会投资提供了资金来源。社会储蓄率对于社会消费、净出口和产出的影响均显著为负，且高不确定性下的系数大于低不确定性下的系数，说明社会储蓄率在高不确定性时期会负面影响消费、净出口和产出，印证了预防性储蓄理论。汇率对社会投资的影响系数均不显著，说明汇率不能解释消费税调控投资的作用。汇率对社会消费的影响均为负，且在低不确定性下显著，在高不确定性时期不显著，说明了汇率在低不确定性时期会抑制消费，在高不确定性时期不能作为解释消费税调节消费的重要因素。汇率对净出口和产出的影响均显著为负，且在低不确定性下的影响系数大于高不确定性时期，说明汇率在高不确定性时期不能构成解释消费税影响净出口和产出的重要因素，在低不确定性时期会显著抑制净出口和总产出，即人民币升值会负面影响消费税对总产出的调节效果。

表 5 – 12　　　经济不确定性下的消费税有效性分样本回归结果

模型	(1)	(2)	(3)	(4)	(5)	(6)	(7)	(8)
变量	社会融资规模占比	社会融资规模占比	社会消费品零售总额占比	社会消费品零售总额占比	lnGDP	lnGDP	净出口总额占比	净出口总额占比
类型	低不确定性	高不确定性	低不确定性	高不确定性	低不确定性	高不确定性	低不确定性	高不确定性
消费税占比	0.503 (1.13)	13.870 * (1.74)	1.296 (1.38)	6.723 *** (3.23)	−11.625 *** (−3.61)	17.487 * (1.83)	−3.919 (−1.63)	22.226 ** (2.48)
社会储蓄率	0.010 * (1.82)	0.027 ** (2.39)	−0.008 *** (−4.02)	−0.009 ** (−3.42)	−0.099 *** (−3.71)	−0.115 *** (−3.01)	−0.049 *** (−4.12)	−0.082 *** (−3.51)
汇率	0.014 (1.20)	−0.029 (−1.44)	−0.026 ** (−2.41)	−0.021 (−1.06)	−0.406 *** (−3.04)	−0.398 *** (−3.21)	−0.369 *** (−4.03)	−0.192 * (−1.12)
净出口占比	1.213 (1.38)	3.902 *** (3.29)	0.095 (1.02)	0.606 (1.18)	3.645 ** (2.31)	3.850 ** (2.24)		
贷款利率	−0.112 *** (−3.03)	−0.037 (−1.22)	−0.038 *** (−4.01)	−0.015 (−1.00)	−0.234 *** (−3.05)	−0.154 * (−1.75)	−0.040 (−1.58)	0.063 (0.89)
_cons	0.063 (1.02)	−0.925 (−1.28)	1.049 *** (3.11)	0.826 *** (3.23)	19.096 *** (5.31)	19.179 *** (6.68)	14.828 *** (6.31)	14.584 *** (5.86)
N	117	48	117	48	117	48	117	48
r^2	0.79	0.71	0.78	0.89	0.86	0.79	0.766	0.709
时间效应	YES	YES	YES	YES	YES	YES	YES	YES

注：*、**、*** 分别表示在10%、5%、1%的水平上显著；括号内为 t 值。

净出口占比在高不确定性下对社会投资的影响系数显著为正，在低不确定性情形下不显著，说明净出口占比并不能解释低不确定性下消费税对社会投资的影响效果，但在高不确定性时期可以有效正面影响社会投资。净出口占比对社会消费的影响系数均不显著，说明净出口规模大小不能解释消费税对消费的影响幅度。净出口占比在高低两种不确定性下对产出的影响系数显著为正，且影响系数在高不确定性时期大于低不确定性时期，说明净出口占比在高不确定性下有效正面扩张产出，正面支持消费税对总产出的调控效果。贷款利率对社会投资和社会消费的影响在低不确定性时期显著为负，说明贷款利率会有效抑制低不确定性时期的投资和消费。贷款利率对净出口的影响不显著，对总产出的影响系数在两种不确定性下均显著为负，且影响系数的绝对值在低不确定性时期大于高不确定性时期，说明贷款利率上升会负面影响总产出，在低不确定性时期的抑制作用更加明显。

表 5-13 显示，高不确定性下企业所得税对社会投资、社会消费和总产出的影响均显著为正，且对产出的影响系数在高不确定性时期大于低不确定性时期，说明了企业所得税可以有效调节高不确定性时期的投资消费和产出水平。企业所得税对投资消费的影响在低不确定性时期并不显著，表明了企业所得税对于低不确定性时期的投资和消费的影响不太重要。企业所得税对于净出口的影响均不显著，也反映了企业所得税不是影响净出口的重要因素。控制变量中的社会储蓄率对社会投资的影响均显著为正，且高不确定性下的系数大于低不确定性下的系数，说明社会储蓄率可以解释高不确定性情形下企业所得税调节投资的作用效果。社会储蓄率对社会消费、净出口和产出的影响均显著为负，且对消费的影响系数大小相近，而对净出口和总产出的影响系数在高不确定性时期大于低不确定性时期，说明经济不确定性的上升会引致人们增加预防性储蓄，从而降低边际消费倾向，导致净出口和总产出下降。汇率对社会投资的影响系数不显著，说明汇率不能作为解释企业所得税调控投资作用效果的重要因素。汇率对于消费的影响在低不确定性下显著，在高不确定性下不显著，说明了汇率在低不确定性时期会明显抑制消费，而在高不确定性时期对消费的影响乏力。

表 5 – 13　　　经济不确定性下的企业所得税有效性分样本回归结果

模型	(1)	(2)	(3)	(4)	(5)	(6)	(7)	(8)
变量	社会融资规模占比	社会融资规模占比	社会消费品零售总额占比	社会消费品零售总额占比	$\ln GDP$	$\ln GDP$	净出口总额占比	净出口总额占比
类型	低不确定性	高不确定性	低不确定性	高不确定性	低不确定性	高不确定性	低不确定性	高不确定性
企业所得税占比	0.549 (1.13)	0.077* (1.87)	-0.023 (-1.06)	0.233* (1.79)	-0.821* (-1.85)	0.744* (1.83)	-0.473 (-1.58)	0.713 (1.32)
社会储蓄率	0.011* (1.72)	0.030** (2.41)	-0.008*** (-3.21)	-0.007* (-1.71)	-0.098*** (-3.48)	-0.118*** (-3.16)	-0.050*** (-3.11)	-0.076*** (-3.54)
汇率	0.015 (1.45)	-0.044 (-1.23)	-0.031*** (-3.10)	-0.044 (-1.58)	-0.370*** (-4.39)	-0.393*** (-3.12)	-0.352*** (-3.03)	-0.266** (-2.57)
净出口占比	1.194 (1.30)	4.029*** (3.30)	0.217 (1.46)	0.640 (1.13)	6.188*** (4.69)	3.406* (1.88)		
贷款利率	-0.122*** (-4.04)	-0.122* (-1.83)	-0.041*** (-3.13)	-0.027 (-1.43)	-0.191*** (-4.52)	-0.310** (-2.10)	-0.023 (-1.59)	-0.076 (-1.36)
_cons	0.022 (1.21)	-0.513 (-1.25)	1.130*** (3.14)	1.096*** (4.23)	18.508*** (5.88)	19.995*** (5.94)	14.699*** (6.28)	15.492*** (4.87)
N	117	48	117	48	117	48	117	48
r^2	0.80	0.78	0.79	0.74	0.85	0.76	0.765	0.652
时间效应	YES	YES	YES	YES	YES	YES	YES	YES

注:*、**、***分别表示在10%、5%、1%的水平上显著;括号内为 t 值。

　　汇率对净出口的影响均显著为负,且低不确定性时期大于高不确定性时期,说明了汇率不能成为解释高不确定性时期净出口的重要因素。汇率对总产出的影响显著为负,且影响系数在高不确定性时期大于低不确定性时期,说明汇率在高不确定性时期会明显负面影响总产出,即人民币升值会抑制企业所得税对总产出的拉动效果。净出口占比在高不确定性下对社会投资的影响系数显著为正,在低不确定性情形下不显著,说明净出口占比并不能解释低不确定性下企业所得税对社会投资的影响，但在高不确定性时期会明显正面扩张企业所得税对投资的作用效果。净出口占比对社会消费的影响系数不显著，说明净出口规模大小不能解释企业所得税对消费的影响幅度。净出口占比在高低两种不确定性下对产出的影响系数均显著为正说明净出口占比会显著正面扩张企业所得税对总产出的调控效果。贷款利率对社会投资、社会消费和总产出的影响系数均显著为负，且对投资的影响系数大小相同，说明贷款利率在任何情况下都会负面抑制社会投资。贷款利率对社会消费的影响在低不确定性时期显著为负，在高不确定性时期不显著，说明贷款利率上升在低不确定性时期会负面影响消费，但在高不确定性时期对消费的影响微乎其微。贷款利率对净出口的影响为负但都不显著，对产出的影响显著为负，且影响系数在高不确定性下大于低不确定性时期，说明贷款利率在高不确定性条件下会显著抑制企业所得税对产出的作用效果。

表 5 - 14 显示，高不确定性下个人所得税对社会投资和社会消费的影响均显著为正，且影响系数在高不确定性时期大于低不确定性时期，可以理解为在高不确定性时期，物价水平回落，个税收入一般都来自高收入者，而高收入者奢侈消费能力较强，因而高不确定性时期的社会奢侈消费金额可能会大幅增加，正如 2020 年上半年的奢侈品消费大幅增加一样。个人所得税对净出口和产出的影响在高不确定性时期并不显著，说明了高不确定性时期个税对净出口和产出的影响非常有限，可能是因为我国个税收入在国家税收收入总额中占比太低所致。这与前文估算的个税产出乘数效应非常小大体一致。控制变量中社会储蓄率对社会投资的影响均显著为正且高不确定性下的系数大于低不确定性下的系数，说明社会储蓄率在高不确定性时期可以有效正面支持投资。社会储蓄率对社会消费、净出口和产出的影响均显著为负，且影响系数在高不确定性时期大于低不确定性时期，说明经济不确定性的上升会引致人们增加预防性储蓄来对抗风险，从而降低边际消费倾向，导致净出口和产出下降。汇率对社会投资的影响系数均不显著，说明汇率不能作为解释

个人所得税调控投资作用的重要因素。汇率对于消费和净出口的影响在低不确定性下显著为负，在高不确定性时期不显著，说明了汇率也不能解释高不确定性时期个税对消费和净出口的影响。汇率对总产出的影响均显著为负，且影响系数的绝对值在高不确定性时期大于低不确定性时期，说明汇率在高不确定性时期会有效抑制产出，即人民币升值会负面影响个人所得税对总产出的拉动效果。

表 5 – 14　　经济不确定性下的个人所得税有效性分样本回归结果

模型	(1)	(2)	(3)	(4)	(5)	(6)	(7)	(8)
变量	社会融资规模占比	社会融资规模占比	社会消费品零售总额占比	社会消费品零售总额占比	lnGDP	lnGDP	净出口总额占比	净出口总额占比
类型	低不确定性	高不确定性	低不确定性	高不确定性	低不确定性	高不确定性	低不确定性	高不确定性
个人所得税占比	15.915 *** (3.58)	40.631 *** (4.26)	4.488 *** (3.92)	10.797 *** (3.17)	−23.143 *** (−3.16)	11.377 (1.29)	−9.819 *** (−3.93)	19.709 (1.50)
社会储蓄率	0.019 *** (3.05)	0.022 * (1.81)	−0.006 *** (−4.13)	−0.009 ** (−2.21)	−0.110 *** (−4.06)	−0.120 *** (−3.72)	−0.052 *** (−3.66)	−0.080 *** (−3.01)
汇率	−0.015 (−1.04)	−0.056 (−1.56)	−0.038 *** (−4.61)	−0.038 (−1.13)	−0.326 *** (−3.33)	−0.382 *** (−4.12)	−0.342 *** (−3.31)	−0.252 ** (−2.42)
净出口占比	1.177 (1.20)	3.720 *** (3.22)	0.496 (1.19)	0.609 (1.17)	2.747 * (1.78)	3.547 * (1.83)		
贷款利率	−0.105 *** (−3.03)	−0.188 * (−1.79)	−0.039 *** (−3.21)	−0.044 (−1.53)	−0.216 *** (−3.43)	−0.330 ** (−2.17)	−0.035 (−1.03)	−0.110 (−1.31)
_cons	−0.418 (−1.42)	−0.318 (−1.61)	0.983 *** (3.98)	1.102 *** (4.20)	19.144 *** (5.33)	19.969 *** (5.98)	14.876 *** (6.32)	15.490 *** (5.86)
N	117	48	117	48	117	48	117	48
r^2	0.73	0.74	0.83	0.77	0.89	0.762	0.790	0.671
时间效应	YES	YES	YES	YES	YES	YES	YES	YES

注：* 、** 、*** 分别表示在 10% 、5% 、1% 的水平上显著；括号内为 t 值。

净出口占比在高不确定性下对社会投资的影响系数显著为正，在低不确定性情形下不显著，说明净出口占比在高不确定性时期可以有效带动社会投资。净出口占比对社会消费的影响系数均不显著，说明净出口规模大小不能解释个人所得税对消费的影响幅度。净出口占比在高低两种不确定性下对产出的影响系数均显著为正，且影响系数在高不确定性时期大于低不确定性时期，说明净出口占比在高不确定性下可以有效刺激产出。贷款利率对社会投资和总产出的影响系数均显著为负，且影响系数在高不确定性时期大于低不确定性时期，说明随着经济不确定性的上升，贷款利率的增加会明显负面影响投资和产出。贷款利率对社会消费的影响均为负，但在低不确定性条件下显著，在高不确定性下并不显著，说明了贷款利率并不能很好地解释高不确定性下个税对消费的影响。贷款利率对净出口的影响为负但均不显著，说明了贷款利率不能构成解释个税影响净出口的重要因素。

二、稳健性检验

本节对前文的分样本回归进行稳健性检验。由于经济不确定性是一个大概念，包含了实体经济不确定性和经济政策的不确定性。故而，这里对前文的实证分析进行稳健性检验时具体使用中国经济政策不确定性（EPU）指数①作为经济不确定性指数的工具变量，以检验经济不确定性下的中国财政政策调控实体经济是否仍然有效。这里检验经济政策不确定性下的财政政策调节实体经济效果的回归结果如表 5 - 15 ~ 表 5 - 25 所示。结果显示，经济政策不确定性上升时期大多数财政政策工具调节投资、消费、净出口和总产出的系数显著为正，并大于经济政策不确定性在较低水平下的对应指标。各系数的方向及大小与前文研究基本一致，这表明本节模型设定不存在明显偏误的问题，实证结果比较稳健。控制变量中，社会储蓄率的系数在高不确定性时期显著，并大于低不确

---

① 中国政策不确定性指数（EPU）来源于 www. policyuncertainty. com/china_ epu. html。

定性时期的系数，汇率系数不显著说明其不能解释经济不确定性条件下的财政政策是否有效。净出口占比在高不确定性情形下的系数为正，贷款利率的系数为负。该结论与前文的实证结果基本一致，所以，本书的实证研究结论具有稳健性。

表5-15　政策不确定性下的财政支出有效性分样本回归结果

模型	(1)	(2)	(3)	(4)	(5)	(6)	(7)	(8)
变量	社会融资规模占比	社会融资规模占比	社会消费品零售总额占比	社会消费品零售总额占比	$\ln GDP$	$\ln GDP$	净出口总额占比	净出口总额占比
类型	低 EPU	高 EPU	低 EPU	高 EPU	低 EPU	高 EPU	低 EPU	高 EPU
财政支出占比	0.395** (2.28)	0.576* (1.74)	-0.099 (-1.31)	0.262** (2.48)	1.579*** (3.44)	3.499*** (3.13)	-0.122 (-1.03)	1.855*** (3.41)
社会储蓄率	0.015 (1.04)	0.023* (1.85)	-0.009*** (-3.51)	0.190* (1.82)	-0.055*** (-3.11)	0.280* (1.91)	-0.012 (-1.32)	0.107 (1.49)
汇率	0.012 (1.22)	0.009 (1.31)	-0.039*** (-3.11)	-0.036 (-1.45)	-0.375*** (-3.03)	-0.204 (-1.37)	-0.345*** (-4.27)	0.207 (0.99)
净出口占比	0.128 (1.57)	3.375** (2.64)	-0.234 (-1.34)	0.551 (1.12)	5.580*** (3.22)	3.053 (1.00)		
贷款利率	-0.126 (-1.38)	-0.136*** (-4.44)	-0.052 (-1.01)	-0.032** (-2.53)	-0.779*** (-3.14)	-0.106 (-1.02)	-0.534*** (-4.11)	0.034 (1.03)
_cons	-0.194 (-1.05)	-0.123 (-1.36)	1.286*** (3.26)	1.616 (0.99)	18.245*** (5.37)	13.380** (2.32)	14.468*** (4.37)	2.257 (1.13)
N	114	47	114	47	114	47	114	47
r^2	0.80	0.73	0.63	0.78	0.69	0.74	0.76	0.67
时间效应	YES	YES	YES	YES	YES	YES	YES	YES

注：*、**、***分别表示在10%、5%、1%的水平上显著；括号内为t值。

表 5 – 16　　政策不确定性下的投资性支出有效性分样本回归结果

模型	(1)	(2)	(3)	(4)	(5)	(6)	(7)	(8)
变量	社会融资规模占比	社会融资规模占比	社会消费品零售总额占比	社会消费品零售总额占比	ln GDP	ln GDP	净出口总额占比	净出口总额占比
类型	低 EPU	高 EPU	低 EPU	高 EPU	低 EPU	高 EPU	低 EPU	高 EPU
投资性支出占比	−0.503 (−1.14)	0.413* (1.89)	0.089 (1.52)	0.938*** (4.23)	1.579*** (3.44)	3.499*** (3.13)	0.758** (2.62)	4.003*** (3.96)
社会储蓄率	0.014 (0.91)	0.290* (1.77)	−0.010*** (−3.12)	0.500* (1.92)	−0.055*** (−3.55)	0.280* (1.91)	−0.012 (−1.09)	0.154* (1.82)
汇率	−0.015 (−1.49)	−0.137 (−1.58)	−0.038*** (−3.46)	−0.013 (−1.32)	−0.375*** (−4.03)	−0.204 (−1.37)	−0.325*** (−3.27)	0.240 (1.29)
净出口占比	0.135 (1.15)	3.895** (2.25)	−0.083 (−1.29)	0.572 (1.17)	5.580*** (3.27)	3.053 (1.00)		
贷款利率	−0.182 (−1.42)	−0.144*** (−3.43)	−0.024** (−2.54)	−0.018 (−1.04)	−0.779*** (−4.14)	−0.106 (−1.02)	−0.479*** (−3.17)	0.078 (1.57)
_cons	0.286 (1.38)	3.200 (1.13)	1.198*** (3.85)	0.724 (1.17)	18.245*** (5.38)	13.380** (2.27)	14.121*** (5.31)	−0.307 (−1.17)
N	114	47	114	47	114	47	114	47
r^2	0.72	0.73	0.60	0.72	0.69	0.75	0.67	0.62
时间效应	YES	YES	YES	YES	YES	YES	YES	YES

注：*、**、*** 分别表示在10%、5%、1%的水平上显著；括号内为 t 值

表 5 – 17　　政策不确定性下的消费性支出有效性分样本回归结果

模型	(1)	(2)	(3)	(4)	(5)	(6)	(7)	(8)
变量	社会融资规模占比	社会融资规模占比	社会消费品零售总额占比	社会消费品零售总额占比	ln GDP	ln GDP	净出口总额占比	净出口总额占比
类型	低 EPU	高 EPU	低 EPU	高 EPU	低 EPU	高 EPU	低 EPU	高 EPU
消费性支出占比	0.718*** (3.22)	0.833** (2.61)	0.223*** (3.68)	0.341*** (4.10)	−0.359 (−1.04)	0.754* (1.79)	−0.079 (−1.57)	1.015** (2.31)

模型	(1)	(2)	(3)	(4)	(5)	(6)	(7)	(8)
变量	社会融资规模占比	社会融资规模占比	社会消费品零售总额占比	社会消费品零售总额占比	$\ln GDP$	$\ln GDP$	净出口总额占比	净出口总额占比
类型	低 *EPU*	高 *EPU*	低 *EPU*	高 *EPU*	低 *EPU*	高 *EPU*	低 *EPU*	高 *EPU*
社会储蓄率	0.012 (1.29)	0.457*** (3.10)	−0.009*** (−4.02)	0.030* (1.82)	−0.052*** (−3.41)	0.350* (1.81)	−0.012 (−1.38)	0.149 (1.03)
汇率	0.023 (1.27)	0.744*** (3.19)	−0.027** (−2.48)	−0.012 (−1.39)	−0.423*** (−3.35)	−0.269 (−1.06)	−0.343*** (−3.71)	0.182 (1.03)
净出口占比	−0.316 (−1.10)	3.971 (1.50)	−0.250 (−1.47)	0.763* (1.85)	6.398*** (3.27)	3.776* (1.86)		
贷款利率	−0.083 (−1.52)	−0.053 (−1.02)	−0.024 (−1.48)	−0.029** (−2.47)	−0.906*** (−4.14)	−0.160** (−2.49)	−0.534*** (−3.11)	0.019 (1.21)
_cons	−0.292 (−1.61)	−28.467*** (−3.87)	1.069*** (3.11)	0.345 (1.29)	18.921*** (5.49)	14.384** (2.60)	14.422*** (5.31)	0.547 (1.16)
N	114	47	114	47	114	47	114	47
r^2	0.70	0.60	0.78	0.79	0.67	0.61	0.65	0.54
时间效应	YES	YES	YES	YES	YES	YES	YES	YES

注：*、**、***分别表示在10%、5%、1%的水平上显著；括号内为 t 值。

表 5 – 18　政策不确定性下的人力资本支出有效性分样本回归结果

模型	(1)	(2)	(3)	(4)	(5)	(6)	(7)	(8)
变量	社会融资规模占比	社会融资规模占比	社会消费品零售总额占比	社会消费品零售总额占比	$\ln GDP$	$\ln GDP$	净出口总额占比	净出口总额占比
类型	低 *EPU*	高 *EPU*	低 *EPU*	高 *EPU*	低 *EPU*	高 *EPU*	低 *EPU*	高 *EPU*
人力资本支出占比	1.419*** (3.22)	2.623** (2.52)	0.621*** (3.20)	1.045*** (3.29)	−0.686 (−1.20)	3.003** (2.13)	−0.063 (−1.18)	3.820*** (3.25)

续表

模型	(1)	(2)	(3)	(4)	(5)	(6)	(7)	(8)
变量	社会融资规模占比	社会融资规模占比	社会消费品零售总额占比	社会消费品零售总额占比	lnGDP	lnGDP	净出口总额占比	净出口总额占比
类型	低 EPU	高 EPU	低 EPU	高 EPU	低 EPU	高 EPU	低 EPU	高 EPU
社会储蓄率	0.012 (1.38)	0.420*** (3.10)	−0.010*** (−4.03)	0.004 (1.02)	−0.052*** (−3.11)	0.170* (1.71)	−0.012 (−1.38)	0.174* (1.72)
汇率	0.020 (1.29)	0.695*** (3.18)	−0.034** (−2.10)	−0.005 (−1.13)	−0.421*** (−3.35)	−0.218 (−1.54)	−0.341*** (−3.27)	0.242 (1.21)
净出口占比	−0.361 (−1.11)	2.488 (1.41)	−0.299 (−1.51)	0.613 (1.48)	3.416*** (3.05)	4.339* (1.89)		
贷款利率	−0.088 (−1.08)	−0.052 (−1.13)	−0.017 (−1.38)	−0.027* (−1.85)	−0.902*** (−3.15)	−0.148** (−2.48)	−0.529*** (−3.19)	0.034 (1.59)
_cons	−0.208 (−1.46)	−26.211*** (−3.44)	1.051*** (4.11)	0.240 (1.32)	18.873*** (4.47)	13.029* (4.91)	14.388*** (5.31)	−1.199 (−1.28)
N	114	47	114	47	114	47	114	47
r^2	0.79	0.66	0.77	0.68	0.56	0.76	0.65	0.83
时间效应	YES	YES	YES	YES	YES	YES	YES	YES

注：*、**、***分别表示在10%、5%、1%的水平上显著；括号内为 t 值。

表 5−19 　政策不确定性下的科技性支出有效性分样本回归结果

模型	(1)	(2)	(3)	(4)	(5)	(6)	(7)	(8)
变量	社会融资规模占比	社会融资规模占比	社会消费品零售总额占比	社会消费品零售总额占比	lnGDP	lnGDP	净出口总额占比	净出口总额占比
类型	低 EPU	高 EPU	低 EPU	高 EPU	低 EPU	高 EPU	低 EPU	高 EPU
科技性支出占比	2.113 (1.34)	6.923* (1.73)	2.495*** (3.70)	3.240* (1.87)	−0.162 (−1.52)	4.841* (1.87)	2.692 (1.21)	9.426* (1.80)

续表

模型	(1)	(2)	(3)	(4)	(5)	(6)	(7)	(8)
变量	社会融资规模占比	社会融资规模占比	社会消费品零售总额占比	社会消费品零售总额占比	lnGDP	lnGDP	净出口总额占比	净出口总额占比
类型	低EPU	高EPU	低EPU	高EPU	低EPU	高EPU	低EPU	高EPU
社会储蓄率	0.012 (1.11)	0.473*** (4.12)	−0.011*** (−3.02)	0.120* (1.73)	−0.052*** (−3.11)	0.670* (1.89)	−0.013 (−1.32)	0.120 (1.51)
汇率	0.003 (1.44)	0.702*** (3.22)	−0.026** (−2.57)	−0.041 (−1.52)	−0.410*** (−3.35)	−0.334 (−1.11)	−0.333*** (−3.26)	0.117 (1.03)
净出口占比	−0.460 (−1.14)	0.602 (1.10)	−0.618 (−1.28)	0.719 (1.29)	3.313*** (3.05)	3.680* (1.84)		
贷款利率	−0.129 (−1.42)	−0.002 (−1.33)	−0.017 (−1.39)	−0.032** (−2.10)	−0.873*** (−3.51)	−0.166** (−2.41)	−0.492*** (−3.19)	0.019 (1.32)
_cons	0.077 (1.07)	−28.696*** (−3.39)	1.130*** (3.21)	1.311 (1.40)	18.710*** (4.92)	16.548** (2.06)	14.251*** (5.30)	2.551 (1.27)
N	114	47	114	47	114	47	114	47
r^2	0.73	0.60	0.68	0.73	0.64	0.77	0.61	0.69
时间效应	YES	YES	YES	YES	YES	YES	YES	YES

注：*、**、***分别表示在10%、5%、1%的水平上显著；括号内为 t 值。

表 5－20　　政策不确定性下的宏观税负有效性分样本回归结果

模型	(1)	(2)	(3)	(4)	(5)	(6)	(7)	(8)
变量	社会融资规模占比	社会融资规模占比	社会消费品零售总额占比	社会消费品零售总额占比	lnGDP	lnGDP	净出口总额占比	净出口总额占比
类型	低EPU	高EPU	低EPU	高EPU	低EPU	高EPU	低EPU	高EPU
宏观税负率	0.878*** (3.21)	1.332** (2.59)	0.173** (2.42)	0.257* (1.74)	−1.039*** (−3.22)	0.132* (1.81)	−0.548*** (−3.85)	0.016 (1.21)

续表

模型	(1)	(2)	(3)	(4)	(5)	(6)	(7)	(8)
变量	社会融资规模占比	社会融资规模占比	社会消费品零售总额占比	社会消费品零售总额占比	lnGDP	lnGDP	净出口总额占比	净出口总额占比
类型	低EPU	高EPU	低EPU	高EPU	低EPU	高EPU	低EPU	高EPU
社会储蓄率	0.016 (1.45)	0.720* (1.84)	−0.008** (−2.14)	0.260* (1.79)	−0.056*** (−3.51)	0.820* (1.79)	−0.013 (−1.03)	0.078 (1.58)
汇率	0.006 (1.34)	−0.206 (−1.46)	−0.033*** (−3.36)	−0.062** (−2.10)	−0.422*** (−3.31)	−0.360 (−1.52)	−0.349*** (−3.25)	0.046 (1.09)
净出口占比	0.573 (1.13)	3.266** (2.42)	−0.049 (−1.22)	0.686* (1.86)	3.501*** (3.20)	3.843* (1.82)		
贷款利率	−0.191 (−1.04)	−0.143*** (−3.41)	−0.053 (−1.45)	−0.040*** (−4.01)	−0.825*** (−3.36)	−0.178** (−2.40)	−0.499*** (−3.11)	−0.007 (−1.54)
_cons	−0.132 (−1.47)	5.605 (1.55)	1.150*** (3.11)	2.161** (2.42)	19.026*** (5.35)	17.603** (2.07)	14.505*** (4.284)	5.311 (1.36)
N	114	47	114	47	114	47	114	47
r^2	0.77	0.74	0.62	0.78	0.58	0.67	0.68	0.68
时间效应	YES	YES	YES	YES	YES	YES	YES	YES

注: *、**、***分别表示在10%、5%、1%的水平上显著；括号内为t值。

表5-21　政策不确定性下的增值税有效性分样本回归结果

模型	(1)	(2)	(3)	(4)	(5)	(6)	(7)	(8)
变量	社会融资规模占比	社会融资规模占比	社会消费品零售总额占比	社会消费品零售总额占比	lnGDP	lnGDP	净出口总额占比	净出口总额占比
类型	低EPU	高EPU	低EPU	高EPU	低EPU	高EPU	低EPU	高EPU
增值税占比	3.980*** (3.37)	10.795*** (3.01)	1.210*** (3.30)	4.398*** (4.02)	−3.814*** (−4.09)	6.743* (1.78)	−0.279 (−1.49)	8.335** (2.54)

续表

模型	(1)	(2)	(3)	(4)	(5)	(6)	(7)	(8)
变量	社会融资规模占比	社会融资规模占比	社会消费品零售总额占比	社会消费品零售总额占比	lnGDP	lnGDP	净出口总额占比	净出口总额占比
类型	低EPU	高EPU	低EPU	高EPU	低EPU	高EPU	低EPU	高EPU
社会储蓄率	0.012 (1.00)	0.10* (1.76)	−0.009*** (−4.02)	0.120* (1.82)	−0.051*** (−3.01)	0.730* (1.74)	−0.012 (−1.17)	0.105 (1.22)
汇率	−0.034 (−1.49)	−0.111 (−1.38)	−0.044*** (−4.01)	−0.055 (−1.20)	−0.381*** (−3.33)	−0.365 (−1.35)	−0.338*** (−3.27)	0.057 (1.03)
净出口占比	0.096 (1.47)	2.524* (1.88)	−0.124 (−1.21)	0.246 (1.04)	2.107*** (3.03)	2.987 (1.13)		
贷款利率	−0.023 (−1.53)	−0.172*** (−3.44)	−0.006 (−1.19)	−0.052*** (−3.12)	−0.995*** (−4.14)	−0.202*** (−3.06)	−0.535*** (−3.11)	−0.034 (−1.02)
_cons	−0.215 (−1.46)	1.015 (1.26)	1.095*** (3.12)	1.261 (1.32)	19.045*** (4.37)	16.862** (2.49)	14.395*** (4.30)	3.506 (1.39)
N	114	47	114	47	114	47	114	47
r^2	0.77	0.65	0.64	0.73	0.61	0.73	0.65	0.60
时间效应	YES	YES	YES	YES	YES	YES	YES	YES

注：*、**、*** 分别表示在10%、5%、1%的水平上显著；括号内为t值。

表5−22　　政策不确定性下的消费税有效性分样本回归结果

模型	(1)	(2)	(3)	(4)	(5)	(6)	(7)	(8)
变量	社会融资规模占比	社会融资规模占比	社会消费品零售总额占比	社会消费品零售总额占比	lnGDP	lnGDP	净出口总额占比	净出口总额占比
类型	低EPU	高EPU	低EPU	高EPU	低EPU	高EPU	低EPU	高EPU
消费税占比	1.824 (1.54)	17.311** (2.44)	1.525 (1.44)	6.435*** (3.56)	−10.055*** (−3.99)	20.480* (1.87)	−4.301* (−1.75)	23.776** (2.18)

续表

模型	(1)	(2)	(3)	(4)	(5)	(6)	(7)	(8)
变量	社会融资规模占比	社会融资规模占比	社会消费品零售总额占比	社会消费品零售总额占比	lnGDP	lnGDP	净出口总额占比	净出口总额占比
类型	低EPU	高EPU	低EPU	高EPU	低EPU	高EPU	低EPU	高EPU
社会储蓄率	0.014 (1.01)	0.68* (1.87)	−0.008** (−2.17)	0.380* (1.82)	−0.056*** (−3.11)	0.420* (1.86)	−0.012 (−1.43)	0.023 (1.21)
汇率	0.001 (1.30)	−0.139 (−1.54)	−0.030*** (−3.51)	−0.065 (−1.25)	−0.440*** (−3.34)	−0.394 (−1.47)	−0.358*** (−3.27)	0.022 (1.59)
净出口占比	0.244 (1.20)	3.215** (2.33)	0.099 (1.08)	0.549 (1.14)	3.448*** (3.34)	3.087 (1.05)		
贷款利率	−0.151 (−1.40)	−0.062 (−1.18)	−0.046 (−1.15)	−0.010 (−1.54)	−0.879*** (−3.42)	−0.092 (−1.22)	−0.524*** (−3.56)	0.095 (1.23)
_cons	0.042 (1.05)	4.707 (1.49)	1.122*** (3.61)	2.692* (1.87)	19.241*** (4.40)	20.307*** (4.72)	14.533*** (4.99)	7.672 (1.61)
N	114	47	114	47	114	47	114	47
r^2	0.89	0.73	0.65	0.63	0.68	0.72	0.65	0.67
时间效应	YES	YES	YES	YES	YES	YES	YES	YES

注：*、**、*** 分别表示在10%、5%、1%的水平上显著；括号内为t值。

表5-23　政策不确定性下的企业所得税有效性分样本回归结果

模型	(1)	(2)	(3)	(4)	(5)	(6)	(7)	(8)
变量	社会融资规模占比	社会融资规模占比	社会消费品零售总额占比	社会消费品零售总额占比	lnGDP	lnGDP	净出口总额占比	净出口总额占比
类型	低EPU	高EPU	低EPU	高EPU	低EPU	高EPU	低EPU	高EPU
企业所得税占比	0.406 (1.58)	0.687* (1.84)	0.010 (1.01)	0.107* (1.82)	−0.675* (−1.87)	0.331* (1.93)	−0.459 (−1.10)	0.335 (1.56)

续表

模型	(1)	(2)	(3)	(4)	(5)	(6)	(7)	(8)
变量	社会融资规模占比	社会融资规模占比	社会消费品零售总额占比	社会消费品零售总额占比	$\ln GDP$	$\ln GDP$	净出口总额占比	净出口总额占比
类型	低 EPU	高 EPU	低 EPU	高 EPU	低 EPU	高 EPU	低 EPU	高 EPU
社会储蓄率	0.015 (1.61)	0.32 * (1.76)	− 0.009 ** (− 2.27)	0.220 * (1.84)	0.054 *** (3.11)	0.920 * (1.82)	− 0.013 (− 1.43)	0.075 (1.16)
汇率	− 0.005 (− 1.27)	− 0.137 (− 1.43)	− 0.035 *** (− 3.01)	− 0.060 (− 1.27)	− 0.408 *** (− 3.34)	− 0.378 (− 1.34)	− 0.340 *** (− 3.26)	0.039 (1.52)
净出口占比	− 0.006 (− 1.13)	3.505 ** (2.32)	− 0.178 (− 1.58)	0.722 (1.27)	3.147 *** (3.04)	3.643 * (1.86)		
贷款利率	− 0.167 (− 1.40)	− 0.140 *** (− 3.05)	− 0.046 (− 1.53)	− 0.038 ** (− 2.41)	− 0.848 *** (− 3.47)	− 0.181 ** (− 2.15)	− 0.510 *** (− 3.17)	− 0.009 (− 1.00)
_cons	0.118 (1.01)	3.306 (1.53)	1.203 *** (3.17)	2.033 (1.51)	18.741 *** (5.38)	18.202 ** (2.23)	14.388 *** (4.28)	5.517 (1.22)
N	114	47	114	47	114	47	114	47
r^2	0.87	0.79	0.79	0.77	0.68	0.78	0.71	0.60
时间效应	YES	YES	YES	YES	YES	YES	YES	YES

注：*、**、*** 分别表示在10%、5%、1%的水平上显著；括号内为 t 值。

表 5 − 24　政策不确定性下的个人所得税有效性分样本回归结果

模型	(1)	(2)	(3)	(4)	(5)	(6)	(7)	(8)
变量	社会融资规模占比	社会融资规模占比	社会消费品零售总额占比	社会消费品零售总额占比	$\ln GDP$	$\ln GDP$	净出口总额占比	净出口总额占比
类型	低 EPU	高 EPU	低 EPU	高 EPU	低 EPU	高 EPU	低 EPU	高 EPU
个人所得税占比	15.580 *** (3.18)	35.898 *** (3.50)	4.232 *** (3.94)	9.148 *** (3.49)	− 21.557 *** (− 4.15)	10.116 * (1.87)	− 8.124 *** (− 3.38)	− 9.491 (− 1.47)

续表

模型	(1)	(2)	(3)	(4)	(5)	(6)	(7)	(8)
变量	社会融资规模占比	社会融资规模占比	社会消费品零售总额占比	社会消费品零售总额占比	lnGDP	lnGDP	净出口总额占比	净出口总额占比
类型	低EPU	高EPU	低EPU	高EPU	低EPU	高EPU	低EPU	高EPU
社会储蓄率	0.021** (2.22)	0.990* (1.76)	-0.007** (-2.43)	0.410* (1.82)	-0.063*** (-3.09)	0.660* (1.79)	-0.013 (-1.39)	0.098 (1.18)
汇率	-0.019 (-1.01)	-0.275* (-1.85)	-0.039*** (-3.19)	-0.097* (-1.82)	-0.388*** (-4.02)	-0.325 (-1.10)	-0.339*** (-3.25)	0.089 (1.18)
净出口占比	2.086* (1.75)	3.609*** (3.56)	0.411 (1.07)	0.719* (1.88)	3.275*** (3.77)	3.845* (1.80)		
贷款利率	-0.118 (-1.24)	-0.116*** (-3.02)	-0.036 (-1.11)	-0.030*** (-3.03)	-0.918*** (-3.11)	-0.176** (-2.49)	-0.535*** (-4.11)	-0.004 (-1.01)
_cons	-0.434 (-1.13)	7.293* (1.85)	1.047*** (3.12)	3.113** (2.21)	19.498*** (4.30)	16.591** (2.55)	14.572*** (4.83)	4.083 (1.31)
N	114	47	114	47	114	47	114	47
r^2	0.73	0.73	0.73	0.66	0.69	0.77	0.65	0.72
时间效应	YES	YES	YES	YES	YES	YES	YES	YES

注：*、**、***分别表示在10%、5%、1%的水平上显著；括号内为t值。

表5-25　　政策不确定性下的财政赤字有效性分样本回归结果

模型	(1)	(2)	(3)	(4)	(5)	(6)	(7)	(8)
变量	社会融资规模占比	社会融资规模占比	社会消费品零售总额占比	社会消费品零售总额占比	lnGDP	lnGDP	净出口总额占比	净出口总额占比
类型	低EPU	高EPU	低EPU	高EPU	低EPU	高EPU	低EPU	高EPU
财政赤字率	-0.130 (-1.13)	0.057* (1.83)	-0.151*** (-3.31)	0.067* (1.84)	0.366*** (3.07)	0.389* (1.83)	0.432*** (4.07)	0.570** (2.48)

续表

模型	(1)	(2)	(3)	(4)	(5)	(6)	(7)	(8)
变量	社会融资规模占比	社会融资规模占比	社会消费品零售总额占比	社会消费品零售总额占比	ln GDP	ln GDP	净出口总额占比	净出口总额占比
类型	低 EPU	高 EPU	低 EPU	高 EPU	低 EPU	高 EPU	低 EPU	高 EPU
社会储蓄率	0.012 (1.01)	0.56* (1.79)	−0.011*** (−3.11)	0.15* (1.84)	−0.046** (−2.12)	0.960* (1.75)	−0.005 (−1.41)	0.140 (1.34)
汇率	−0.002 (−1.59)	−0.190 (−1.34)	−0.033*** (−4.00)	−0.044 (−1.07)	0.159*** (3.05)	−0.520*** (−3.77)	−0.353*** (−3.23)	0.166 (1.27)
净出口占比	0.226 (1.25)	4.338*** (3.42)	0.185 (1.59)	0.670 (1.14)	3.212*** (3.07)	3.282* (1.88)		
贷款利率	−0.165 (−1.04)	−0.154*** (−4.09)	−0.060 (−1.11)	−0.034** (−2.25)	−0.206 (−1.41)	−0.147** (−2.28)	−0.477*** (−3.42)	0.024 (1.01)
_cons	0.239 (1.07)	4.934 (1.38)	1.319*** (4.10)	1.511 (1.43)	12.034*** (4.90)	19.277*** (4.13)	13.948*** (5.26)	1.242 (1.55)
N	114	47	114	47	114	47	114	47
r^2	0.89	0.79	0.78	0.74	0.68	0.75	0.65	0.66
时间效应	YES	YES	YES	YES	YES	YES	YES	YES

注：*、**、*** 分别表示在 10%、5%、1%的水平上显著；括号内为 t 值。

第三节　本章小结

　　本章采用分样本回归模型对经济不确定性下的财政政策有效性展开了实证研究。在研究设计中，将经济不确定性作为外生的环境变量，具体按经济不确定性的百分位水平将样本分为高不确定性时期和低不确定性时期两组，然后使用分样本回归模型对高低不同水平的经济不确定性条件下的财政政策对实体经济的调控有效性进行了实证检验。结果显示，总体上，在经济不确定性较高水平下的财政政策调控效果较好，这与前文采用一般均衡模型进行的乘数模拟结果相一致。具体来说，就对产出的影响而言，大多数的财政工具在高不确定性下对于产出的影响都比较显著，只有宏观税负、科技性支出和个税表现不显著。在财政支出与宏观税负之间，高不确定性时期，财政支出对产出的影响比宏观税负更显著。在政府投资性支出、消费性支出与财政赤字之间，高不确定性时期，政府投资性支出和财政赤字要比消费性支出对产出的影响更显著。高不确定性时财政赤字对投资会产生挤入效应，而低不确定性时期财政赤字对投资会产生挤出效应；在人力资本支出与科技性支出之间，高不确定性时期，人力资本支出对产出的影响要比科技性支出更显著。在各类税收工具之间，高不确定性时期，增值税、消费税和企业所得税对产出具有挤入效应，只有个税对产出的影响不显著。就社会投资和消费而言，几乎所有的财政工具对社会投资和消费的影响在高不确定性时期都大于低不确定性时期。就净出口而言，大部分财政工具在高不确定性时期对净出口的影响都显著为正，科技性支出、宏观税负、企业所得税和个税除外。就具体的财政工具而言，高不确定性时期，综合来看，政府投资性支出和增值税对于产出、投资和消费的影响比较大。事实上，政府支出包括投资性支出、消费性支出（包含人力资本支出和科技支出等）一般最终都由消费者受益。中国的税收大多属于间接税，包括增值税和消费税，间接税的税负一般都可以通过转嫁最终由消费者承担，所以，消费者对于间接税的减税利好反应比较灵敏，间接税减税可以增强消费者的信心；企业所得税的减税可以增强生产者的信心。高不确定性时期，政府增加财政支出包括投资性支出、财政赤字支出和消费性支出，同时采取减税的措施都可以改善市场主体的商业信心。可见，这里的实证结论不仅验证了前文估算的乘数效应，也基本符合中国的经济事实。

控制变量中，社会储蓄率对社会投资的影响基本上为正面影响，对社会消费和产出的影响基本为负面影响，而且大多数情形下，高不确定性时期的影响大于低不确定性时期。不确定性水平的上升带来社会储蓄率的增加短期内会抑制消费和产出，印证了预防性储蓄理论的观点；同时社会储蓄率的增加对社会投资的影响为正，意味着社会储蓄资金迟早会转换为投资、成为投资的资金来源。汇率的影响系数为负值。汇率对于社会投资和净出口的影响不显著，但对消费和产出的影响在高不确定性时期显著为负。同样，净出口占 GDP 之比的影响系数为正表示净出口的增加会拉动经济总量，然而一些地方结果并不显著，这表示净出口占比往往不能作为解释经济不确定性背景下财政政策对总量调控效果的主要因素。贷款利率对社会投资、消费、净出口及产出的影响皆为负表明，贷款利率上升会负面影响投资、消费、净出口与产出，形成融资约束。在高不确定性时期，贷款利率对产出的影响在多数情况下均显著为负，但在高不确定性时期对投资消费的影响为负但多数情况下都不够显著，对净出口的影响都不显著，说明了高不确定性时期信贷政策对投资消费和净出口的作用影响非常有限，需要财政政策发挥积极作用。事实上，中国的金融市场不够健全、确实存在金融抑制的现象，金融市场无法高效配置资源，在高不确定性时期更是如此。经济不确定性上升时期，货币政策几乎失灵，对财政政策的依赖性明显增加。可见，这里的实证结论与现有研究大体相近，也反映了中国的基本经济事实特征。

本章的实证研究对探讨在发生外生的不确定性冲击下将会对财政政策调节实体经济的效果以及政策力度如何发生变化具有深刻的学术意义与理论价值。在本书的样本期间（2007～2020 年）发生三次较大的不确定性事件（2007～2008 年金融危机、2018～2019 年中美贸易摩擦事件以及 2020 年初的新冠疫情）对供给侧与需求侧都已经产生了巨大冲击。应对这些不确定性冲击需要积极的财政政策发力，才能有效缓解经济不确定性带来的负面影响，拉动经济复苏。

第六章

研究结论和政策建议

第一节　研究结论

近几年来，国际社会政治经济形势异常复杂，面临百年未有之大变局，保护主义和民粹主义频繁抬头，特别是中美关系日趋紧张，叠加 2020 年初暴发的新冠疫情及其全球蔓延，全球经济陷入滞胀。无疑，中国经济难以独善其身，中国的经济增长面临的外部环境异常严峻，经济不确定性急剧上升。经济不确定性作为宏观经济环境的一个部分，势必会影响国民经济的运行，影响微观经济活动水平和宏观经济变量，也必然会影响宏观经济政策包括财政政策的调控绩效。本书选择经济不确定性的视角，从估算中国经济不确定性的水平出发，考察了经济不确定性上升背景下中国财政政策调控经济的有效性，分析了经济不确定性影响财政政策运行绩效的机理机制。

一、中国经济不确定性指数的结论

经济不确定性是指经济主体由于认识水平和认识能力的有限而无法全面准确判断和预测事物未来结果的状态。经济不确定性作为一个经济环境变量必然会影响微观经济主体的经济决策和经济行为，进而会影响实体经济活动和宏观经济变量，还会影响经济政策包括财政政策调控宏观经济的绩效。要考察经济不确定性水平对实际经济活动水平的影响及对宏观经济政策包括财政政策运行绩效的影响，首先必须解决经济不确定性水平的度量和识别问题。由于经济不确定性是一个难以观察的变量，度量起来非常困难，几乎不存在客观科学完美的度量方法。迄今为止，经验文献已经开发了两种度量方法，一是代理指标法，二是综合指数法。两种方法各有利弊，其中，代理指标法一般是采用经济变量的波动率、专业预测人员或经济主体主观预期的横截面离散度、有关不确定性的词汇在媒体上出现的频率等作为经济不确定性的代理指标，比较直观、容易量化，但往往只能反映某一个领域的不确定性，无法全面反映整个经济领域的不确定性水平。综合指数法是指将大量经济数据共同存在的不可预测成分通过模型合成一个综合指标，能够全面捕捉整个经济领域的不确定性。鉴于两种度量方法的优劣和适用条件及要求，本书选择采用了综合指数法来构建中国的经济不确定性指数，具体参考胡拉多等（2015）的方法、基于中国的宏观经济数据来构建中国经济不确定性的度量指数。本书构建的中国经济不确定性指数很好地拟合了观察期内中国经济的各大宏观经济不确定性事件，包括2007～2009年的全球性金融危机、2012～2013年新常态下的中国经济下行、2014～2015年的股市波动、2018～2019年发生的中美贸易摩擦以及2020年初暴发的新冠疫情。中国经济不确定性的水平伴随这些大事件的发生出现了幅度不同的上升，呈现出几个明显的峰值。总体上，中国经济不确定性指数的阶段性态势基本符合我国经济的内外部环境的变化。中国经济不确定性指数具有高低不同的时变性特征和显著的逆周期性特征，与实际GDP增长呈现重大的负相关关系，其相关系数是 -0.6874，对于中国的实际经济活动增长具有较强的预测力和解释力。

二、中国财政政策有效性估算的结论

财政政策的有效性一般都是以估算财政政策的乘数效应作为观测

值。考察经济不确定性对于财政政策有效性的影响也就转换为估算经济不确定性下财政政策的乘数效应的大小。本书基于 2007 年 1 月到 2020 年 5 月的相关经济数据以及前文对此期间的经济不确定性水平区分为高低两个区制的基础上，采用一般均衡模型模拟，估算了在此期间高低水平不同的经济不确定性下财政政策的乘数效应，具体区分了政府投资、政府消费、人力资本支出、科技支出、财政赤字支出、增值税、企业所得税、消费税和个人所得税等财政工具。鉴于财政政策的宏观经济目标主要为促进经济增长、稳定就业、维护国际收支平衡等，本书主要模拟估算了上述财政工具在高低水平不同的不确定性下的产出乘数，鉴于经济不确定性影响财政政策有效性的机理机制主要是消费和投资及出口，因而本书还估算了这些财政工具的消费乘数和投资乘数及净出口乘数，以便观察这些财政工具在实施后 3 ~ 5 年的经济效应。研究结论如下。

（一）经济不确定性确实对财政政策的有效性存在影响

总体上，财政政策的乘数效应在高不确定性时期普遍大于低不确定性时期，低不确定性时期，财政刺激的总量效应有限。具体说来，在高低水平不同的经济不确定性下，财政政策的有效性不同，表现为各类财政工具的乘数效应在高不确定性时期普遍高于低不确定性时期。这也表明了财政乘数具有一定的逆周期性，在经济衰退时期财政乘数较大，在经济扩张时期财政乘数较小。这就意味着财政政策在高不确定性时期应该成为刺激经济复苏较为有效的政策工具。

（二）高不确定性水平下，不同财政工具的乘数效应存在异质性

可能是因为高不确定性冲击既可能会影响需求端，也可能会影响供给侧。不同的财政工具可能会对供给和需求产生不同的影响，因而会表现出不同的相对效能、产生不同的乘数效应。图 4 - 1 表明，财政投资和赤字的产出乘数较大，其次是增值税减税、企业所得税减税和政府消费性支出，而且增值税和企业所得税减税的效应显现需要时间，主要是因为政府投资支出和赤字支出可以直接形成投资需求，政府消费支出可

以直接形成消费需求，因而可以直接带动经济增长。图4－2显示政府投资、财政赤字、政府消费性支出、增值税和企业所得税减税的消费乘数比较大。图4－3显示政府投资、赤字支出、增值税和企业所得税的投资乘数效应比较大。图4－4显示了政府投资、赤字支出、增值税减税和政府消费性支出的净出口乘数较大。总体上，就各类财政工具的相对效能而言，在财政支出与税收措施之间，在高不确定性时期，财政投资和财政赤字的乘数效应较强，增值税减税和企业所得税减税次之，表明财政投资和财政赤字工具乃是应对经济不确定性较为有效的财政措施，其次才是增值税和企业所得税减税。因此，为了消除经济不确定性的上升对经济运行带来的负面影响，有必要果断提高赤字率。在特殊时期适当突破关于赤字上限的规定乃是经济发展的需要。

（三）财政政策发挥作用存在一定的时滞性

由于多种原因，多数财政工具的乘数效应往往在滞后几期才达到峰值，然后出现衰减。总体上，财政投资和财政赤字的乘数效应的峰值要比税收措施，比如增值税和企业所得税减税的乘数效应峰值来得早，因为税收政策包括增值税和企业所得税减税的作用需要通过市场反应才能生效，比较慢一点。这意味着财政政策可以有效实施逆周期调控，特别是财政支出政策可以很快见效。不过，政府投资支出和赤字支出乘数会随着时间的推移而下降。政府消费性支出特别是人力资本支出和科技支出的乘数并不是太大，但其乘数效应的显现持续时间相对较长，可能是因为人力资本支出会形成人力资本积累，科技支出会促进科技进步，而人力资本积累和科技进步无疑都会内生持续推动经济增长。增值税和企业所得税减税需要依靠市场反应来发挥作用，虽然生效存在一定迟滞，但是一旦生效，会有一定的持续性。

（四）各类减税在高不确定性时期对经济总量具有一定的挤入效应

事实上，样本期间我国增值税、企业所得税和个税出台了许多减税措施，消费税收入的累计同比增速在样本期间基本上也是下降趋势，而且在互联网加的财政管理模式下，政府征税可以很快转换为政府支出，快速形成相应的需求，进而可以缓解甚至抵消税收对经济活动的抑制作用，最终对经济总量形成一定的挤入效应。增值税和企业所得税减税的乘数效应在滞后第2~3年开始仅次于财政投资支出和财政赤字支出的乘数。这表明，在经济不确定性高企的时期，财政刺激方案既可以用来拉动需求，有效应对来自需求端的冲击，也可以用来刺激供给，有效应对来自供给侧的冲击。

本书还采用分样本回归模型，利用样本期内中国的相关经济数据对于经济不确定性下财政政策的有效性做了实证检验。结论显示：总体上，在经济不确定性较高水平下的财政政策调控效果比较显著。具体来说，就对产出的影响而言，大多数财政工具在高不确定性下对于产出的影响都比较显著，只有宏观税负、科技性支出和个税表现不显著。在财政支出与宏观税负之间，高不确定性时期，财政支出对产出的影响比宏观税负更显著。在政府投资性支出、消费性支出与财政赤字之间，高不确定性时期，政府投资性支出和财政赤字要比消费性支出对产出的影响更显著。在人力资本支出与科技性支出之间，高不确定性时期，人力资本支出对产出的影响要比科技性支出更显著。在各类税收工具之间，高不确定性时期，增值税、消费税和企业所得税对产出具有挤入效应，只有个税对产出的影响不显著。由此可见，高经济不确定性下，大部分财政政策工具包括政府投资性支出、政府消费性支出、财政赤字、人力资本支出、增值税、企业所得税、消费税等对于产出存在显著正向影响，具有较好的调控效果，意味着这些财政工具乃是政府应对高不确定性的有效措施。这与前面采用一般均衡模型模拟估算的财政政策的乘数效应大体一致，也符合中国的基本经济事实。鉴于不确定性影响财政政策有效性的机理机制是消费、投资和出口，本书还实证检验了各类财政工具在高低不同水平的不确定性下对于社会消费和社会投资及净出口的影响。结果表明，几乎所有的财政工具对社会投资和消费的影响在高不确定性时期都大于低不确定性时期，大部分财政工具对于净出口的影响在高不确定性时期都显著为正，只有科技性支出、宏观税负、企业所得税和个税对净出口的影响不显著。就具体的财政工具而言，高不确定性时期，财政赤字对投资和消费会产生挤入效应，而低不确定性时期则会产生挤出效应。综合来看，政府投资性支出、财政赤字及增值税减税对于产出、投资和消费及净出口的影响比较大。这与前面估算的乘数效应大体一致，进一步说明了经济不确定性对于财政政策存在显著的影响。

此外，本书在分样本回归模型中还引入了几个控制变量包括利率、汇率、储蓄率、净出口占比等，这些控制变量都是影响财政政策有效性的重要因素。结果显示，社会储蓄率对社会投资的影响基本上为正面影响，对社会消费、净出口和产出的影响为负面影响，而且大多数情形下，高不确定性时期的影响大于低不确定性时期。不确定性水平的上升带来社会储蓄率的增加短期内会抑制消费、净出口和产出，印证了预防性储蓄理论的观点；同时社会储蓄率的增加对社会投资的影响为正，意味着社会储蓄资金会构成投资的资金来源。这符合中国的经济事实。汇率的影响系数为负值，对于社会投资的影响不显著，但对消费、净出口和产出的影响在低不确定性时期显著为负。同样，净出口占 GDP 之比的影响系数为正表示净出口的增加会拉动经济总量，然而一些地方结果并不显著，这表示净出口占比往往不能作为解释经济不确定性背景下财政政策对总量调控效果的主要因素。贷款利率对社会投资、消费、净出口和产出的影响皆为负表明，贷款利率上升会负面影响投资、消费、净出口与产出。在高不确定性时期，贷款利率对产出的影响在多数情况下均显著为负，但在高不确定性时期对投资消费的影响为负但多数情况下都不够显著，对净出口的影响均不显著，说明了高不确定性时期信贷政策对投资消费净出口的作用影响非常有限，需要积极的财政政策发挥作用。这些结论与现有研究结论大体相近，也反映了中国的基本经济事实特征。

最后，本书采用经济政策不确定性作为工具变量，利用分样本回归模型，对经济不确定性影响财政政策的有效性进行了稳健性检验，进一步验证了前面的结论具有稳健性。

第二节　政　策　建　议

本书的研究表明，经济不确定性作为一个环境变量，不仅会负面影响到微观经济活动和宏观经济产出，还会影响财政政策等宏观经济政策调控经济的效果。本书构建的中国经济不确定性指数具有明显的逆周期性，与实际经济增长走势呈现出重大的负相关关系。经济不确定性水平的变化会影响财政政策调控经济的有效性。因此，我们从降低经济不确定性的水平、消除经济不确定性带给经济运行的负面影响出发，就如何进一步完善财政政策的设计和实施、增强财政政策的有效性提出下面的政策建议。

一、基本的政策思路

（一）加强经济不确定性管理、尽量降低经济不确定性水平

近几年来，全球政治经济形势日趋动荡不定，中国经济运行的外部环境日益复杂多变，全球经济陷入衰退，中国经济不确定性水平急剧增加。

其实，如何应对不确定性的问题，奈特（1921）指出，"应对不确定性的问题不可避免地变成了管理和经济控制的一般性问题。我们可以采用多种方法减少不确定性。一是可以通过科学研究增加对未来的知识。二是通过不同形式的大规模组织，将不确定性聚合在一起。三是增加对未来的控制，但这种方法也有成本，有两种成本：（1）通过组织而造成的实际支出和损失。（2）通过放缓进步的步伐而使不确定性无限期地进一步减少，包含直接的牺牲。不确定性的祸害到底有多大，为了减少这种祸害，我们能以其他方法承担多大的牺牲。与减少不确定性同样重要的问题就是分散不确定性的问题。从整体上减少不确定性的绝对量，与分散不确定性两个概念之间存在一种紧密的联系，因为大多数

减少不确定性的方法，要么是集中它、要么就是分散它。"[①] 基于奈特[②]的理解，应对不确定性问题存在很多方法，每种方法都有相应的成本代价，因而，我们在选择应对不确定性的具体方法时要有成本效率的观念，尽量以较低的成本来消除不确定性的负面影响。

中国政府和监管部门需要高度重视和密切关注经济不确定性水平的变化，全面准确及时分析判断当前的国内外宏观经济形势，建立经济不确定性的预警机制和反应机制，加强经济不确定性指数的监测、评估、跟踪与分析研究，及时发布宏观经济不确定性的有关预测信息，为科学合理制定财政政策等宏观调控政策提供依据。增强政府部门应对风险的能力和效率。党的十九大报告多次提到"风险"，指出现代社会是一个风险社会，风险无处不在。居民和企业作为经济主体，必须要有正确的风险观。政府部门需要出台政策措施、进行有关不确定性的宣讲，鼓励私人部门积极面对不确定性，正确理解、适应和管理不确定性，鼓励私人部门在频繁变化的外部环境中善于自我调适，形成自我适应、自我恢复、自我生存的能力，善于根据不确定性水平的变化，灵活动态调整自己的生存策略和投资策略，鼓励经济主体优化投资策略，在制定投资策略时要具备不确定性的观念，预留足够的调整空间，增强其应对经济不确定性的能力，同时应该制定长期的政策以保护企业不受经济不确定性的影响。

构建财政政策的确定性。财政政策的不确定性本身就是催生宏观经济不确定性的原因之一。构建财政政策的确定性和稳定性，关系到宏观经济的稳定、微观主体的经济活力包括企业的投资积极性和各产业的均衡发展。从财政政策自身的角度出发尽可能强化财政政策自身的稳定性和确定性，保持财政政策的一致性、前瞻性和相对稳定性，避免财政政策自身成为不确定性的根源。增强财政政策的确定性需要落实财政税收的法定原则，把法治理念落实到财政政策的决策环节和执行环节，建立

---

①② 奈特：《风险不确定性与利润》，商务印书馆 2010 年版，第 248 页、第 332～334 页。

财政政策动态调整的规范化、程序化的长效机制，建立健全财政政策确定性管理制度、增强财政政策调整的前后衔接，方便市场主体准确理解和正确适用。进一步完善预算体系，加强预算管理。预算安排需要建立在科学标准和合理测算财政收支的基础上，改变目前预算安排缺乏科学性和前瞻性的现状，推进中期预算管理，构建跨年度预算平衡机制，使年度预算安排与五年财政规划真正衔接，保障预算安排的科学性、合理性、连续性和前瞻性。大力推行预算绩效管理，强调预算资金安排的目标导向，对预算过程实施有效控制，对预算执行结果进行预算绩效评价。

（二）在经济不确定性上升时期，加大财政政策的力度对冲经济不确定性的负面影响

既然研究结论表明，财政政策乃是刺激经济复苏最为有效的政策工具。因此，在不确定性上升的时期，必须充分利用财政政策应对公共风险，明确现代宏观调控的政策导向是公共风险管理，对冲经济不确定性的负面影响。

经济不确定性的上升会恶化私人部门的预期，减弱私人部门的商业信心，包括消费信心和投资信心，降低投资收益预期。从实物期权的角度看会增加等待的价值，延迟投资，进而降低投资水平；从金融摩擦的角度看，经济不确定性的上升会强化金融市场的信息不对称，提高外部融资溢价，增加企业的融资成本，从而也会减少投资，负面影响经济活动。另一方面，经济不确定性上升时期，私人部门对于利好政策的敏感度大幅下降，比如投资主体对于商业条件比如利率水平变化和税收优惠的敏感程度会下降，一般倾向于要求利率大幅下降或税收优惠力度加大才能获得正常时期相同的投资效应。可见，经济不确定性的上升会带来或加剧经济衰退，导致税基缩水、财政短收，增加财政政策调控经济的难度，增加财政政策调控经济的成本和代价。不确定性越大，财政干预经济的难度就越大，提振经济所需要的财政政策的力度也越大。

财政刺激的力度及其措施组合直接决定了财政乘数的大小及其可持

续性。在经济不确定性上升的时期，必须加大财政政策的调控力度，才有可能达成政策的预期目标。适度提高赤字率，明确适度的赤字率水平应该是以维护宏观经济稳定、促进经济发展为中心，服从于经济发展的需要，而不是局限于财政自身的年度平衡需求。扩大地方政府专项债的发行规模，增加转移支付的规模，进一步加大减税降费的力度。在高不确定性时期，市场机制的自我调节作用非常有限，主要应该依靠财政支出包括债务融资的赤字支出和购买支出的乘数效应来引导预期、改善预期、增强信心，进而带动经济总量增长。在高不确定性时期，增加转移支付可以提高社会消费倾向，增加总需求。当然，财政的能力也是有限的，财政措施使用过多，也有增加财政风险的可能。加大财政政策力度的同时必然会增加财政自身的风险，降低财政自身的可持续性。然而，在高风险的社会，需要权衡风险，需要权衡公共风险与财政风险，应该以财政政策为手段，以适度的财政风险为代价，以降低公共风险为目标，可以把财政风险的适度增加视为应对经济不确定性、对冲经济不确定性负面影响的必要成本和代价。

（三）注重财政政策设计的整体性、协调性和针对性

既然财政政策的有效性会受到经济不确定性的影响，因此，应对经济不确定性的最优财政政策及其相关政策组合需要随着经济不确定性的变化而变化。采用财政政策消除经济不确定性的负面影响，在财政政策的设计环节，需要注重财政政策的整体性和协调性，具体体现在财政政策的税收政策与支出政策之间需要相互协调配合、财政政策与货币政策、产业政策、就业政策、社保政策甚至能源政策之间也需要相互协调、彼此配合，各个政府职能部门包括财政部、人民银行、工信部、发改委、教育部、科技部、农业农村部、公用事业部门等需要联手分工合作，在共同应对经济不确定性的上升、确保宏观经济稳定运行方面，必须目标一致、方向一致，相互之间分工明确、彼此配合、形成合力，联合公关，形成一揽子政策组合，既有刺激生产的政策，也有刺激消费的措施，既要为企业提供流动性支持，帮助企业渡过难关，保市场主体，

也要为消费者增加可支配收入，维持其基本的消费能力，保民生，而且需要保证供给对接需求，生产对接消费，订单对接货源，实行产销衔接。这样才能增强财政政策调控经济的有效性，尽量降低经济不确定性上升带来的负面影响。

强化财政政策的针对性。基于经济不确定性对不同地区、不同行业和不同企业的影响具有非对称性，在相同的经济不确定性水平下，不同的财政政策工具也具有不同的相对效能，需要精准定位需要帮扶的对象，根据经济不确定性影响比较严重的地区、行业或企业选用不同的财政政策工具，实行定向帮扶。基于不同行业对政策具有不同敏感度，政策设计应该以行业为宜，对于不同行业实行不同的优惠扶持力度。抓住关键环节、关键领域和关键问题，精准施策，引导资源定向流动，保障财政资金投向撬动效应比较强的重点领域，发挥"四两拨千斤"的定海神针的作用。既然财政政策既可以通过政府投资和政府消费直接发力，又可以通过减税降费降低企业成本间接发力，有必要针对重点领域特别是中小企业、民营企业和"三农"企业提供重点支持，加大对中小微企业和"三农"企业的定向扶持力度。新常态以来，政府创新推出的定向调控方式收到了显著的积极效果，在经济不确定性上升的时期，可以继续沿用推广。针对性要求优化支出结构，以严格控制一般性支出，保障重点领域的支出，减税降费领域要求在普惠的基础上，以特惠为主，重点扶持不确定性影响严重的弱势行业和新兴行业。

事实上，财政政策调控宏观经济的有效性可以从多个角度、多个侧面来评估，财政政策的乘数效应只是一个方面，而且财政乘数的大小不仅取决于财政投资的力度，而且取决于投资领域、投资方向和投资方式。财政乘数的大小会随着财政政策调控目标的不同而不同。政府部门需要更新观念和思路，充分考虑经济不确定性的上升所带来的实时经济效应和滞后效应，选择多指标体系，包括冲击极值、响应周期、长期效应、短期效应、阶段效应、调控幅度等，多角度、多侧面估算财政政策的调控效果。基于不同的政策目标和评价指标，合理选用财政政策工具，兼顾需求管理和供给管理，出台针对性较强的政策措施，实行精准调控。

2020 年的疫情同时影响了供应链和消费者的需求，导致了全球经济陷入衰退。所以，各国有必要采取系列措施恢复信心和经济增长。实践中，各国政府均有针对性地采用了刺激供给侧和需求端的政策措施。我国也不例外，针对疫情的全球蔓延及中美关系日趋紧张带来的不确定性急剧上升，2020 年采取的积极财政政策大力提质增效，更加积极有为，较好地体现了整体性、协调性和针对性的要求。对于 2020 年的财政政策，财政部总结为：一个"信号"与四个"对冲"。一个"信号"就是适当提高赤字率。四个"对冲"就是加大政府债券发行力度，增加政府投资，对冲经济下行压力；加大减税降费力度，对冲企业经营困难；加大转移支付力度，对冲基层"三保"压力；加强预算平衡，对冲疫情减收影响（吕冰洋，2020）。可见政策力度之大前所未有。在政策导向上转向公共风险管理，重点向社会经济市场领域注入确定性，以改善就业为首要目标，兼顾其他目标，强调实施政策组合拳，强调政策实施主体的行为一致性，强调政策组合的协调性和完整性，适度提高赤字率、增发专项国债的同时，推出了新一轮大规模的减税降费政策，2021 年的减税降费规模达历年之最，达 2.5 万亿元，降低了企业成本，稳定了预期，收入增长率 −5.3%，支出增长率为 3.8%，赤字率 3.6%，发债总额 8.51 万亿元，较去年增长了 73%。[①] 可见，积极财政政策的力度非常大，超过历年，在一定程度上对冲了经济下行的风险。

（四）基于经济所受不确定性冲击的不同类型匹配不同类型的财政工具

研究结论显示，不同财政政策工具的有效性存在异质性。一些政策工具的效果相对于其他政策工具更具确定性。不同类型的财政工具对于扩张总需求的效果是不同的，基于总需求等于消费、投资、净出口与政

---

① 见 2022 年政府工作报告。

府支出之和，在经济不确定性上升时期，政府可以采用不同的财政工具来影响其中的任何一项，进而影响总需求，相对而言，政府赤字支出包括投资性支出的乘数效应更明显。不同类型的财政工具对于刺激供给侧的效果也不相同，因而需要具体分析经济不确定性的产生根源，识别不确定性冲击的具体类型，是需求型冲击还是供给型冲击，然后分别选用不同的财政政策工具。经济冲击的类型不同，需要匹配不同类型的财政工具，比如，针对需求冲击，就应该主要采取增发国债或专项债、增加赤字、增加政府投资支出和政府消费支出来扩张总需求，因为政府投资和政府消费性支出工具可以直接形成需求，对冲总需求水平的下降；同时可以直接加大教育领域、医疗卫生领域的投入，体现以人为本，以人民为中心，既可保障民生又可促进人力资本积累，助力经济高质量发展；针对供给型冲击，建议主要采用减税降费，包括增值税、企业所得税的减税，降低企业成本，改善企业的投资收益预期，同时增加科技支出、鼓励企业进行研发，推进科技创新和科技进步，进一步促进产业结构转型升级，刺激有效高质量供给，对冲有效供给的不足。

（五）强化预期管理、疏通政策传导机制

现有研究表明，预期管理对于经济不确定性背景下财政政策有效性的影响存在逆周期调控效应，私人部门预期理性的增强有助于降低政策调控的偏离度、改善政策调控效果（Li and Wei，2022）。奈特曾经指出过，"消除不确定性的基本方法是合并和专业化，此外还有两种方法，一是对未来的控制，二是增强预测能力。因为知识的主要实际意义就是控制，而这两种方法都与文明的总体进步、技术的改良及知识的增长密切相关"①。这样应对不确定性的问题就变成了增加知识和信息、加强管理和经济控制的一般性问题了。这样也就把不确定性与信息联系起来了，减少不确定性需要充分的信息。可见，市场预期和商业信心在财政政策冲击传导为产出的过程中发挥着重要作用，也是经济不确定性影响

---

① 奈特：《风险、不确定性与利润》，商务印书馆 2010 年版，第 230 页。

财政政策有效性的重要传导机制。因此，为了提高财政政策的有效性，有必要加强市场预期管理，疏通政策传导机制。经济不确定性的上升会恶化市场预期，进而负面影响经济活动，需要从来源上消除或降低经济不确定性，在政策设计环节和执行环节，政策部门应该做好市场调查，密切跟踪政策的制定和实施过程，随时加强与市场主体之间的沟通交流、加强宣传，让私人部门明晰政策措施的意图及细节，保障信息畅通、消除信息不对称、增强信息的对称性，保持政策的透明度、可信度、稳定性和可预期性，及时引导经济主体的经济行为和经济决策，为社会经济市场运行注入确定性，加强前瞻性指引，妥善管理预期，稳定预期、引导预期、协调预期，增加政府决策层的预期与市场公众预期的一致性和匹配度，兑现财政政策的初衷。

　　应对经济不确定性的关键是提振市场的信心包括消费信心和投资信心（刘尚希，2020）。必须转变思维，深化改革，依靠市场、充分调动和发挥市场的力量，采取一揽子政策措施恢复市场信心，帮助恢复市场自我运行的机制，激发市场活力，增强市场信心。深入推进收入分配改革，缩小收入差距，提高居民收入水平，扭转中等收入居民可支配收入增速下滑过快的局面，提高整个社会的消费倾向，遏制家庭部门杠杆率上涨过快的势头，完善社保体系，减少预防性储蓄，加快建立房地产市场平稳健康发展的长效机制（陈彦斌，2020），尽量消除和减少压抑消费的不利因素，提升消费信心和消费意愿，变潜在的消费意愿为现实的消费需求。新冠疫情发生后，政府为了鼓励私人消费而出台了系列具体的政策措施，不仅如此，地方政府领导带头消费，试图通过亲自消费的示范作用拉动消费和内需，重启经济，旨在增强政策的有效性。同时采取措施提高投资者的投资信心和投资意愿，变潜在的投资意愿为现实的投资需求。比如简化行政审批、优化营商环境、放松政府管制、促进市场公平竞争环境的形成，为企业家提供更多的发展机会和优质便捷的服务。进一步减税降费，改善投资收益预期，增强投资者的信心和意愿。

（六）财政政策的有效实施需要货币政策等其他经济政策的有力配合

对于财政政策的有效性而言，货币政策的配合也很重要。一般说来，当货币政策的作用空间有限、利率陷入流动性陷阱时，财政的扩张效应明显，财政支出的增加不会带来名义利率的增加，因而不会挤出民间投资。反之，当财政支出的增加会带来通货膨胀压力时，货币当局如果实行紧缩性的货币政策，提高利率的结果就会抵消财政支出的扩张效应。

理论上，不同类型的经济政策各有其优势和特点，各有其适用领域和范围。影响财政政策有效性的因素众多，各类型经济政策的配合协调也是影响财政政策有效性的重要因素。可见，增强财政政策的有效性还必须有相关政策因素进行配合。首先是需要货币政策的协调配合，财政扩张一般会增加物价上涨的压力，在贸易摩擦加剧的情况下，外需下降，需要稳健的货币政策维持真实利率不变或者下调真实利率，财政投资才有可能挤入民间投资，促进民间投资活跃（段炳德，2018）。除了利率政策以外，信贷政策、汇率政策等都需要配合财政政策的目标。在不确定性上升时期，有效刺激经济复苏需要一定的杠杆率支持，刺激出口需求也需要汇率政策适度调整。2020 年 10 月 25 日央行发布了《中华人民共和国中国人民银行法》（修订草案征求意见稿），新增了央行的职责规定，不仅要负责货币政策、信贷政策、汇率政策等政策的制定和实施，而且还负责宏观审慎管理。这样，央行的新职能规定为以后经济不确定性上升时期货币政策配合财政政策、应对和消除经济不确定性的负面影响、达成宏观调控目标做好了制度准备。例如在疫情后需要整顿财政，在引导信贷投放适度增长的同时，需要建立债务救助机制，形成低债务、低通胀、高储备的政策空间，增强应对外部不确定性冲击的弹性，为疫情后的经济复苏奠定基础。2020 年 10 月 21 日，央行行长在2020 金融街论坛年会指出，货币政策要权衡稳增长和防风险，在较长时期内回归常规状态，为经济主体提供正向激励，随着经济不确定性的下降，明年 GDP 增速回升后，货币政策需要把握好总闸门，适当平滑宏观杠杆率的波动，可能会通过结构性松紧政策加大对制造业、中小企业、科技、绿色和新经济领域的信贷支持，为其提供精准滴灌。其次，财政政策的有效实施还需要产业政策的配合，产业政策包括产业规划和产业组织、布局、结构等政策，比如支柱产业的振兴计划、弱势产业的扶持计划等，都需要配合财政政策的目标。最后，需要就业政策的配合。鉴于中小企业吸纳就业的效果比较好，政府财政一般需要针对中小企业和民营企业提供减税降费的优惠政策和贴息贷款的扶持政策。基于各类财政工具的就业乘数效应，需要对增值税和企业所得税实行大幅度减税。同时，还要实行积极的就业政策，增加财政就业支出规模，稳步提升财政就业支出占 GDP 的比重，特别要大力提升积极就业支出占比，对于劳动力实行职业技能培训和再培训，建立就业市场平台、提供就业信息服务，扩大就业资金筹资渠道，还应大力扶持和鼓励民间资本和民间部门进入就业服务领域，提高就业信息的传导效率，实现就业的可持续增长。另外，财政政策的有效实施还需要收入分配政策予以配合。基尼系数太大会降低整个社会的消费倾向。因此，必须深入推进收入分配制度的改革，降低基尼系数，改善收入分配格局，提高整个社会的消费倾向。当经济不确定性升高的时候，刺激消费的财政政策才能收到立竿见影的效果。

总之，鉴于各类型经济政策工具各有所长，在不确定性上升时期，有必要统筹使用各类型宏观经济调控工具包括财政工具和货币工具，在各类型政策工具之间建立分工明确、相互补充、彼此协调、层次清晰的宏观经济政策调控体系，有效避免不同类型的经济政策和监管措施之间可能出现的冲突和缺位。基于一国宏观经济政策的外溢效应，需要加强国际政策合作包括国际卫生合作和贸易合作，坚持合作共赢，建立多边协调机制，侧重加强国际宏观经济政策协调，实施有效的财政货币政策，共同应对经济不确定性，消除经济不确定性的影响，维持全球产业链和供应链的基本稳定，共同推进全球经济复苏。完善宏观经济框架，改善"双赤字"，共同提高抵御风险的能力。

（七）后疫情时代双循环新发展格局下财政政策的有效定位

后疫情时代，新冠疫情对 2020 年全球经济前景造成重大负面冲击，绝大多数国家已经陷入前所未有的衰退，在大宗商品价格下跌、资本外流加剧和地缘政治冲突等因素的相互交织下，新兴经济体仍将面临严峻考验。然而各国经济恢复的程度仍将取决于疫情持续的时间以及经济结构性特征的差异。其中基础实力本身较为薄弱、抗冲击力较差的国家，疫情的冲击会加剧其经济基本面的恶化，弱化其对外偿付实力，加大其改革推进的难度，使得其在短期内难以实现经济和财政实力恢复。

虽然目前国内的疫情得到基本控制，但海外疫情尚处于暴发期，疫情防控还具有较大不确定性，对全球投资贸易活动将带来持续的冲击，国内出口仍将继续面临严峻挑战。同时，中长期内大国经贸摩擦局势不会出现根本性改变，贸易非稳态长期存在。基于此，根据后疫情时代的国内外政治经济格局，中央进行审时度势，站在全局的长远的战略高度，结合目前的国内国际经济形势，提出了双循环相互促进的新发展格局的战略方针，强调以消费主导型的经济发展模式替代过去出口和投资主导型的发展模式。因此，有效发挥财政政策的调控作用必须明确财政政策现阶段的目标定位，具体聚焦于经济发展模式的转变，在促进国内消费引领投资的过程中发挥财政政策的积极作用。

我国改革开放以来 40 多年的经济增长模式一直依靠出口和投资双驱动，目前全球经济衰退下，外需下降，出口主导模式难以为继；资本的投资回报率也因为多种因素而不断下降，投资驱动模式也不可持续。目前只有依靠国内市场、采用消费主导型的发展模式替代比较符合当前的实际。经济增长模式的变化必须改变过去高投资、低消费的格局，降低投资消费比，减弱对政府投资的依赖，优化财政支出结构，财政支出更多向民生倾斜，需要大幅增加政府人力资本投资支出包括教育、医疗卫生支出和科技支出，既可改善民生，增加福利，体现以人为本，同时又可消费促增长，增强人力资本积累，促进科技创新和科技进步，培育经济增长点，助推经济高质量发展。同时政府支出需要加强管理、提高效率，税制方面需要提高直接税的比重，优化间接税。进一步减税降费，实际上，企业所得税、个税和增值税都存在进一步减税的空间，还可以继续降低企业成本，激励投资、刺激供给，以供给创造需求。直接税比重的提高本身有助于调节收入分配，缩小收入分配差距，增强整个社会的消费倾向，进一步释放国内消费潜能，通过消费引领企业投资，带动产业结构转型升级。同时配合相关的金融政策、产业政策和就业政策，比如推出定向消费信贷可以缓解金融市场扭曲对居民消费的负面影响（郭长林，2016）。政府需要进行政策组合创新，为新兴战略性产业的发展保驾护航。

另一方面，促进稳投资和扩内需也是国内大循环的一个重要组成部分。作为传统基建的延伸和升级，促进各类要素在新基建新产业的高效配置，进一步发挥民营企业在新基建发展中的作用。做好新基建发展顶层设计，制定新基建发展指导意见与"十四五"专项规划，与新型城镇化、城市群都市圈建设协同推进。创新投融资模式，引导社会资本广泛参与，加快推进 PPP 模式在新基建领域的应用。鼓励金融机构创新金融服务模式，完善金融基础设施。同时，老基建占比较大，决定投资速度和稳定性，继续发挥好专项债在基建领域中的稳投资作用。

总之，后疫情时代，在增长预期不佳，私人部门投资激励不足的背景下，为了实现合意的经济增长，政府必须采取扩张性的财政政策刺激有效内需，主要是依靠政府债券资助基础设施投资、通过基础设施投资的乘数效应和挤入效应来达到预期目标，并且需要央行的"量宽"政策的密切配合，控制国债收益率升高，对冲政府债券的大规模发行带来的挤出效应（余永定和郑联盛，2020）。

二、配套措施

（一）规范政府的职能定位

财政政策的有效性还会受到一系列外在因素的影响，包括经济因素和非经济因素，比如国家治理能力也是影响到财政政策的有效性。一般国家治理能力强的发达国家，财政扩张效果好于国家治理能力差的欠发达国家。

应对经济不确定性的挑战，增强财政政策的有效性，需要规范政府的职能定位，完善政府与市场的关系，提升国家的治理能力，才有可能畅通国内的市场循环。目前世界处于百年未有之大变局，政府管理面临前所未有的挑战，合理界定政府、市场、社会三者的治理边界，解决政府、市场及社会各自缺位、越位和错位的问题。建立有为、有效的有限政府和服务型政府。深入推进"放管服"改革，提升国家治理能力，进一步推进政府职能转变，推进简政放权，放宽企业市场准入，特别是要放开基础设施、金融服务业、社会事业等领域的竞争性业务，引入市场竞争机制，加大监管力度，维护市场公平竞争秩序。在市场方面，加大对内对外开放、促进要素自由流动、维护市场公平竞争、激发创新和企业家精神的释放。2020 年颁布的《关于构建更加完善的要素市场化配置体制机制的意见》明确了要充分发挥市场在要素资源配置中的决定性作用。同时，大力培育各种社会组织、加强社会的自我治理与自我服务意识和能力，助推国家治理体系和治理能力现代化的建设，推进中国尽快从制度上、规则上、价值观上真正融入世界、融入全球。

（二）继续深入推进国内体制改革

消除经济不确定性的负面影响、保证经济可持续高质量增长除了需要采取正确的财政政策及其他经济政策的通力协调与配合以外，还需要进一步推进国内体制机制和经济结构的改革。畅通国内大循环的发展模式需要进一步加大各个领域的改革力度。继续推进供给侧结构性改革，扩大内需，提振市场。以结构性改革为主线，增强经济内生增长动力。坚持创新驱动发展，突破经济可持续发展的制度性瓶颈。

深化金融体制改革。经济不确定性会提高企业外部融资成本，强化企业融资约束，从而淡化企业的融资意愿、降低企业的融资能力。同时，经济不确定性的增加还会加剧信息不对称，增加金融机构盈利状况的难度，会增加民企和中小企业获得融资的困难，这必然会造成金融市场的扭曲。在我国以银行间接融资为主要融资模式的经济体中，金融市场的配置扭曲会加剧经济不确定性对宏观经济运行的负面冲击。因此，必须加快金融市场改革，缓和金融抑制，提高金融服务能力。继续推进金融市场化改革包括利率市场化和汇率市场化，提升金融资源配置效率，让市场供求成为决定金融资源配置的基础性因素。进一步完善资本市场，提高直接融资的比重，推进多层次资本市场的发展。建立健全直接融资与间接融资协调发展的资本市场体系，缓解企业对银行信贷资金的过度依赖。健全外汇政策，强化对国际资本流动的监测，加强中央银行对汇率和资本流动的间接调控能力。

深化要素市场化改革，2020 年 4 月 9 按照中央发布的《中共中央国务院关于构建更加完善的要素市场化配置体制机制的意见》，高度重视要素市场存在的问题诸如要素资源的政府配置过多，市场化程度不足，需要以管理要素为引领，充分实现要素的自由流动和有效配置，全面提升全要素生产率。

推进社会保障制度改革，做好科学顶层设计，借鉴国际经验，完善具有中国特色的社会保障制度，以"政事分开、管办分离"为原则，优化社会保障管理服务体制，加强财政支持，促进社会保障事业可持续发展，加快推进社会保障全覆盖，兼顾公平和效率，建立健全先进的信息技术支撑系统。进一步改善民生、提升民富水平，形成以中产阶层为主体的橄榄型社会。

深化科技体制改革，增强技术创新能力，以创新链支撑产业链。产业链和供应链的畅通循环是国内大循环的基础，而技术创新和制度创新则是促进产业链供应链畅通的重要支撑。科技创新有赖于体制创新的支持，要让民营企业在科技创新上发挥更大的作用，而不是由政府指定技术方向和路径，要在国际科技市场上参与竞争合作。

总之，以开放倒逼市场化改革，进一步激发激活内部需求，走向内需驱动的创新型经济发展模式。建立健全自身的内在经济循环体系，进一步发展壮大民营经济，促进形成以民企创新为主导的创新型经济，实行经济可持续高质量发展，实现国家治理体系和治理能力的现代化。

（三）进一步加大对外开放

财政政策的有效性还会受到一系列非经济因素的影响。一般说来，对外开放程度越高，国际资本市场越开放，外资供给弹性越大，政府获得国外借款的机会也就越多，政府投资产生挤出效应的概率就越低。

虽然经济不确定性会对宏观经济运行带来负面影响，但是也不能因为惧怕不确定性、惧怕风险就闭关自守；相反，在后疫情时代，需要进一步实行更高层次的对外开放。未来的一段时期，整个世界外部环境在疫情冲击之下也正发生深刻变化。实行国内国际双循环互相促进的新发展格局需要进一步推动更高层次的对外贸易开放，以"一带一路"为抓手，带动世界经济，引领世界经济，以共同利益和价值观来凝聚自由贸易的同盟军，采取多种形式确保自身供应链、产业链、资金链安全，实施多样化的贸易开放战略，尽量获取最大的外贸收益的同时最大限度地降低外部经济不确定性对中国经济的冲击；同时，进一步扩大金融开放，提高金融市场透明度和金融监管效率，在获取经济长期增长所需外部资金的同时，减少外部经济不确定性的冲击造成的国际资本流动波动，稳定中国经济。在开放合作中加强自主创新，提升在全球产业链中的核心竞争力。随着金融领域的进一步开放、利率市场化和汇率市场化改革的推进，国内国际不稳定不确定性因素会通过金融市场的传导，冲击宏观经济，增加政府宏观调控的难度。金融冲击最终会影响实体经济，因而金融稳定也成为影响经济持续高质量发展的重要因素，因而成为政府宏观调控的一个重要目标。

三、研究的不足与展望

本书采用了一般均衡模型和分样本回归等研究方法对经济不确定性下中国财政政策的有效性进行了较为全面系统的理论分析和实证研究，具体估算了几种主要财政工具包括政府投资性支出、赤字支出、政府消费性支出、人力资本支出、科技支出、增值税、企业所得税、个人所得税和消费税等在高低水平不同的经济不确定性下的乘数效应，并采用现实中国经济数据进行了实证检验，得出了一些有意义的结论，还有以下几个方面需要进一步跟踪研究。

第一，数据的局限性特别是部分数据的缺失给本书的研究带来了巨大的挑战。中国的改革开放始于 20 世纪 70 年代末，改革初期主要集中于放权包括对地方政府和企业放权，中国经济对外开放的程度毕竟有限，经济运行受外部经济影响也毕竟有限，中国经济受到外部影响大概是在 1997 年东南亚金融危机，特别是 2001 年中国加入世界贸易组织以来，国内外经济联系增多，中国经济必然会频繁受到全球经济不确定性的影响。然而，由于中国的统计数据在 21 世纪初及之前并不完整，而且数据的质量和透明度也比较低，数据更新的速度也比较滞后。因此，面临数据的局限，本书只考察了 2007 年至 2020 年 5 月的经济不确定性对于中国财政政策绩效的影响，得出的结论难免会存在一定的局限性。期待今后随着中国数据库的建设逐渐完备，我们可以进一步拓展样本期的年限，考察更长历史年限内经济不确定性对于中国财政政策有效性的影响。

第二，本书依据的数据大多来自国家统计局和财政年鉴，早年的财政统计年鉴往往只包含了预算内的数据，只能反映政府的部分收支行为，依据这些数据得到的结论往往无法全面反映财政政策的调控效果。随着大数据时代的到来，全社会包括政界和学界对于数据的高度重视，经济数据库的建设和开发会不断推进，数据质量和数据透明度也会不断改善，本书的研究可以进一步深化，以期得出更加全面精准的研究结论。

第三，党的二十大报告中强调防范化解风险挑战，保持社会大局稳定，我国发展进入战略机遇和风险挑战并存、不确定难料因素增多的时期，各种"黑天鹅""灰犀牛"事件随时可能发生。我们必须增强忧患意识，坚持底线思维，做到居安思危、未雨绸缪，准备经受风高浪急甚至惊涛骇浪的重大考验。国有企业要将防范化解风险作为贯彻落实党的二十大精神重要举措之一，坚持底线思维，坚持预防为主。一方面做好风险识别，另一方面制定应对举措。在这种背景下跟踪研究经济不确定性对中国财政政策有效性的影响具有重大的现实意义。基于政府宏观调控的目标包括经济增长、就业、物价稳定和国际收支平衡四个方面，本书评估财政政策有效性的主要观察指标仅仅基于财政政策的经济增长目标的视角进行乘数效应评估。日后可以进一步研究和观察经济不确定性背景下财政政策对就业、物价和国际收支平衡的影响。

参 考 文 献

［1］陈乐一，张喜艳．经济不确定性与经济波动研究进展［J］．经济学动态，2018（8）：134－146.

［2］陈彦斌．用改革办法扩大消费［J］．中国金融，2019（17）：72－73.

［3］陈彦斌．中国特色宏观调控如何更好发挥政府与市场作用［J］．财经问题研究，2020（3）：10－18.

［4］陈雨露."双循环"新发展格局下的金融改革发展［C］．IMI财经观察，2020－10－12.

［5］陈志勇，周菲．经济下行压力下的财政政策与财政改革［J］．财政监督，2020（19）：14－22.

［6］程宇丹，龚六堂．政府债务对经济增长的影响及作用渠道［J］．数量经济技术经济研究，2014，31（12）：22－39.

［7］丛树海，张源欣．财政政策的顺周期实施效应特征与基本成因［J］．财贸经济，2018，39（6）：30－42.

［8］储德银，崔莉莉．中国财政政策产出效应的非对称性研究［J］．财贸经济，2014（12）：27－39.

［9］储德银，闫伟．财政政策促进产出增长的稳定机制与效应检验［J］．学海，2012（4）：35－45.

［10］储德银，邵娇．财政纵向失衡、公共支出结构与经济增长［J］．经济理论与经济管理，2018（10）：30－43.

［11］储德银，邵娇．财政纵向失衡与公共支出结构偏向：理论机

制诠释与中国经验证据［J］．财政研究，2018（4）：20－32．

［12］段炳德．财政政策有效性的理论争议与政策启示［J］．发展研究，2016（8）：56－59．

［13］傅程远．中国消费率下降成因的实证研究——基于1999～2012年省际面板数据的分析［J］．经济问题探索，2016（2）：28－33．

［14］高华川，白仲林．中国月度GDP同比增长率估算与经济周期分析［J］．统计研究，2016（11）：23－31．

［15］甘行琼，靳毓．税收不确定性研究进展［J］．经济学动态，2020（6）：123－135．

［16］谷丽静．宏观经济不确定性与企业技术创新［D］．石河子：石河子大学，2018．

［17］顾夏铭，陈勇民，潘士远．经济政策不确定性与创新——基于我国上市公司的实证分析［J］．经济研究，2018，53（2）：109－123．

［18］郭长林．被遗忘的总供给：财政政策扩张一定会导致通货膨胀吗？［J］．经济研究，2016，51（2）：30－41．

［19］郭长林．财政政策扩张、纵向产业结构与中国产能利用率［J］．管理世界，2016（10）：13－33，187．

［20］郭长林．积极财政政策、金融市场扭曲与居民消费［J］．世界经济，2016，39（10）：28－52．

［21］郭伦德．我国经济转轨阶段财政政策研究［D］．北京：中共中央党校，2004．

［22］郭豫媚，陈彦斌．预期管理的政策实践与改进措施［J］．中国人民大学学报，2017，31（5）：60－67．

［23］胡久凯，王艺明．我国财政政策的调控效果分析——基于政策不确定性视角［J］．财政研究，2020（1）：59－73．

［24］胡永刚，郭长林．财政政策规则、预期与居民消费——基于经济波动的视角［J］．经济研究，2013，48（3）：96－107．

［25］黄雯．我国财政政策工具变量与目标变量关系实证研究［J］．经济问题，2015（7）：67－72.

［26］金春雨，张德园．经济不确定性条件下中国货币政策的宏观调控效应［J］．西安交通大学学报（社会科学版），2019，39（2）：1－11.

［27］贾景鹏．财政政策有效性及其影响因素的研究［D］．沈阳：辽宁大学，2018.

［28］贾俊雪．中国税收收入规模变化的规则性、政策态势及其稳定效应［J］．经济研究，2012，47（11）：103－117.

［29］贾俊雪，郭庆旺．财政规则、经济增长与政府债务规模［J］．世界经济，2011，34（1）：73－92.

［30］贾俊雪，郭庆旺．财政支出类型、财政政策作用机理与最优财政货币政策规则［J］．世界经济，2012，35（11）：3－30.

［31］贾俊雪，秦聪，孙传辉，张珂玮．中央地方利益协调下减税政策的增收效应［J］．中国工业经济，2019（6）：79－97.

［32］李克强．中央政府带头过紧日子［N］．中国经济网，2020－05－28.

［33］李楠楠．后金融危机时期我国货币财政政策的有效性分析——基于面板 VAR 模型的实证研究［J］．辽宁经济，2017（1）：62－65.

［34］李戎，张凯强，吕冰洋．减税的经济增长效应研究［J］．经济评论，2018（4）：3－17，30.

［35］李扬．中国家庭微观消费结构及特征研究［D］．北京：对外经济贸易大学，2019.

［36］李永友．市场主体信心与财政乘数效应的非线性特征——基于 SVAR 模型的反事实分析［J］．管理世界，2012（1）：46－58，187.

［37］廖信林，吴友群，王立勇．宏观税负、税制结构调整对居民消费的影响：理论与实证分析［J］．财经论丛，2015（6）：25－33.

［38］刘乃郗，徐鹤鸣．金融适度发展的理论机制与经验证据文献述评［J］．金融理论探索，2021（1）：71－80．

［39］刘尚希．新思维的财政政策要转向风险管理［N］．中国财政科学研究院，2020－05－18．

［40］刘尚希．打造疫情之下中国经济恢复的内生动力［N］．中国智库，2020－07－08．

［41］刘晓光，刘元春，闫衍．疫情冲击、修复调整与基础再造的中国宏观经济［J］．经济理论与经济管理，2020（8）：12－31．

［42］刘元春．中国已经进入"以内促外"的新时期［A］．IMI 财经观察［C］．2020．

［43］刘元春．疫情之下，政策应对要避免"过度刺激"和"扩张不足"［N］．21 世纪经济报道，2020－03－16（7）．

［44］刘元春，刘瑞明．以市场活力对冲经济下行压力［N］．经济日报，2019－03－20（9）．

［45］刘元春，任泽平，陈彦斌，伍戈．疫情背景下的经济增长及宏观政策选择［N］．中国经济时报，2020－03－09（4）．

［46］柳光强．财税激励政策优化研究［D］．武汉：武汉大学，2014．

［47］罗云峰．中国财政政策的有效性——蒙代尔—弗莱明模型在中国的调整和应用［J］．上海经济研究，2010（1）：3－11．

［48］吕冰洋．简述当前的财政政策以及危机中的变革［A］．IMI 财经观察［C］．2020．

［49］吕冰洋．中国财政政策的需求与供给管理：历史比较分析［J］．财政研究，2017（4）：38－47．

［50］吕冰洋，毛捷．高投资、低消费的财政基础［J］．经济研究，2014，49（5）：4－18．

［51］吕冰洋，李钊．疫情冲击下财政可持续性与财政应对研究［J］．财贸经济，2020，41（6）：5－18．

［52］吕冰洋，谢耀智．间接税对供需失衡的影响分析［J］．经济理论与经济管理，2012（1）：73－81．

［53］吕冰洋，毛捷．金融抑制和政府投资依赖的形成［J］．世界经济，2013，36（7）：48－67．

［54］马丹，何雅兴，翁作义．大维不可观测变量的中国宏观经济不确定性测度研究［J］．统计研究，2018，35（10）：44－57．

［55］马家进．金融摩擦、企业异质性和中国经济波动——基于DSGE模型的分析［D］．浙江大学，2018．

［56］毛捷，吕冰洋，马光荣．转移支付与政府扩张：基于"价格效应"的研究［J］．管理世界，2015（7）：29－41，187．

［57］马勇，陈雨露．经济开放度与货币政策有效性：微观基础与实证分析［J］．经济研究，2014，49（3）：35－46．

［58］马勇，陈雨露．金融危机后的货币与财政政策：有效性评估［A］．中国人民大学国际货币研究所．International Monetary Institute Working Papers（2010－2014年合辑）［C］．中国人民大学国际货币研究所，2014，16．

［59］弗兰克·H.奈特．风险不确定性与利润［M］．北京：商务印书馆，2010．

［60］欧阳志刚，何富美，薛龙．经济政策不确定性，双轮驱动与经济增长［J］．系统工程理论与实践，2019，39（4）：986－1000．

［61］何富美，欧阳志刚，豆振江．经济政策不确定性是否抑制了中国银行信贷［J］．当代财经，2019（12）：61－72．

［62］盛旭．从劳动供给角度看就业压力［A］．宏观经济研究报告［C］．证券研究报告，2020．

［63］苏治，刘程程，位雪丽．经济不确定性是否会弱化中国货币政策有效性［J］．世界经济，2019，42（10）：49－72．

［64］谭小芬，张文婧．经济政策不确定性影响企业投资的渠道分析［J］．世界经济，2017，40（12）：3－26．

［65］腾建群. 后疫情的国际秩序与中国应对［A］. 当代世界政治与经济论坛［C］. 2020.

［66］涂永红. 为加快形成新发展格局创造有利条件，全面提高对外开放水平［A］. IMI 财经观察［C］. 2020.

［67］涂永红. 政府应该通过宽松、积极第财政政策来拉动经济增长［A］. IMI 财经观察［C］. 2020.

［68］王弟海，龚六堂，邹恒甫. 物质资本积累和健康人力资本投资：两部门经济模型［J］. 中国工业经济，2010（5）：16－26.

［69］王朝阳，张雪兰，包慧娜. 经济政策不确定性与企业资本结构动态调整及稳杠杆［J］. 中国工业经济，2018（12）：134－151.

［70］王国静，田国强. 政府支出乘数［J］. 经济研究，2014，49（9）：4－19.

［71］王立勇. 我国财政政策调控有效性的定量评价［J］. 财贸经济，2010（9）：52－57，138.

［72］王立勇，徐晓莉. 财政政策信息摩擦与财政支出乘数——基于 DSGE 模型的分析［J］. 财政研究，2019（1）：43－60.

［73］王岐山在第二届外滩金融峰会开幕式上发表致辞［N］. 人民日报，2020－10－25（1）.

［74］王蕊. 宏观经济不确定性与经济增长［D］. 大连：东北财经大学，2019.

［75］王维国，王蕊. 经济不确定性测度——基于 FAVAR－SV 模型［J］. 经济问题探索，2018（12）：21－29.

［76］王一鸣. 应对不确定性要增强底线思维［A］. 中国宏观经济论坛［C］. 2020.

［77］王义中，宋敏. 宏观经济不确定性、资金需求与公司投资［J］. 经济研究，2014，49（2）：4－17.

［78］习近平. 正确认识和把握中长期经济社会发展重大问题［J］. 求知，2021（2）：4－7.

[79] 习近平.高举中国特色社会主义伟大旗帜 为全面建设社会主义现代化国家而团结奋斗 [N].人民日报，2022 - 10 - 26 (1).

[80] 徐蓓蓓.人口老龄化作用下的财政政策经济增长效应研究 [D].山东师范大学，2015.

[81] 徐光伟，孙铮，刘星.经济政策不确定性对企业投资结构偏向的影响——基于中国 EPU 指数的经验证据 [J].管理评论，2020，32 (1)：246 - 261.

[82] 许伟.关于财政政策乘数效应的辨析 [N].中国经济时报，2019 (4).

[83] 许志伟，王文甫.经济政策不确定性对宏观经济的影响——基于实证与理论的动态分析 [J].经济学 (季刊)，2019，18 (1)：23 - 50.

[84] 亚琨，罗福凯，李启佳.经济政策不确定性、金融资产配置与创新投资 [J].财贸经济，2018，39 (12)：95 - 110.

[85] 姚凤民，赵丽萍.构建"三位一体"刺激居民消费需求增长的长效作用机制 [J].经济研究参考，2011 (66)：13 - 14.

[86] 姚凤民，赵丽萍.扩大内需中的税制"困局"及破解 [J].税务研究，2011 (8)：23 - 27.

[87] 严成樑，龚六堂.财政支出、税收与长期经济增长 [J].经济研究，2009，44 (6)：4 - 15，51.

[88] 严成樑，王弟海，龚六堂.政府财政政策对经济增长的影响——基于一个资本积累与创新相互作用模型的分析 [J].南开经济研究，2010 (1)：51 - 65.

[89] 严成樑，龚六堂.最优财政政策选择：从增长极大化到福利极大化 [J].财政研究，2012 (10)：16 - 19.

[90] 闫华红，陈亚.经济政策不确定性对房地产行业资本成本的影响 [J].财会月刊，2019 (3)：134 - 141.

[91] 杨海生，陈少凌，罗党论，佘国满.政策不稳定性与经济增长——来自中国地方官员变更的经验证据 [J].管理世界，2014 (9)：

13 – 28，187 – 188.

[92] 杨海生，聂海峰，陈少凌．财政波动风险影响财政收支的动态研究 [J]．经济研究，2014，49（3）：88 – 100.

[93] 杨晓妹．财政政策就业效应研究 [D]．成都：西南财经大学，2014.

[94] 杨志勇．应对疫情：积极财政政策如何更有效？[J]．财政科学，2020（4）：7 – 13.

[95] 于文超，梁平汉．不确定性、营商环境与民营企业经营活力 [J]．中国工业经济，2019（11）：136 – 154.

[96] 余靖雯，郑少武，龚六堂．政府生产性支出、国企改制与民间投资——来自省际面板数据的实证分析 [J]．金融研究，2013（11）：96 – 110.

[97] 余永定、郑联盛．下半年宏观经济政策的两难选择 [A]．中国金融四十人论坛 [C]．2020.

[98] 张成思，刘贯春．中国实业部门投融资决策机制研究——基于经济政策不确定性和融资约束异质性视角 [J]．经济研究，2018，53（12）：51 – 67.

[99] 张德园．中国经济不确定性及其宏观经济效应研究 [D]．长春：吉林大学，2020.

[100] 张晖明，邓霆．企业估值中的定性分析方法 [J]．复旦学报（社会科学版），2010（3）：77 – 85.

[101] 张光利，钱先航，许进．经济政策不确定性能够影响企业现金持有行为吗？[J]．管理评论，2017，29（9）：15 – 27.

[102] 张开，龚六堂．开放经济下的财政支出乘数研究——基于包含投入产出结构 DSGE 模型的分析 [J]．管理世界，2018，34（6）：24 – 40，187.

[103] 张龙．经济政策不确定性与预期冲击下的货币政策有效性研究 [D]．长春：吉林大学，2020.

[104] 张同斌，高铁梅. 中国经济周期波动的阶段特征及驱动机制研究——基于时变概率马尔科夫区制转移（MS - TVTP）模型的实证分析 [J]. 财贸经济，2015（1）：27 - 39.

[105] 张佐敏. 财政规则与政策效果——基于 DSGE 分析 [J]. 经济研究，2013，48（1）：41 - 53.

[106] 章上峰，方琪，程灿，胡婷婷. 经济不确定性与最优财政货币政策选择 [J]. 财政研究，2020（1）：74 - 86.

[107] 郑金宇. 中国财政政策产出稳定效应的非线性特征 [J]. 社会科学战线，2019（1）：260 - 264.

[108] 钟正生. 我国经济促进"内循环"之策与构建"双循环"的关键节点 [A]. IMI 财经观察 [C]. 2020.

[109] 朱军，张淑翠，李建强. 中国财税政策不确定性的度量及其经济影响模拟——基于异质性居民的视角 [J]. 社会科学战线，2020（2）：69 - 82，281 - 282.

[110] 庄子罐，崔小勇，赵晓军. 不确定性、宏观经济波动与中国货币政策规则选择——基于贝叶斯 DSGE 模型的数量分析 [J]. 管理世界，2016（11）：20 - 31，187.

[111] 朱隽. 央行国际司司长朱隽：新冠疫情全球蔓延的影响及应对 [N]. 第一财经日报，2020 - 04 - 03（A05）.

[112] 朱瑞博，张路. 国内经济不确定性是否抑制了外商直接投资？——基于时变参数向量自回归模型分析 [J]. 上海经济研究，2019（8）：109 - 117.

[113] 邹松霖. 习近平为"十四五"规划开门问策 [J]. 中国经济周刊，2020（18）：26 - 29.

[114] Abel A. B. 1983. Optimal investment under uncertainty [J]. *American Economic Review*，73（1）：228 - 233.

[115] Alfaro I.，Bloom N.，Lin X. 2018. The finance uncertainty multiplier：24571 [R]. National Bureau of Economic Research.

[116] Aldara D. , Fuentes – Albero C. , Gilchrist S. , and Zakrajšek E. 2016. The macroeconomic impact of financial and uncertainty shocks [J]. *European Economic Review*, (88): 185 – 207.

[117] Antoshin S. 2006. Investment under uncertainty: 972722 [R]. Rochester, NY: Social Science Research Network.

[118] Anzuini A. , Rossi L. , Tommasino P. 2020. Fiscal policy uncertainty and the business cycle: Time series evidence from Italy [J]. *Journal of Macroeconomics*, 65, 103238.

[119] Anzuini A. , Rossi L. 2021. Fiscal policy in the US: A new measure of uncertainty and its effects on the American economy [J]. *Empirical Economics*, 61 (5): 2613 – 2634.

[120] Aor R. L. , Salisu A. A. , and Okpe I. J. 2021. A comparative assessment of the global effects of US monetary and fiscal policy uncertainty shocks [Z].

[121] Arčabić V. , and Cover J. P. 2016. Uncertainty and the effectiveness of fiscal policy [J]. *EFZG Working Paper Series*, 11: 1 – 29.

[122] Arestis P. , Sawyer M. 2003. Reinventing fiscal policy [J]. *Journal of Post Keynesian Economics*, 26 (1): 3 – 25.

[123] Arestis P. , Sawyer M. 2014. *On the Sustainability of Budget Deficits and Public Debts with Reference to the UK* [M]//Arestis P. , Sawyer M. Fiscal and Debt Policies for the Future. London: Palgrave Macmillan UK: 38 – 75.

[124] Auerbach A. J. , Gorodnichenko Y. 2012. Measuring the output responses to fiscal policy [J]. *American Economic Journal: Economic Policy*, 4 (2): 1 – 27.

[125] Aye G. C. , Clance M. W. , and Gupta R. 2019. The effectiveness of monetary and fiscal policy shocks on US inequality: The role of uncertainty [J]. *Quality & Quantity*, 53 (1): 283 – 295.

［126］ Aye G. C. 2021. Effects of fiscal and monetary policy uncertainty on economic activity in South Africa.

［127］ Bachmann R. , and Moscarini G. 2011. Business Cycles and Endogenous Uncertainty ［J］. *Society for Economic Dynamics*, In 2011 Meeting Papers, 36: 82 – 99.

［128］ Bachmann R. , and Sims E. R. 2012. Confidence and the Transmission of Government Spending Shocks ［J］. *Journal of Monetary Economics*, 59: 235 – 249.

［129］ Bachmann R. , Elstner S. , and Sims E. R. 2013. Uncertainty and Economic Activity: Evidence from Business Survey Data ［J］. *American Economic Journal: Macroeconomics*, 5 (2): 217 – 249.

［130］ Baker S. R. , Bloom N. , and Davis S. J. 2012. Has economic policy uncertainty hampered the recovery? ［R］. Government Policies and the Delayed Economic Recovery.

［131］ Baker S. , Bloom N. , and Davis S. 2015. Measuring Economic Policy Uncertainty ［J］. *NBER Working Paper Series*, No 21633.

［132］ Baker A. , Murphy R. 2018. Systemic Stabilisation and a New Social Contract ［A］. Hay C. , Hunt T. *The Coming Crisis* ［C］. Cham: Springer International Publishing: 87 – 94.

［133］ Balta N. , Fernandez I. V. , and Ruscher E. 2013. Assessing the impact of uncertainty on consumption and investment ［J］. *Quarterly Report on the Euro Area* (QREA), 12 (2): 7 – 16.

［134］ Barrero J. M. , Bloom N. , and Wright I. 2017. Short and long run uncertainty ［J］. *National Bureau of Economic Research*, No. w23676.

［135］ Barro R. J. 1991. Economic growth in a cross section of countries ［J］. *The Quarterly Journal of Economics*, 106 (2): 407 – 443.

［136］ Barsky R. B. , Sims E. R. 2012. Information, animal spirits, and the meaning of innovations in consumer confidence ［J］. *American Economic*

Review，102（4）：1343 – 1377.

［137］Bhattacharya U. ，Hsu P. H. ，Tian X. ，et al. 2017. What affects innovation more：Policy or policy uncertainty？［J］. *Journal of Financial and Quantitative Analysis*，52（5）：1869 – 1901.

［138］Baum C. F. ，Caglayan M. ，and Talavera O. 2008. Uncertainty determinants of firm investment［J］. *Economics Letters*，98（3）：282 – 287.

［139］Baum C. F. ，Caglayan M. ，and Ozkan N. 2009. The second moments matter：The impact of macroeconomic uncertainty on the allocation of loanable funds［J］. *Economics Letters*，102（2）：87 – 89.

［140］Beckmann J. ，and Czudaj R. L. 2021. Fiscal policy uncertainty and its effects on the real economy：German evidence［J］. *Oxford Economic Papers*，73（4）：1516 – 1535.

［141］Bekaert G. ，Hoerova M. ，Lo Duca M. 2012. Risk，Uncertainty and Monetary Policy［Z］. NBB Working Paper.

［142］Berg T. O. 2015. Time Varying Fiscal Multipliers in Germany［J］. *Review of Economics*，66（1）：13 – 46.

［143］Berg T. O. 2019. Business uncertainty and the effectiveness of fiscal policy in Germany［J］. *Macroeconomic Dynamics*，23（4）：1442 – 1470.

［144］Berger T. ，Grabert S. ，and Kempa B. 2017. Global macroeconomic uncertainty［J］. *Journal of Macroeconomics*，53：42 – 56.

［145］Bernanke B. S. 1983. Irreversibility，Uncertainty，and cyclical investment［J］. *The Quarterly Journal of Economics*，98（1）：85 – 106.

［146］Bhattacharya U. ，Hsu P. H. ，Tian X. ，and Xu Y. 2017. What affects innovation more：Policy or policy uncertainty？［J］. *Journal of Financial and Quantitative Analysis*，52（5）：1869 – 1901.

［147］Bhowmik R. ，Durani F. ，Sarfraz M. ，Syed Q. R. ，and Nasseif G. 2023. Does sectoral energy consumption depend on trade，monetary， and fiscal policy uncertainty? Policy recommendations using novel bootstrap ARDL approach [J]. *Environmental Science and Pollution Research*, 30 (5): 12916 – 12928.

[148] Bianco M. , Bontempi M. E. , Golinelli R. , and Parigi G. 2013. Family firms' investments, uncertainty and opacity [J]. *Small Business Economics*, 40 (4): 1035 – 1058.

[149] Black F. , and Scholes M. 1973. The pricing of options and corporate liabilities [J]. *Journal of Political Economy*, 81 (3): 637 – 654.

[150] Black J. , Hashimzade N. , and Myles G. 2016. The impact of uncertainty on activity in the Euro Area [R]. European Central Bank Economic Bulletin.

[151] Bloom N. 2014. Fluctuations in uncertainty [J]. *Journal of Economic Perspectives*, 28 (2).

[152] Bloom N. , Bond S. , and Van Reenen J. 2007. Uncertainty and investment dynamics [J]. *The Review of Economic Studies*, 74 (2): 391 – 415.

[153] Bloom N. 2009. The impact of uncertainty shocks [J]. *Econometrica*, 77 (39).

[154] Bloom N. 2013. Has economic policy uncertainty slowed down the world economy? [R]. Washington, DC: World Bank.

[155] Bloom N. , Floetotto M. , Jaimovich N. , Saporta – Eksten I. , and Terry S. J. 2018. Really uncertain business cycles [J]. *Econometrica*, 86 (3): 1031 – 1065.

[156] Bomberger W. A. 1996. Disagreement as a measure of uncertainty [J]. *Journal of Money, Credit and Banking*, 28 (3): 381 – 392.

[157] Bond S. R. , and Lombardi D. 2006. To buy or not to buy? Uncertainty, irreversibility, and heterogeneous investment dynamics in Italian company data [R]. IMF Staff Papers, 53 (3): 375 – 400.

［158］ Bond S. R. , Söderbom M. , and Wu G. 2007. Uncertainty and capital accumulation: Empirical evidence for African and Asian firms ［R］. Mimeo, Department of Economics, University of Oxford.

［159］ Bond S. R. , Söderbom M. , and Wu G. 2008. A structural estimation for the effects of uncertainty on capital accumulation with heterogeneous firms ［R］. Mimeo, Department of Economics, University of Oxford.

［160］ Bond S. R. , Söderbom M. , and Wu G. 2011. Pursuing the wrong options? Adjustment costs and the relationship between uncertainty and capital accumulation ［J］. *Economics Letters*, 111 （3）: 249 – 251.

［161］ Boyle G. W. , and Guthrie G. A. 2003. Investment, uncertainty, and liquidity ［J］. *The Journal of Finance*, 58 （5）: 2143 – 2166.

［162］ Brainard W. C. 1967. Uncertainty and the effectiveness of policy ［J］. *American Economic Review*, 57 （2）: 411 – 425.

［163］ Bruce C. Greenwald and Joseph E. Stiglitz. 1990b. Asymmetric information and the new theory of the firm: Financial constraints and risk behavior ［J］. *NBER Working Paper*, No. 3359.

［164］ Bulan L. T. 2005. Real options, irreversible investment and firm uncertainty: New evidence from U. S. firms ［J］. *Review of Financial Economics*, 14 （3）: 255 – 279.

［165］ Caldara D. , Fuentes – Albero C. , Gilchrist S. , and Zakrajšek E. 2016. The macroeconomic impact of financial and uncertainty shocks ［J］. *European Economic Review*, 88: 185 – 207.

［166］ Campbell J. Y. , Cochrane J. H. 1999. By force of habit: A consumption-based explanation of aggregate stock market behavior ［J］. *Journal of Political Economy*, 107 （2）: 205 – 251.

［167］ Campbell J. Y. , Lettau M. , Malkiel B. G. , and Xu Y. 2001. Have individual stocks become more volatile? An empirical exploration of idiosyncratic risk ［J］. *The Journal of Finance*, 56 （1）: 1 – 43.

［168］ Canzoneri M. B. 2012. Colloquium in Honor of José Manuel González – Páramo European Central Bank ［J］. *European Bank Working Paper*, 16 (5).

［169］ Carriero A. , Clark T. E. , and Marcellino M. 2018. Measuring uncertainty and its impact on the economy ［J］. *Review of Economics and Statistics*, 100 (5): 799 – 815.

［170］ Carriero A. , Clark T. E. , and Marcellino M. G. 2018. Endogenous uncertainty ［J］. *Federal Reserve Bank of Cleveland working paper*.

［171］ Carrière – Swallow Y. , Céspedes L. F. 2013. The impact of uncertainty shocks in emerging economies ［J］. *Journal of International Economics*, 90 (2): 316 – 325.

［172］ Christiano L. J. , Eichenbaum M. , Evans C. L. 2005. Nominal rigidities and the dynamic effects of a shock to monetary policy ［J］. *Journal of Political Economy*, 113 (1): 1 – 45.

［173］ Christiano L. , Eichenbaum M. , and Rebelo S. 2011. When is the government spending multiplier large? ［J］. *Journal of Political Economy*, 119 (1): 78 – 121.

［174］ Chuah L. L. , Poon W. C. , and Guru B. K. 2018. Uncertainty and private investment decision in malaysia ［J］. *Modern Applied Science*, 12 (9).

［175］ Corsetti G. , and Müller G. 2008. The Effectiveness of Fiscal Policy depends on the financing and monetary policy mix ［R］. VOX, CEPR Policy Portal Part Ⅱ, 233.

［176］ Corsetti G. , Kuester K. , and Meier A. , et al. 2010. Debt consolidation and fiscal stabilization of deep recessions ［J］. *American Economic Review*, 100 (2): 41 – 45.

［177］ Corsetti G. , Meier A. , and Müller G. J. 2012. Fiscal stimulus with spending reversals ［J］. *Review of Economics and Statistics*, 94 (4): 878 – 895.

［178］Corsetti G. ，Kuester K. ，and Meier A. 2013. Sovereign risk，fiscal policy，and macroeconomic stability ［J］. *The Economic Journal*，123（566）：F99 – F132.

［179］Czarnitzki D. ，Toole Andrew A. 2013. The R&D investment-uncertainty relationship：Do strategic rivalry and firm size matter？［J］. *Managerial and Decision Economics*，34（1）：15 – 28.

［180］Davig T. ，Leeper E. M. 2011. Monetary-fiscal policy interactions and fiscal stimulus ［J］. *European Economic Review*，55（2）：211 – 227.

［181］Dellas H. ，Fernandes A. 2006. The allocation of resources under uncertainty ［J］. Diskussionsschriften dp0606，Universitaet Bern，Departement Volkswirtschaft.

［182］De Mello L. ，Kongsrud P. M. ，and Price R. 2004. Saving behaviour and the effectiveness of fiscal policy ［J］. *OECD Economics Department Working Papers*，No. 397，OECD Publishing，Paris.

［183］Diether K. B. ，Malloy C. J. ，Scherbina A. 2002. Differences of opinion and the cross section of stock returns ［J］. *The Journal of Finance*，57（5）：2113 – 2141.

［184］Dixit A. 1989. Entry and exit decisions under uncertainty ［J］. *Journal of Political Economy*，97（3）：620 – 638.

［185］Dixit A. K. ，Dixit R. K. ，and Pindyck R. S. 1994. *Investment under Uncertainty* ［M］. Princeton University Press.

［186］Driver C. ，Moreton D. 1991. The influence of uncertainty on aggregate spending ［J］. *Economic Journal*，101（409）：1452 – 1459.

［187］Eggertsson G. B. 2011. What fiscal policy is effective at zero interest rates？［J］. *NBER Macroeconomics Annual*，25（1）：59 – 112.

［188］Eisdorfer A. 2008. Empirical evidence of risk shifting in financially distressed firms ［J］. *The Journal of Finance*，63（2）：609 – 637.

［189］Episcopos A. 1995. Evidence on the relationship between uncertainty and irreversible investment [J]. *The Quarterly Review of Economics and Finance*, 35 (1): 41 –52.

[190] Eze O. , and Ogiji F. 2014. Impact of fiscal policy on the manufacturing sector output in nigeria: An error correction analysis [J]. *British Journal of Business and Management Research*, 1 (2): 31 –54.

[191] Fan W. , Anser M. K. , Nasir M. H. , and Nazar R. 2023. Uncertainty in firm innovation scheme and impact of green fiscal policy: Economic recovery of Chinese firms in the post-covid – 19 Era [J]. *Economic Analysis and Policy*.

[192] Fiegenbaum A. , and Thomas H. 1988. Attitudes toward risk and the risk-return paradox: Prospect theory explanations [J]. *Academy of Management Journal*, 31 (1): 85 –106.

[193] Gatti D. D. , Gallegati M. , Giulioni G. , and Palestrini A. 2003. Financial fragility, patterns of firms' entry and exit and aggregate dynamics [J]. *Journal of Economic Behavior & Organization*, 51 (1): 79 –97.

[194] Gertler M. , and Gilchrist S. 1994. Monetary policy, business cycles, and the behavior of small manufacturing firms [J]. *The Quarterly Journal of Economics*, 109 (2): 309 –340.

[195] Ghosal V. , and Loungani P. 2000. The differential impact of uncertainty on investment in small and large businesses [J]. *Review of Economics and Statistics*, 82 (2): 338 –343.

[196] Ghosal V. 1991. Demand Uncertainty and the capital – labor ratio: Evidence from the U. S. manufacturing sector [J]. *The Review of Economics and Statistics*, 73 (1): 157 –161.

[197] Ghosal V. 1995. Input choices under price uncertainty [J]. *Economic Inquiry*, 33 (1): 142 –158.

[198] Ghosal V. , Loungani P. 1996. Product market competition and the impact of price uncertainty on investment: Some evidence from US manu-

facturing industries [J]. *The Journal of Industrial Economics*, 44 (2): 217 – 228.

[199] Ghosal V. , and Ye Y. 2015. Uncertainty and the employment dynamics of small and large businesses [J]. *Small Business Economics*, 44 (3): 529 – 558.

[200] Giavazzi F. , McMahon M. 2012. Policy uncertainty and house-hold savings [J]. *Review of Economics and Statistics*, 94 (2): 517 – 531.

[201] Gil M. , Pérez J. J. , Urtasun A. 2017. Macroeconomic uncer-tainty: Measurement and impact on the spanish economy [J]. *Banco de Es-pana Article*, 2 – 17.

[202] Gilchrist S. , Sim J. , and Zakrajsek E. 2009. Uncertainty, credit spreads and investment dynamics [R]. Boston University Mimeo.

[203] Gilchrist S. , Sim J. W. , and Zakrajšek E. 2014. Uncertainty, financial frictions, and investment dynamics [J]. *National Bureau of Eco-nomic Research*, No. w20038.

[204] Goemans P. 2020. Government spending in uncertain and slack times: Historical evidence for larger fiscal multipliers [R]. Annual Confer-ence 2020 (Virtual Conference): Gender Economics 224642.

[205] Gordon R. J. , Krenn R. 2010. The end of the great depression: VAR insight on the roles of monetary and fiscal policy [J]. *NBER Working paper*, 16380: 183 – 231.

[206] Greenwald B. , Stiglitz J. E. 1992. Information, finance, and markets: The architecture of allocative mechanisms 1 [J]. *Industrial and Corporate Change*, 1 (1): 37 – 63.

[207] Grimme C. , and Stöckli M. 2018. Measuring macroeconomic un-certainty in Germany [R]. Ifo Institute, Munich, CESifo Forum, 19 (1): 46 – 50.

[208] Guiso L. , and Parigi G. 1999. Investment and demand uncer-

tainty [J]. *The Quarterly Journal of Economics*, 114 (1): 185 – 227.

[209] Haddow A., Hare C., Hooley J., and Shakir T. 2013. Macro-economic uncertainty: What is it, how can we measure it and why does it matter? [J]. *Bank of England Quarterly Bulletin*, Q2.

[210] Hale, Edward. 2001. Keynes: General theory of employment, interest and money [J]. *Research in the History of Economic Thought and Methodology*, 19 Part 2. 95 – 104. 10. 1016/S0743 – 4154 (01) 19050 – 4.

[211] Hartman R. 1972. The effects of price and cost uncertainty on investment [J]. *Journal of Economic Theory*, 5 (2): 258 – 266.

[212] Hartman R. 1973. Adjustment costs, price and wage uncertainty, and investment [J]. *The Review of Economic Studies*, 40 (2): 259 – 267.

[213] Hartman R. 1976. Factor demand with output price uncertainty [J]. *American Economic Review*, 66 (4): 675 – 681.

[214] Hassett K. A., and G. E. Metcalf. 1999. Investment with uncertainty tax policy: Does random tax policy discourage investment? [J]. *Economical Journal*, 109: 372 – 393.

[215] Hosono K., Takizawa M., and Yamanouchi K. 2017. Competition, uncertainty, and misallocation [J]. *Research Institute of Economy, Trade and Industry* (RIETI), 17.

[216] Hunjra A. I., Faisal F., Shoaib M., and Abbas Q. 2016. Impact of uncertainty on firm level investment: Evidence from pakistan textile sector [J]. *International Journal of Economics and Empirical Research*, 4 (3): 124 – 132.

[217] Huizinga J. 1993. Inflation uncertainty, relative price uncertainty, and investment in U. S. manufacturing [J]. *Journal of Money, Credit and Banking*, 25 (3): 521 – 549.

[218] Ilzetzki E., Mendoza E. G., and Végh C. A. 2013. How Big

（Small?）are Fiscal Multipliers? ［J］. *Journal of Monetary Economics*, 60
（2）: 239 – 254.

［219］ Ilzetzki E., Pinder J. 2012. Recession and recovery: The US
policy debate on taxes, spending and public debt ［EB/OL］. London, UK:
The London School of Economics and Political Science, Center of Economic
Performance.

［220］ Jerow S., and Wolff J. 2022. Fiscal Policy and Uncertainty ［J］.
Journal of Economic Dynamics and Control, 145, 104559.

［221］ Jhaa S., Mallickb S. K., Parka D. 2014. Effectiveness of coun-
tercyclical fiscal policy: Evidence from developing asia ［J］. *Journal of Mac-
roeconomics*, 40: 82 – 98.

［222］ Jiang Y. 2018. Essays on Economic Uncertainty and Its Macro-
economic Impact ［D］. Boston University.

［223］ Jurado K., Ludvigson S. C., and Ng S. 2015. Measuring uncer-
tainty ［J］. *American Economic Review*, 105（3）: 1177 – 1216.

［224］ Kahneman D., and Tversky A. 2013. Prospect theory: An anal-
ysis of decision under Risk ［C］. *Handbook of the Fundamentals of Financial
Decision Making* ［A］. 99 – 127.

［225］ Kaoru H., Miho T., and Kotaro T. 2017. Size-dependent policy
and firm growth: 17070 ［R］. Discussion papers. Research Institute of Econo-
my, Trade and Industry（RIETI）.

［226］ Karras G. 2011. Exchange-rate regimes and the effectiveness of
fiscal policy ［J］. *Journal of Economic Integration*, 26: 29 – 44.

［227］ Kasahara H. 2003. Technology adoption under relative factor
price uncertainty: The putty-clay investment model ［J］. *Queen's Economics
Department Working Paper*, No. 1014.

［228］ Kim H., and Kung H. 2013. How uncertainty affects corporate
investment: The asset redeployability channel ［J］. *Journal of Economic Inte-*

gration, Working Paper, 29 – 44.

［229］ Karras G. 2012. Trade openness and the effectiveness of fiscal policy： Some empirical evidence ［J］. *International Review of Economics*, 59 (3)： 303 – 313.

［230］ Keynes J. M. 2010. The End of Laissez – Faire ［C］. In *Essays in Persuasion* ［A］. Palgrave Macmillan, London, 272 – 294.

［231］ Keynes J. M. 2017. The general theory of employment, interest and money ［B］. Wordsworth Editions.

［232］ Kim H. , Kung H. 2013. How uncertainty affects corporate investment： The asset redeployability channel ［J］. *Review of Financial Studies*, 30 (2017)： 245 – 280.

［233］ Kirchner M. , and Van Wijnbergen S. 2016. Fiscal deficits, financial fragility, and the effectiveness of government policies ［J］. *Journal of Monetary Economics*, 80： 51 – 68.

［234］ Klein M. , and Linnemann L. 2019. Macroeconomic effects of government spending： The great recession was (really) different ［J］. *Journal of Money*, *Credit and Banking*, 51 (5)： 1237 – 1264.

［235］ Köhler – Tögl. 2009. The effectiveness of fiscal stimulus packages in times of crisis ［J］. *Monetary Policy & the Economy*, 1： 78 – 99.

［236］ Köhler C. , Laredohofer W. , Reiss L, P. , and Rammer C. 2012. The impact and effectiveness of fiscal incentives for R&D ［Z］. Oxford University Center for Business Taxation, Working Papers 1512.

［237］ Kydland F. E. , and Prescott E. C. 1982. Time to build and aggregate fluctuations ［J］. *Econometrica*： *Journal of the Econometric Society*, 1345 – 1370.

［238］ Leahy J. V. , Whited T. M. 1996. The effect of uncertainty on investment： Some stylized facts ［J］. *Journal of Money*, *Credit*, *and Banking*, 28.

［239］ Lee H. 2005. The impact of uncertainty on investment：Empirical evidence from manufacturing firms in korea ［J］. *The KDI Journal of Economic Policy*, 27（2）：89 – 116.

［240］ Leeper E. M. , Traum N. , and Walker T. B. 2011. Clearing up the fiscal multiplier morass ［J］. *American Economic Review*, 107（8）：2409 – 2454.

［241］ Li R. , and Wei N. 2022. Economic Policy Uncertainty and Government Spending Multipliers ［J］. *Economics Letters*, 217, 110693.

［242］ Liu Y. , and Sheng X. S. 2019. The measurement and transmission of macroeconomic uncertainty：Evidence from the US and BRIC countries ［J］. *International Journal of Forecasting*, 35（3）：967 – 979.

［243］ Magud N. E. 2008. On Asymmetric Business Cycles and the Effectiveness of Counter – Cyclical Fiscal Policies ［J］. *Journal of Macroeconomics*, 30（3）：885 – 905.

［244］ Mankiw N. G. , Reis R. , and Wolfers J. 2003. Disagreement about Inflation Expectations ［J］. *NBER Macroeconomics Annual*, 18：209 – 248.

［245］ Marmer V. , Slade M. E. 2016. Investment and Uncertainty with Time to Build：Evidence from U. S. Copper Mining ［J］. *SSRN Electronic Journal*.

［246］ McDonald R. , and Siegel D. 1986. The Value of Waiting to Invest ［J］. *The Quarterly Journal of Economics*, 101（4）：707 – 727.

［247］ Meinen P. , and Röhe O. 2017. On measuring uncertainty and its impact on investment：Cross – Country evidence from the Euro area ［J］. *European Economic Review*, 92：161 – 179.

［248］ Michaillat P. 2012. A theory of countercyclical government-consumption multiplier ［J］. *Macroeconomics：Consumption*.

［249］ Minton B. A. , Schrand C. 1999. The impact of cash flow volatili-

ty on discretionary investment and the costs of debt and equity financing [J].
Journal of Financial Economics, 54 (3): 423 – 460.

[250] Moodie M. , Sheppard L. , Sacks G. , Keating C. , and Flego
A. 2013 Cost – Effectiveness of Fiscal Policies to Prevent Obesity [R]. Current Obesity Reports, 2 (3): 211 – 224.

[251] Molana H. , and Montagna C. 2000. Market structure, cost asymmetries, and fiscal policy effectiveness [J]. *Economics Letters*, 68 (1):
101 – 107.

[252] Müller G. J. 2014. Fiscal austerity and the multiplier in times of
crisis [J]. *German Economic Review*, 15 (2): 243 – 258.

[253] Ostry J. D. , Berg A. 2014. Measure to measure [J]. *Finance &
Development*, 51 (3): 35 – 38.

[254] Pastor L. , and Veronesi P. 2013. Political uncertainty and risk
premia [J]. *Journal of Financial Economics*, 110 (3): 520 – 545.

[255] Pereira M. , Lopes A. 2010. Time – Varying Fiscal Policy in the
US Working Papers w201021, Banco de Portugal [J]. *Economics and Research Department.*

[256] Pierdzioch C. 2004. Capital mobility and the effectiveness of fiscal
policy in open economies [J]. *Journal of Macroeconomics*, 26 (3): 465 –
479.

[257] Pindyck R. S. 1982. Adjustment cost uncertainty, and the behavior of the firm [J]. *American Economic Review*, 72 (3): 153 – 176, 415 –
427.

[258] Price S. 1995. Aggregate uncertainty, capacity utilization and
manufacturing investment [J]. *Applied Economics*, 27 (2): 147 – 154.

[259] Punzo L. F. 2003. *Cycles, Growth and Structural Change* [M].
Routledge.

[260] Ramey V. A. 2011. A reply to Roberto Perotti's expectations and

fiscal policy: An empirical investigation [Z]. Unpublished paper, University of California, San Diego.

[261] Ramey V. A. , and Zubairy S. 2018. Government spending multipliers in good times and in bad: Evidence from US historical data [J]. *Journal of Political Economy*, 126: 850 – 901.

[262] Reiss L. 2009. The effectiveness of fiscal stimulus packages in times of crisis [J]. *Monetary Policy & the Economy*, (1): 78 – 99.

[263] Ren Y. , Guo Q. , Zhu H. , Ying W. 2020. The effects of economic policy uncertainty on China's economy: Evidence from time-varying parameter FAVAR [J]. *Applied Economics*, 52 (29): 3167 – 3185.

[264] Robert S. Pindyck. 1993. Investments of uncertain cost [J]. *Journal of Financial Economics*, 34 (1): 53 – 76.

[265] Rosenberg M. M. 2004. Firm risk, investment, and employment growth [J]. *Journal of Economics and Finance*, 28 (2): 164 – 184.

[266] Rossi B. , and Sekhposyan T. 2015. Macroeconomic uncertainty indices based on nowcast and forecast error distributions [J]. *American Economic Review*, 105 (5): 650 – 655.

[267] Rothenberg T. J. , and Smith K. R. 1971. The effect of uncertainty on resource allocation in a general equilibrium model [J]. *The Quarterly Journal of Economics*, 85 (3): 440 – 459.

[268] Sandmo A. 1971. On the theory of the competitive firm under price uncertainty [J]. *American Economic Review*, 61 (1): 65 – 73.

[269] Sarah Zubairy. 2010. On fiscal multipliers: Estimates from a medium scale DSGE model [J]. *Bank of Canada Working Paper*, 30.

[270] See Black J. , Hashimzade N. , Myles G. 2016. The impact of uncertainty on activity in the Euro Area [J]. *European Bank Working Paper*, 12.

[271] Shah A. 2006. Fiscal Incentives for Investment and Innovation, Available at SSRN: https: //ssrn. com/abstract = 896144.

[272] Shields K. , Tran T. D. 2019. Uncertainty in a disaggregate model: A data rich approach using google search queries: 3492817 [R]. Rochester, N. Y. : Social Science Research Network.

[273] Sim J. , Zakrajsek E. , and Gilchrist S. , et al. 2010. Uncertainty, financial frictions, and investment dynamics [C]. 2010 meeting papers. Society for Economic Dynamics.

[274] Slade M. E. 2013. Investment and uncertainty with time to build: Evidence from US copper mining [C]. *European Association for Research in Industrial Economics* [A]. 41st Annual Conference. 1 – 53.

[275] Smets F. , Wouters R. 2003. An estimated dynamic stochastic general equilibrium model of the Euro area [J]. *Journal of the European Economic Association*, 1 (5): 1123 – 1175.

[276] Snyder T. C. , and Bruce D. 2004. Tax cuts and interest rate cuts: An empirical comparison of the effectiveness of fiscal and monetary policy [J]. *Journal of Business & Economics Research* (JBER), 2 (8).

[277] Stein L. C. , and Stone E. 2013. The effect of uncertainty on investment, hiring, and R&D: Causal evidence from equity options [J]. Available at SSRN: http: //dx. doi. org/10. 2139/ssrn. 1649108.

[278] Strobel J. 2017. How important are uncertainty shocks in the housing market? [D]. Universität Regensburg.

[279] Snyder T. C. , Bruce D. 2004. Tax cuts and interest rate cuts: An empirical comparison of the effectiveness of fiscal and monetary policy [J]. *Journal of Business & Economics Research* (JBER), 2 (8) [2022 – 09 – 16].

[280] Swallow Y. C. , Céspedes L. F. 2011. The impact of uncertainty shocks in emerging economies [J]. *Documentos de Trabajo* (Banco Central de Chile), (646): 1 – 28.

[281] Tagkalakis A. 2008. The effects of fiscal policy on consumption in

recessions and expansions [J]. *Journal of Public Economics*, 92 (5 – 6): 1486 – 1508.

[282] Tcherneva P. R. 2011. Fiscal Policy Effectiveness: Lessons from the Great Recession [Z]. Levy Economics Institute Working Paper No. 649, Available at SSRN: http: //dx. doi. org/10. 2139/ssrn. 1760135.

[283] Temple P. , Urga G. , and Driver C. 2001. The influence of uncertainty on investment in the UK: A macro or micro phenomenon? [J]. *Scottish Journal of Political Economy*, 48 (4): 361 – 382.

[284] Tran T. D. 2019. Measuring the Macroeconomic Impact of Uncertainty [D]. University of Melbourne.

[285] Wang D. , Fang J. , Zhang Q. 2021. Design, measurement, and characteristic analysis of uncertainty indices for education fiscal policies: A case study of China [J]. *Asia Pacific Education Review*, 22 (3): 483 – 493.

[286] Wang J. C. 2013. The cost of fiscal policy uncertainty: Industry evidence of its impact on the Labor Market [J]. *Federal Reserve Bank of Boston*, Working Papers, No. 13 – 22.

[287] Wang Y. , Wei Y. , and Song F. M. 2017. Uncertainty and corporate R&D investment: Evidence from Chinese listed firms [J]. *International Review of Economics & Finance*, 47: 176 – 200.

[288] Wen H. , Lee C. C. , Zhou F. 2022. How does fiscal policy uncertainty affect corporate innovation investment? Evidence from China's new energy industry [J]. Energy Economics, 105 (C).

[289] Wren C. , and Taylor J. 1999. Industrial restructuring and regional policy [J]. *Oxford Economic Papers*, 51 (3): 487 – 516.

[290] Woodford M. 2010. Robustly optimal monetary policy with Near – Rational expectations [J]. *American Economic Review*, 100 (1): 274 – 303.

［291］ Woodford M. 2011. Simple Analytics of the Government Expenditure Multiplier ［J］. *American Economic Journal*：*Macroeconomics*，3（1）：1 – 35.

［292］ Ye G. ，and Zhangfu L. 2010. Comparison of Regional Industrial Structure Adjustment Effects between Monetary Policy and Fiscal Policy ［N］. *Economist*. 5.

［293］ Zarnowitz V. ，and Lambros L. A. 1987. Consensus and Uncertainty in Economic Prediction ［J］. *Journal of Political Economy*，95（3）：591 – 621.

后　　记

　　光阴荏苒，白驹过隙，一转眼已到而立之年，从本科到研究生再到读博以来，总是感叹时光匆匆，不论在哪里学习工作，都将始终怀抱感恩之心报效养育了我的父母和培养了我的母校。我要特别感谢我的母亲甘行琼女士，她不仅自己事业成功，当了多年的二级教授和博士生导师，同时也十分用心地承担着为母的责任！她一路抚养我长大，亲自带我赴美留学……我想起了孟母三迁的故事，我的母亲为我吃了很多苦，受了很多委屈……每当遇到困难，她总是冲在最前面，想方设法为我遮风挡雨、分忧解难减压，保障我身心健康地完成学业、迎来人生曙光……我非常感激她几十年如一日的付出！在我心中，我母亲是一位伟大的女性，她就像一座明亮的灯塔指引着我的前进方向！在此，我想对她说：妈妈，我爱您，您辛苦啦！感谢父母，祝愿父母健康长寿！

　　博士求学期间，我敬爱的导师卢洪友教授对我给予谆谆教诲！我会永远铭记在武汉大学求学的日子，特别是在武汉大学图书馆度过了两年多的时光，完成了博士论文的撰写。虽然那些年卢教授身体不好，却时刻关心我的成长，心系我的论文，为我的论文写作提出了很多宝贵的意见。卢教授对学生和蔼可亲和严谨治学的态度将永远激励着我前行！同时我还要感谢武汉大学的龚锋教授、刘穷志教授、刘成奎教授、卢盛峰教授对我的关心与帮助，在这里奉上我对各位老师们最诚挚的敬意。

　　海内存知己，天涯若比邻。我还要感谢我本科和研究生期间同学们对我的关心与包容、帮助与支持。山也迢迢，水也迢迢，花开花落自有时，唯有情谊藏心中。感谢所有帮助过我的同学们，希望各位前程似锦。

　　山有木兮木有枝，心悦君兮君不知。在未来的道路上，我将不忘初心，或许前路未可知，但也仍要怀抱感恩之心对待一切。希望自己能对得起所有关心我的人！

　　此时此刻，我愿将博士论文出版的喜悦与父母、与恩师、与同学们一起分享！路漫漫其修远兮，吾将上下而求索！